빌립보서

그리스도인을 위한
통독 주석 시리즈

빌립보서

박영호

그리스도인을 위한 통독 주석 시리즈를 펴내며

'주석'은 신학생이나 목회자 등 이른바 '전문직 종사자'들이 읽는 책이라는 인식이 있다. 시중에 나와 있는 주석서들은 신학 혹은 성서학 배경 없이 읽기에는 난해할 뿐 아니라 어렵게 읽었다 하더라도 성경 본문과 어떤 연관이 있는지 알 수 없는 경우가 많다. 왜냐하면 한글로 성경을 읽을 때 자연스럽게 떠오르는 질문이 아닌, 학자들의 논쟁을 주로 소개하기 때문이다. 한편 성경 강해집은 전문성과 정확성이 떨어지는 경우가 많아 참고서로 활용하기 힘들다. '그리스도인을 위한 통독 주석 시리즈'는 이러한 상황을 타개하기 위해 기획되었다. 성경을 진지하게 공부하려는 그리스도인이라면 누구나 쉽게 읽을 수 있도록 기획된 이 시리즈의 특징은 다음과 같다.

첫째, 학자들의 논쟁보다 본문 자체의 해설에 집중했다. 한국의 그리스도인들이 성경을 읽을 때 자연스럽게 떠오르는 질문들을 다루었다. 둘째, 단어 중심보다 문단 중심 주석으로 통독이 가능하다. 이는 본문의 흐름을 유지하면서 필요한 해설들을 수록하였기 때문이다. 셋째, 필요할 때마다 참고할 수 있도록 다양한 도표, 지도, 배경 글을 수록하였다. 넷째, 질문과 적용, 묵상을 돕는 글을 각 장 끝에 실음으로써 성경 공부 교재로 활용이 가능하며 개인 묵상에도 유용하다. 다섯째, 평이한 문체로 저술하되 최신의 학문적 성과를 본문 곳곳에 반영하였다.

'그리스도인을 위한 통독 주석 시리즈'는 한국의 독자를 가슴에 품은, 뜻 있는 학자들의 합류로 계속해서 쓰여질 것이다.

그리스도인을 위한 통독 주석 시리즈 편집위원

김구원, 기민석, 조재천

빌립보서 (박영호 옮김)

1 1 그리스도 예수의 종인 바울과 디모데는 그리스도 예수 안에 있는 빌립보의 모든 성도들에게, 그 지도자들과 사역자들에게 편지를 씁니다. 2 하나님 우리 아버지와 주 예수 그리스도께서 주시는 은혜와 평강이 여러분과 함께하기를 원합니다.

3·4 나는 여러분을 기억할 때마다 나의 하나님께 감사드리며, 여러분 모두를 위해 기도할 때마다 기쁨으로 기도합니다. 5 첫날부터 지금까지 여러분들이 복음에 참여하고 있기 때문이며, 6 여러분 가운데 선한 일을 시작하신 분이 그리스도 예수의 날까지 그 일을 완성하실 줄 확신하기 때문입니다. 7 내가 여러분 모두에 관해서 이렇게 말하는 것은 적절합니다. 여러분이 내 마음에 있기 때문입니다. 나의 투옥과 내가 법정에서 복음을 변호하고 확증하는 일에 여러분 모두는 나와 함께 은혜에 동참하고 있습니다. 8 내가 예수 그리스도의 심장으로 여러분을 얼마나 사모하고 있는지에 대해서는 하나님이 증인이십니다. 9 나는 기도합니다. 여러분의 사랑을 지식과 모든 분별력으로 점점 더 풍성하게 하시어 10 여러분이 정말 중요한 것이 무엇인가를 분별할 줄 알게 되기를 원합니다. 그래서 여러분이 순결하고 흠 없는 사람으로 그리스도의 날을 맞게 되고, 11 예수 그리스도 때문에 맺히는 의의 열매가 가득하여, 여러분의 삶이 하나님께 영광과 찬송이 되기를 원합니다.

12 형제자매 여러분, 내가 여기서 겪은 일들이 오히려 복음이 전파되는 계기가 된 것을 여러분이 알기를 원합니다. 13 내가 감옥 생활 가운데도 여전히 그리스도 안에 있다는 사실이 황제 근위대와 기타 모든 사람들에게 분명히 나타났습니다. 14 또한 형제 중 많은 이들이 나의 투옥에 대해 주님 안에서 확신을 가짐으로써 말씀을 더욱 담대하게 전하게 되었습니다. 15 어떤 이들은 질투와 경쟁심으로, 또 어떤 이들은 선한 뜻으로 그리스도를 전파하는 상황입니다. 16 선한 뜻으로 하는 이들은 내가 복음을 변호하기 위해 이렇게 된 줄 알고 사랑으로 하지만 17 경쟁심으로 그리스도를 전하는

이들은 나의 감옥생활에 괴로움을 더하리라는 순수하지 않은 의도로 하고 있습니다. 18 무엇이 문제입니까? 위선으로 하든, 진실로 하든, 어떤 방식으로든 그리스도는 전파되고 있습니다. 이 사실만으로 나는 기뻐하고, 또 기뻐합니다. 19 여러분의 기도와 성령의 도우심이 있기에 내가 겪고 있는 이 일들이 마침내 나를 구원에 이르게 할 줄을 나는 알고 있습니다. 20 내가 간절히 기대하고 바라는 대로, 나는 어떤 경우에도 부끄러움을 당하지 않을 것입니다. 언제나 그랬듯이 지금도 온전한 담대함으로 살든지 죽든지 내 삶을 통해서 그리스도가 높임받기를 원할 뿐입니다. 21 나에게는 그리스도가 삶의 전부입니다. 그래서 죽는 것도 유익입니다. 22 그러나 내가 육신을 입고 좀더 사는 것이 사역의 열매를 맺는 데 필요하다면, 나는 어느 쪽을 선택해야 할지 모르겠습니다. 23 나는 두 선택 사이에 끼어 있습니다. 하나는 육신을 떠나 그리스도와 함께 있고 싶은 욕심입니다. 나 자신을 위해서라면 이쪽이 훨씬 더 좋습니다. 24 그러나 여러분을 위해서는 내가 육신에 머무르는 것이 더 필요한 일이라 해야 할 것입니다. 25 이 사실을 확신하기에, 나는 내가 세상에 머무를 것과 여러분 모두와 함께 지내게 될 것을 확신합니다. 그것이 여러분에게 믿음의 진보와 기쁨을 가져올 것이기 때문입니다. 26 그래서 내가 다시 여러분에게 가게 될 때에 나 때문에 그리스도 안에 있는 여러분의 자랑이 풍성하게 되기를 원합니다. 27 오로지 여러분은 그리스도의 복음에 걸맞게 그 나라의 시민답게 살아가십시오. 여러분이 한마음으로 굳건히 서서, 복음의 신앙을 위하여 같은 정신으로 함께 싸우며, 어떠한 일에서도 대적자들 때문에 겁먹지 않고 있는 것을 내 눈으로 보고 싶습니다. 여의치 않다면 그런 소식을 전해 듣기라도 했으면 좋겠습니다. 28 이것이 그들에게는 멸망의 징조이지만, 여러분에게는 구원의 징조입니다. 이 구원은 하나님께서 주시는 것입니다. 29 그리스도를 위하여 여러분에게 값없이 주신 특권에는 그를 믿는 것뿐 아니라 그를 위하여 고난받는 것도 포함되어 있습니다. 30 여러분은 나와 같은 신앙의 투쟁을 하고 있습니다. 이는 내가 여러분과 함께 있을 때에 여러분이 나에게서 본 투쟁, 또한 내가 지금 여기서 벌이고 있다고 여러분이 전해 듣고 있는 투쟁이기도 합니다.

2 1 그리스도 안에서 서로를 권면할 때, 사랑으로 서로 위로할 때, 성령으로 교제하고, 서로의 아픔을 공감하고 불쌍히 여겨 줄 때, 2 여러분은 같은 생각을 품고, 같은 사랑을 가지고, 한마음, 한뜻이 되어 나의 기쁨을 완성해 주십시오. 3 어떤 일도 시기심이나 허영으로 하지 말고, 겸손한 마음으로 자신보다 남을 낫게 여기며 4 자신의 일뿐만 아니라 다른 사람들의 일도 돌보아 주십시오. 5 그리스도 예수 안에 있는 그 생각이 여러분 공동체 안에 깃들게 하십시오. 6 그는 하나님의 형체를 지니셨지만 하나님과 똑같아지려고 하지 않으셨습니다. 7 오히려 자기를 비워 종의 형체를 받으시고, 사람과 같이 되셨습니다. 사람의 모양으로 나타나셔서 8 자신을 낮추시고 죽음에 이르기까지 복종하셨습니다. 곧 십자가의 죽음입니다. 9 그랬기에 하나님께서 그를 최고로 높이시어 그에게 최고 높은 이름을 주셨습니다. 10 이는 하늘 위, 땅 위, 땅 아래를 망라하여 세상의 모든 무릎을 예수의 이름 앞에 꿇게 하시고 11 모든 혀로 예수 그리스도를 주로 고백하여 하나님 아버지께 영광 돌리게 하려 하심입니다.

12 그러므로, 사랑하는 여러분, 내가 여러분을 방문하게 될 때뿐 아니라, 여러분을 떠나 있는 지금과 같은 상황에서 더욱, 이와 같이 항상 복종하십시오. 두려움과 떨림으로 여러분의 구원을 이루어 가십시오. 13 여러분 가운데서 일하시는 분은 하나님이십니다. 하나님은 여러분에게 당신이 기뻐하시는 일을 할 의지와 능력을 주십니다. 14 모든 일을 불평이나 다툼 없이 하십시오. 15 그래서 여러분이 나무랄 데 없이 순결한 사람들이 되어, 이 뒤틀리고 비뚤어진 세대 한복판에서 하나님의 자녀로, 이 세상을 밝히는 빛으로 나타나기를 원합니다. 16 여러분이 생명의 말씀을 굳게 붙잡는다면, 그리스도의 날에 나의 자랑이 되는 삶을 살게 될 것이며, 내 일생의 달음질과 수고가 헛되지 않을 것입니다. 17 그러나 여러분

의 믿음으로 드려지는 제사와 예배 위에 내 피가 뿌려진다고 할지라도, 나는 기뻐하고 또 여러분과 함께 기뻐할 것입니다. 18 같은 마음으로 여러분도 기뻐해 주십시오. 나의 기쁨에 동참해 주십시오.

19 내가 디모데를 속히 여러분에게 보낼 수 있기를 주 안에서 바랍니다. 여러분의 사정을 알고 나도 마음을 놓고 싶어서입니다. 20 또 나와 같은 마음으로 여러분의 사정을 진정으로 헤아릴 이가 달리 없기 때문입니다. 21 여기서는 모두가 자신의 일만 챙기지 예수 그리스도의 일을 돌보지 않고 있습니다. 22 여러분이 알다시피 디모데는 검증된 사람입니다. 자녀가 아버지에게 하듯이 그는 복음을 위하여 나를 섬겼습니다. 23 여기서 나의 일이 어떻게 될지를 보아서 형편이 허락하는 대로 디모데를 여러분에게 보내고자 합니다. 24 나 역시 곧 여러분에게 갈 수 있으리라 주 안에서 확신합니다. 25 그러나 지금은 나의 형제요, 동역자요, 전우인 에바브로디도, 나를 섬기기 위해 여러분이 나에게 보낸 그 사람을 다시 여러분에게 보내는 것이 필요하다고 판단합니다. 26 그가 여러분을 심히 사모하고 있고, 또 자신이 아프다는 소식이 여러분에게 전해졌다는 사실을 알고 크게 걱정하고 있기 때문입니다. 27 그는 병이 들어 거의 죽을 뻔했습니다. 그러나 하나님께서 그를 불쌍히 여겨 주셨습니다. 뿐만 아니라 나도 불쌍히 여기셔서 내 근심 위에 또 다른 근심이 더해지지 않게 해주셨습니다. 28 그래서 내가 그를 서둘러 보내는 것입니다. 그를 만나서 여러분이 다시 기뻐하게 된다면, 내가 마음을 놓아도 될 것입니다. 29 그러므로 그를 주님 안에서 모든 기쁨으로 영접하십시오. 또 그와 같은 사람들을 존중해 주십시오. 30 그는 그리스도의 일을 위하여 거의 죽음에 이를 정도가 되었지만, 자신의 목숨을 돌보지 아니하였습니다. 그것은 나를 섬기는 여러분의 일의 부족한 부분을 채우기 위함이었습니다.

3 1 형제자매 여러분께 할 말이 남아 있습니다. 주님 안에서 기뻐하십시오. 다음의 말은 여러분의 안전을 위한 것이기

11

때문에, 나는 같은 말을 되풀이하는 것을 번거롭게 생각하지 않습니다. 2 개들을 조심하고, 악을 행하는 자들을 조심하고, 할례를 강요하는 자들을 조심하십시오. 3 하나님의 성령으로 예배하고, 그리스도 예수 안에서 즐거워하고, 인간적인 조건을 신뢰하지 않은 우리야말로 참 할례파입니다. 4 신뢰할 만한 인간적인 조건으로 말하자면 나도 누구 못지않습니다. 다른 어떤 이가 인간적인 조건을 내세운다면, 나야말로 내세울 게 많은 사람입니다. 5 나는 난 지 팔 일 만에 할례를 받았으며, 이스라엘 민족이요, 베냐민 지파요, 히브리인 중에 히브리인입니다. 율법으로는 바리새파 사람이며, 6 열심은 교회를 핍박할 정도였습니다. 율법을 지키는 것을 의로움이라 한다면 흠이 없는 사람이었습니다. 7 그러나 내게 유익이 되었던 그 무엇이라도 그리스도를 위해서라면 손실로 여기게 되었습니다. 8 그렇습니다. 그리스도 예수 내 주님을 아는 지식의 무한한 가치에 비하면 다른 모든 것은 쓸모없는 것입니다. 그를 위하여 나는 모든 것을 포기하고, 모든 것을 쓰레기로 여겼습니다. 그리스도를 얻고 그분 안에 있는 자로 발견되기 위함입니다. 9 나는 더 이상 율법을 지키는 것을 나의 의로 여기지 않습니다. 나의 의는 믿음에 근거해서 하나님께서 주시는 것입니다. 10 나는 그리스도를 알고, 그의 부활의 능력을 알고, 또 그의 고난에 참여하는 삶을 알기 원합니다. 그의 죽으심을 본받아 11 할 수 있다면 죽은 자 가운데서 부활에 이르기 원합니다.

12 나는 이미 이런 것들을 성취했다거나, 완숙의 경지에 이르렀다고 생각하지 않습니다. 그리스도께서 나를 붙들고 계시듯이, 나도 그 목표를 붙들기 위해 매진하고 있습니다. 13 형제자매 여러분, 나는 나 자신이 이미 목표를 달성했다고 생각하지 않습니다. 지나간 일은 잊어버리고 오로지 앞에 놓인 것을 향해 몸을 내밀면서 14 그리스도 예수 안에서 하나님께서 위에서 부르신, 그 부름의 상을 위하여 목표점을 향하여 달려가고 있습니다. 15 혹 완숙에 이르렀다고 생각하는 이들이 있다 하더라도, 같은 생각을 품도록 하

십시다. 만약 다른 생각이 필요하다면, 그것도 하나님께서 나타내 보이시지 않겠습니까? 16 사실 우리가 어느 단계에 이르렀든지, 그 단계에 충실하면 됩니다.

17 형제자매 여러분, 함께 나를 본받으십시오. 그리고 우리들을 본받은 사람들이 살아가는 모습을 주의 깊게 살펴보십시오. 18 내가 여러분에게 거듭 말한 바 있는 것을 지금 또 눈물을 흘리면서 말합니다. 많은 사람들이 그리스도 십자가의 원수로 행하고 있습니다. 19 그들은 멸망을 향하고 있고, 배를 채우는 것을 신으로 여기고, 부끄러운 일을 자랑으로 여기며, 온통 이 땅에서의 일에만 관심이 있는 자들입니다. 20 그러나 우리의 국가는 하늘에 있습니다. 우리는 거기로부터 오실 구세주, 주 예수 그리스도를 기다립니다. 21 그분은 만물을 복종시킬 수 있는 권능으로 우리의 보잘것없는 몸을 그의 영광스러운 몸과 같은 모양으로 바꾸어 주실 것입니다.

4 1 그러므로 나의 사랑하는 형제자매 여러분, 나의 기쁨이요 면류관인 여러분, 이와 같이 주님 안에 서십시오. 2 유오디아와 순두게에게 권면합니다. 주 안에서 같은 생각을 가지십시오. 3 그렇습니다. 나의 진정한 동지인 당신에게 요청합니다. 이 여자분들을 도와주십시오. 이분들은 나와 함께, 또 클레멘트와 나의 다른 동역자들과 함께 복음을 전하는 일에 헌신한 분들로서, 그 이름들이 생명책에 있습니다.

4 주 안에서 항상 기뻐하십시오. 내가 다시 말합니다. 기뻐하십시오. 5 여러분의 관용을 모든 사람에게 알리십시오. 주님이 가까우십니다. 6 아무것도 염려하지 마십시오. 염려 대신 모든 일에 기도와 간구로 여러분이 구하고 싶은 것을 감사한 마음으로 하나님께 알리십시오. 7 그러면 인간의 모든 이해력을 뛰어넘는 하나님의 평화가 그리스도 예수 안에서 여러분의 마음과 생각을 지키실 것입니다.

8 마지막으로 말합니다. 형제자매 여러분 무엇이든 진실한 것과 무엇이든 명예로운 것과 무엇이든 정결한 것과 무엇이든 사

랑할 만한 것과 무엇이든 존경할 만한 것, 또 어떤 것이나 덕스러운 것, 칭찬받을 만한 것들을 생각하십시오. 9 나로부터 배우고 전수해 받은 내용들과 여러분이 보고 들은 나의 삶을 여러분도 실천하십시오. 그러면 평화의 하나님이 여러분과 함께하실 것입니다.

10 나에 대한 여러분의 배려가 다시 싹트고 있는 것을 보았기에 나는 주님 안에서 말할 수 없이 기쁩니다. 11 내 처지가 힘들기 때문에 이런 말을 하는 것은 아닙니다. 나는 가진 것이 많든 적든 만족하고 사는 삶을 배웠습니다. 12 나는 비천을 견딜 줄도, 풍요를 누릴 줄도 알고 있습니다. 배부르거나 배고프거나, 풍족하거나 가난하거나 이 모든 형편에서도 살아갈 수 있는 비결을 익혔습니다. 13 나에게 이 모든 것을 감당할 수 있는 힘을 주시는 분 안에서, 나는 모든 것을 감내할 수 있습니다. 14 그렇다 하더라도, 여러분이 나의 고난에 동참한 것은 참 고마운 일입니다. 15 빌립보의 교우 여러분, 복음의 초창기에, 내가 마케도니아 지역을 떠날 때 후원과 상호협력 관계에 참여해 준 교회가 내게는 여러분밖에 없었습니다. 16 여러분은 내가 데살로니가에 있을 때에도 한두 번 나의 필요를 채워 준 적이 있습니다. 17 나는 여러분의 선물을 바라지 않습니다. 내가 바라는 것은 여러분의 삶에 풍성한 열매가 맺히는 것입니다. 18 나에게는 모든 것이 있고, 또 넉넉히 있습니다. 여러분이 에바브로디도를 통해 보내 준 것을 받았기 때문에 풍족해졌다는 말을 전합니다. 여러분이 나에게 보내 준 것들은 향기로운 제물이며, 하나님께서 기뻐 받으실 만한 제물입니다. 19 나의 하나님이 그리스도 예수 안에서 그 영광스러운 풍요함으로 여러분의 모든 필요를 채워 주실 것입니다. 20 우리의 아버지이신 하나님께 영광이 영원무궁하도록 있기를 원합니다. 아멘.

21 그리스도 예수 안에 있는 모든 성도에게 문안하십시오. 나와 함께 있는 형제들이 여러분에게 문안합니다. 22 모든 성도들이 여러분께 문안하며, 특별히 황제의 가문에 속한 이들이 문안합니다. 23 주 예수 그리스도의 은혜가 여러분과 함께 있기를 원합니다.

차례

서론

빌립보서는 편지다. 신약에 편지로 분류되는 글이 많지만 모든 글이 똑같은 수준에서 '편지'인 것은 아니다. 이를테면 요한일서나 히브리서의 시작 부분과 바울의 편지를 비교해 보면 그 특징이 분명히 드러난다. 히브리서는 이렇게 시작한다. "옛적에 선지자들을 통하여 여러 부분과 여러 모양으로 우리 조상들에게 말씀하신 하나님이 이 모든 날 마지막에는 아들을 통하여 우리에게 말씀하셨으니 이 아들을 만유의 상속자로 세우시고 또 그로 말미암아 모든 세계를 지으셨느니라"(히 1:1-2). 편지라기보다는 신학논문의 도입부로 보인다.

　　이와 달리 바울은 당시의 전형적인 편지 형식을 따르고 있다(1:1 주해 참조). 그중에서도 빌립보서는 '진짜 편지'다. 글 중에는 온전한 의미에서 편지라고 하기 힘든 것도 있다. 편지 형식을 띤 칼럼이 그렇다. 서간 형식을 빌려 자신의 생각을 표현하는 것이다. 이런 편지는 가상 인물을 독자로 쓸 수도 있고, 실제 대상이 있을 수도 있다. 예를 들면 대학교수가 이제 막 대학에 입학할 자신의 딸에게 편지를 쓰면서 동시대의 다른 젊은이들에게 하고 싶은 말을 쓰는 식이다. 구체적인 수신자가 존재하지만 사실은 더 넓은 독자를 염두에 둔 경우이다. 고대에도 이런 편지 형식이 있었다. 바울과 동시대인이며 네로 황제의 스승이었던 철학자 세네카는 루킬리우스라는 젊은이에게 보내는 편지 형식을 통해 도덕적 권면을 담은 글들을 많이 남겼다. 이런 편지에서는 저자의 시야에 일반적인 독자가 들어와 있기 때문에, 구체적으로 다루는 주제가 반드시 명목상의 수신자에게 절실한 문제가 아닐 수 있다. 그래서 엄밀한 의미에서의 편지와는 그 해석 방식이 다를 수 있다. 신약성경에서는 목회서신이 이런 장르로 분류될 수 있다.[1] 믿음의 아들 디모데에게 편지를 쓰지만 개인적인 권면이라는 형식을 빌려서 전체 교회에 하고 싶은 말을 쓴 것으로 보인다.

그러나 빌립보서는 진짜 편지다. 현실을 살아가는 구체적인 사람들에게, 구체적으로 할 말이 있어서 쓴 편지이다. 바울이 붓을 들었을 때, 편지를 받을 한 사람 한 사람의 얼굴이 떠올랐을 것이고, 그들과 함께했던 시간들을 기억했을 것이고, 그들이 지금 어떻게 지내고 있나 궁금했을 것이고, 그들이 이 편지를 받아들고 어떤 표정을 지을까 상상하며 썼을 것이다. 빌립보서를 읽을 때 이 사실을 염두에 두어야 한다. 물론, 초대교회가 이 편지를 정경의 일부로 받아들였고, 이 편지와 같은 글들을 통해서 기독교 신학이 형성되어 왔다는 사실을 부인할 수 없지만 신학서적을 읽듯이 이 글을 읽어서는 안 된다. 빌립보서를 읽을 때는 구체적인 상황에서 쓰인 편지라는 점을 떠나서는 안 된다. 따라서 저자와 수신자를 둘러싼 상황을 구체적으로 재구성해 보는 작업이 필수적이다.

고대인들은 글을 읽을 때 늘 소리 내어서 읽었다. 신약성서에 나오는 읽는다(아나기노스코)는 말은 전부 낭독한다는 말이다. 바울은 편지를 쓰면서 빌립보 교인들이 한자리에 모여서 이 편지를 누군가 앞에서 낭독하고 회중들이 함께 듣는 상황을 그리면서 편지를 썼다. 그래서 바울의 편지는 문서를 통한 의사소통과 구두 의

사소통의 성격을 동시에 갖는다고 보아야 한다. 1장 30절에서 바울은 자신의 고난에 대해서 말하면서 "너희에게도 그와 같은 싸움이 있으니 너희가 내 안에서 본 바요 이제도 내 안에서 듣는 바니라"라고 한다. "내 안에서 본 바요"는 바울이 그들과 함께 있을 때 당했던 고난을 가리키는 말이다. 사도행전 16장에 나오는, 빌립보에서 당한 고문과 투옥을 생각하면 상상할 수 있는 대목이다. "이제도 내 안에서 듣는 바니라"는 말에서 현재가 과거와 대비를 이루면서 특별히 강조되어 있는데, 이는 자신이 쓴 편지가 빌립보 교인들 앞에서 낭독되는 것을 상상하며 "이제는"이라 쓴 것으로 보인다(O'Brien, 162). 이럴 경우 그 낭독의 순간은 바울의 현존이 간접적으로 매개되는 순간이다. 특별히 빌립보서는 바울이 부재하는 상황에 대해 비상한 자의식을 가지고 쓴 편지이기 때문에(1:27; 2:12), 자신이 있어야 할 곳에 있지 못한다는 현실적 한계를 메우기 위한 수단으로 보아야 한다. 임금이 보낸 편지를 하급관리가 낭독을 하는데 그 앞에서 고위관리가 무릎을 꿇고 경청하는 사극의 한 장면을 상상해 보자. 서신을 통한 대리적 현존이라는 상황 이해에 도움이 될 것이다.

생애 마지막에 쓴 편지

빌립보서는 바울이 감옥에 있을 때 빌립보 교인들이 보낸 재정적인 지원을 받고 감사의 편지로 썼다는 것이 전통적인 견해이다. "에바브로디도 편에 너희가 준 것을 받으므로"(4:18)는 당시 상거래 영수증에 자주 등장하는 표현이었다. 그런데 이 감사의 표현이 빌립보서를 쓴 주 이유라고 보기에는 바울이 빌립보 교인들의 지원을 언급하는 대목이 너무 뒤에, 너무 간단하게 나온다. 감사의 표현도 인색하다는 느낌이 들 만큼 제한적이다. 오히려 바울은 자신의 기쁨을 전달하면서 이 기쁨이 선물 때문이 아님을 강조하는 데 더 관심이 있는 것으로 보인다(4:10-20). 선물을 받고 영수와 감사의 뜻을 담아서 보내는 당시의 파피루스 편지들은 빌립보서와는 비교할 수 없을 만큼 짧다.

선물에 대한 감사가 붓을 든 한 계기는 될 수 있겠지만 이렇게 긴 편지를 쓴 이유는 복합적이다. 로마 감옥에 투옥되어 재판을 기다리는 자신의 상황, 예수 그리스도에 대한 믿음 때문에 환난을 당하는 빌립보 교인들의 상황, 빌립보 교인들의 선물을 바울에게 전달하러 나선 에바브로디도가 병에 걸려 위험한 지경에 이르렀다가 회복된 상황, 이 소식이 빌립보에 전해지면서 성도들이 염려하는 상황 등이 종합적으로 고려되어야 한다. 이러한 복합적인 상황들을 염두에 두고 본문을 주해해 나갈 것이다. 이 주석이 끝날 때쯤 독자들은 바울이 빌립보서를 쓴 계기에 대해 입체적으로 이해하게 될 것이고, 바울이라는 인물과 기독교 신앙에 소중한 통찰이 생길 것으로 기대한다. 또한 빌립보서를 쓰는 바울의 의도뿐 아니라, 바울로 하여금 이 편지를 쓰게 하신 하나님의 섭리를 헤아려 볼 수 있기 바란다.

빌립보서를 '기쁨의 서신'이라고 하는 것에도 본서는 의문을 제기할 것이다. '기뻐하라'는 명령처럼 단순하면서도 어려운 것은 없다. 다른 것들, 예를 들면 주일에 교회에 오라, 헌금하라, 봉사하라 등은 이를 악물고서라도 하면 되지만 기쁨은 그렇지 않다. 빌립보서를 공부하면서 단순히 그리스도인의 미덕으로 기쁨을 강조하는 것은 부족하다. 세상이 줄 수 없는 기쁨, 옥중에 갇힌 바울이 곧 사형당할지도 모르는 상황에서 고백한 기쁨, 환난 가운데 있는 빌립보 교인들에게도 가능하다고 생각한 그 기쁨의 배경이 무엇인지 심층적으로 살펴볼 필요가 있다. '기쁨'이 빌립보서의 중요한 주제인 것은 부인할 수 없지만, 다른 중요한 주제들은 무엇이며 그 주제들이 어떻게 연결되어 있는지 탐구해 갈 것이다.

어느 감옥에서 썼나?

로마 감옥에서 썼다는 것이 전통적 견해이다. 사도행전은 바울의 로마 연금 상태를 묘사하며 마무리된다. 빌립보서 1장 13절에서 바울은 자신의 투옥 사실이 온 "브라이도리온" 안에 알려졌다고 한다. 개역개정이 "시위대"로 번역하고 있듯이 이 말이 황제의 경호를 책임진 근위대라고 본다면 빌립보서를 쓴 곳은 로마의 감옥일 것이다. 4장 22절에 "가이사의 집 사람들"이 문안한다는 대목도 로마설 지지의 근거로 사용되어 왔다.

이 로마설에 대한 반론들이 있다. 가장 큰 근거는 에바브로디도가 선물을 가져오고, 그의 와병 소식이 빌립보에 알려지고, 그 상황을 다시 에바브로디도가 알고, 후에 그의 병이 호전된 후에 다시 편지를 부쳐서 보내고 하는 수차례의 의사소통을 하기에는(2:25-30; 4:18) 빌립보와 로마의 거리가 너무 멀다는 것이다. 또 하나는 바울이 로마서를 쓸 때 로마에 잠시 머물다가 로마 교인들의 도움을 받아 스페인으로 선교를 계획했는데(롬 15:22-28) 빌립보서에서는 감옥에서 풀려나면 빌립보를 방문할 소망을 피력하고 있다는 점이다. 그래서 바울의 생애 말년 로마 투옥이 아니라 더 이른 시기, 빌립보와 가까운 곳에서 편지를 쓰지 않았나 하는 추측이 제기되었다.

로마의 대안으로 거론되는 곳은 에베소와 가이사랴다. 가이사랴의 투옥은 사도행전에 길게 기록되었고, 에베소의 투옥은 직접 기록은 되지 않았지만 이곳에서 감옥 생활을 했음을 추측케 하는 단서들이 있다(고전 15:32; 고후 11:23)는 것이다. "브라이도리온"도 이 도시들의 총독 막사를 의미하는 단어일 수 있고, 가이사의 집 사람들도 반드시 로마에만 있었던 사람들이 아니었다는 주장이 곁들여진다. 그러나 가이사랴는 로마보다 빌립보에서 더 멀다는 단점이 있고, 에베소는 투옥 기록 자체가 명확하지 않다는 한계가 있다. 무엇보다 바울은 빌립보서에서 자신이 곧 순교할 수 있음을 예상하는데, 에베소나 가이사랴 감옥에서 이런 심리상태였다는 것은 상상하기 힘들다. 사도행전에 의하면 바울은 로마 시민권을 갖고 있었는데 로마 시민권은 황제에 의해 직접 재판을 받기 전에는 사형당하지 않을 권리를 갖고 있었다. 그렇다면 에베소나 가이사랴 설은 바울의 로마 시민권 소지를 부인하는 입장에서나 가능함을 알수 있다.

결국 많은 이견에도 불구하고 로마설이 여전히 주류이다. 로마와 빌립보의 거리가 멀다는 것은 로마설을 반대할 결정적인 근거는 되지 못한다. 본 서는 빌립보서가 로마 감옥에서 쓰였다는 전제하에서 본문을 읽어 갈 것이다. 그러면 하나 남는 의문은 바울이 로마서에서 밝힌 스페인으로 가려는 계획은 어찌되었냐는 것인데 스페인 선교계획은 바울이 포기했을 것이다. 바울이 여행 계획을 바꾼 것은 전례가 없는 일이 아니다(고후 1:12-24; 딤전 3:14-15). 단순히 생각이 바뀌었을 수도 있지만, 로마에서 상황이 여의치 않아 포기해야 하는 형편에 몰렸을 수도 있다. 이 가능성 역시 본문을 주해해 가면서 구체적으로 점검해 볼 것이다.

바울신학의 내적 발전이 있는가?

바울이 로마 감옥에서 이 편지를 썼을 경우, 거리가 먼 빌립보와의 수차례 의사소통을 감안하면 투옥 기간 중에서도 마지막 부분, 아마도 죽기 전 마지막 수개월, 어쩌면 수 주일 사이에 썼을 확률이 높아진다. 그래서 빌립보서는 바울신학에 내적 발전이 있느냐는 질문과 자연스레 연결된다. "투기와 분쟁으로"(1:15) 그리고 "순수하지 못하게 다툼으로"(1:17) 복음 전하는 자들에 대한 바울의 관대한 태도가 초기의 비타협적이고 강직한 태도와(예를 들면 갈라디아서) 많이 차이가 나는 것을 많은 사람들이 감지한다. 이런 변화도 빌립보서를 흥미 있게 읽을 수 있는 중요한 포인트이다.

또 하나 내적인 발전의 가능성은 종말론이다. 데살로니가전서에서 바울은 그리스도 안에서 먼저 세상을 떠난 이들을 "자는 자들"로 표현하면서 "우리 살아남아 있는 자도 자는 자보다 결코 앞서지 못하리라"(살전 4:15) 한다. 이때까지만 해도 바울은 주님이 재림하실 때까지 자신이 살아 있으리라 예상했고, 예수 믿는 이들이 그

전에 세상을 떠나는 것은 예외라고 생각했던 것으로 보인다. 그러나 빌립보서를 쓸 때는 이미 세월이 많이 지나 자신도 재림 전에 먼저 세상을 떠날 수 있다는 생각을 표현하고 있다(빌 1:20-24; 2:17). 물론 이런 변화가 바울의 종말론의 큰 틀이 변했다는 것을 전제하지는 않는다. 보수적인 신학자들은 바울 사상에 내적 변화가 있다는 사실을 강하게 거부하는 경향이 있다. 처음 편지를 쓸 때, 심지어 다메섹 체험 때 신학의 틀이 완성되었고 그 후에 큰 틀의 변화는 없었다는 것이다. 바울 신학의 일관성을 수호하려는 자세는 좋으나 내적 발전의 가능성을 원천적으로 차단하고 지나치게 경직된 태도로 바울서신을 읽는 것은 바울서신이 사람이 사람에게 쓴 편지라는 자명한 사실을 간과할 위험성이 있다. 바울서신은 기독교 교리의 중요한 보고이지만, 그 이전에 현실의 삶을 살아가는 사람들의 실제적인 고민과 소망, 좌절과 극복이 담긴 텍스트라는 점 또한 잊어서는 안 된다.

인간 바울 역시 마찬가지이다. 나이가 들면서 변하지 않는 사람이 어디 있겠는가! 자신이 설정한 목표를 향해 한 치의 흔들림도 없이 인생행로를 가는 사람이 세상에 어디 있으랴! 바울 역시 세월의 풍상을 겪으면서 때로 흔들리고, 때로 회의하고, 때로 입장을 바꾸어 가면서 굴곡진 인생을 살아간 사람들 중의 하나이다. 중요한 것은 연약한 한 인간의 굴곡진 삶을 통해서 변함없는 진리를 전해 주신 하나님의 섭리이다.

로마의 축소판, 빌립보

사도바울의 초기 선교는 안디옥을 기점으로 소아시아(성경의 아시아) 지방에 국한되어 있었다. 후에 빌립보를 시작으로 지금의 마케도니아 지역으로 건너가게 되었고, 결국 빌립보는 유럽에 세워진 최초의 교회로 인식되었다.[2] 당시 아시아는 로마제국의 행정 단위로 지금의 터키 지역이다. 우리가 생각하는 아시아와는 다르다. 소아시아와 마케도니아는 같은 지중해 문명 세계에 속했으며 역사적으로 밀접한 관련이 있던 지역이다. 따라서 '유럽 대륙에 세워진 최초의 교회'라는 표현이 현대인에게 주는 인상만큼 두 지역의 차이가 큰 것은 아니었다.

그렇지만 소아시아 쪽에서 바다를 건너 마케도니아와 아가야를 볼 때 공간적·문화적 거리감이 있는 것은 사실이었다. 그리스 문명의 발상지인 아가야와 알렉산더의 고장 마케도니아를 향한 문화적 열등감도 남아 있었을 것이다. 어려서부터 교회에 다닌 필자는 선교사님들이 방문하셔서 "마게도냐로 건너와서 우리를 도우라"는 본문으로 설교하신 것에 익숙하다. 그러다 보니 나도 모르게 마케도니아 하면 아프리카, 라틴 아메리카, 공산국가의 열악하고 삼엄한 환경을 떠올렸던 것 같다. 실상은 그 반대이다. 마케도니아와 아가야 지역은 그리스 문화의 적통이라는 자부심으로 무장한 지역이다. 바울은 길리기아 다소 출신으로 소아시아와 같은 대륙에 속해 있었다. 사도행전의 기록을 보면 바울이 소아시아 지역의 행보는 종횡무진이었으나, 마케도니아 지역으로 건너가는 것은 쉽게 결행하기 힘들었던, 또 다른 차원의 부담이라는 분위기가 강하게 풍긴다. 마케도니아로 건너간 바울은 이전과는 다르게 상당한 긴장을 갖고 주변을 탐색하는 모습을 보인다(행 16:12-13). 또한 극히 자제하면서 조심스럽게 행동한다(행 16:18). 여기서 사업가 루디아를 만나고, 이어 점치는 노예 소녀에게서 귀신을 쫓아낸 것이 화근이 되어서 "로마 사람인 우리가 받지도 못하고 행하지도 못할 풍속(그리스어: 에세, 라틴어: mos)을 전한다"는 혐의를 받고 옥에 갇히기까지 한다. 밤중에 찬송하는 가운데 옥문이 열리고 그 위기 상황에서 자결하려는 간수에게 복음을 전한다. "주 예수를 믿으라 그리하면 너와 네 집이 구원을 받으리라"(행 16:31)라는 유명한 구절이 바로 이 위기의 순간에 바울이 간수에게 한 말이다. 이 간수와 루디아가 온 가족과 함께 세례를 받고 예수를 믿었는데, 이들로부터 빌립보 교회가 시작된 것으로 보인다. 그러나 빌립보서 본문에는 이들의 이름이나 흔적이 보이지 않으니 의아한 일이기도 하다.

"로마 사람들의 풍속"(행 16:21)과 그리스도의 복음이 정면으로 충돌한 도시가 빌립보라는 것은 주목할 만하다. 바울이 선교한 모든 도시들 중에서 로마를 제외하면 가장 로마적인 도시는 빌립보이기 때문이다. 본래 빌립보는 알렉산더 대왕의 아버지였던 필리포스 2세가 세운 도시였다. 필리포스 2세는 탁월한 장군이요 강력한 정치가였다. 그에게서 그리스 도시국가 전통과 동방 영토국가 전통이 혼합되어 강력한 군대와 정치체제를 갖추게 되며, 이는 그 아들 알렉산더가 세계를 제패할 토대를 제공한다. 로마 시대에 와서 빌립보는 다시 한 번 역사의 향방을 결정하는 무대가 된다. 주전 44년에 브루투스를 비롯한 엘리트 공화주의자들이 로마의 최고 권력자 율리우스 카이사르를 암살한다. 그들은 독재자 카이사르를 암살하기만 하면 정권을 장악할 줄 알았으나, 카이사르의 죽음을 애도하는 시민들의 물결에 놀랐고, 냉담한 여론에 당황했다. 그들은 수도를 버리고 도망갈 수밖에 없었는데 후에 전열을 정비하고 카이사르의 후계자들과 일전을 벌이게 되는 곳이 빌립보였다. 카이사르의 부장이었던 안토니우스와 법적인 상속자 옥타비아누스의 군대가 브루투스 그룹의 군대를 무찔렀고 이는 로마가 귀족 중심의 공화정을 뒤로 하고, 황제 중심의 제국으로 나아가게 되는 결정적인 계기가 되었다. 뿐만 아니라 이 전투는 지중해 세계 전체의 판도를 가르는 결정적인 갈림길이 된다. 후에 옥타비아누스는 빌립보를 '식민지'로 만들고 전역 군인들에게 땅을 주어 이주시켰다. 이들은 로마시민권을 갖고 살았다. 예전에 로마가 이웃한 이탈리아 지역을 병합하면서 이탈리아인들에게 허락했던 특권(ius iutalicum)을 주었는데 빌립보에 살면서도 로마에 사는 로마 시민들과 똑같은 특권을 누리며 살 특혜를 준 것이다. 우리의 언어감각은 식민지를 수치스러운 상태라 말한다. 그렇지만 사도행전 16장은 바울의 빌립보 도착을 묘사하면서 그 도시를 이렇게 설명한다. "빌립보에 이르니 이는 마게도냐 지방의 첫 성이요 또 로마의 식민지라"(16:12). 이 문맥에

서 식민지라는 단어는 수치가 아니라 자랑스러운 특권이라는 뉘앙
스를 주고 있다. 성경연구에 있어서 신학적 질문 이전에 역사적 고
찰이 중요한 이유는 이렇듯 한 단어, '식민지'라는 단어의 의미가 시
대에 따라 완전히 달라질 수 있기 때문이다.

옥타비아누스는 빌립보를 식민지로 건설하면서 로마의 영
광, 로마의 방식으로 살아갈 때에 삶이 얼마나 안정되고 번영될 수
있는지를 보여 주는 모델로 삼고자 했다. 빌립보는 로마의 영광과
힘을 대변하는 작은 로마였다. 당시 수많은 도시가 로마의 도시계
획을 모방하며 작은 로마를 자처했다. 로마가 공식적으로 식민지로
건설한 도시들도 많았다.[3] 성경에 나오는 고린도도 율리우스 카이
사르가 주전 44년에 식민지로 재건한 도시였다. 그럼에도 신약성경
에서 빌립보만 로마의 식민지로 불리고 있다. 이는 빌립보가 다른
어떤 도시보다 문화적·행정적으로 강력한 로마의 색채를 띠고 있
었다는 역사적 사실과 부합한다. 바울이 전한 복음이 "로마의 풍
속"과 충돌한다며 고소당한 곳이 빌립보라는 사실도 중요하다. 사
도행전은 기독교인들을 제국에 소란을 일으키지 않은 평화로운 사
람들로 묘사하는 동시에, 기독교가 전하는 복음의 본질이 로마의
가치관과 결국 갈등관계에 있을 수밖에 없다는 사실 또한 숨기지
않는다. 로마적 삶의 양식[4]과 기독교의 복음이 충돌을 일으켰다면
빌립보는 그 충돌의 무대로서 가장 적합한 곳이다. 이런 충돌은 빌
립보서에서도 분명히 나타난다.

"그러나 우리의 시민권(폴리튜마)은 하늘에 있는지라 거기
로부터 구원하는 자(소테르) 곧 주 예수 그리스도를 기다리노니"(빌
3:20). 많은 사람들이 이 시민권을 천국에 들어갈 수 있는 자격, 죽어
서 천국문 앞에 서서 제시하면 천국에 들어갈 수 있는 여권이나 비
자 정도로 이해하는 것 같다.[5] 그러나 빌립보 시민들이 로마시민권
을 가졌다고 했을 때 그것이 이런 의미였을까? 로마 입성이나 로마
에 거주할 권리를 의미하는 것은 분명 아니었다. 빌립보에 살면서
로마의 시민으로 살아가는 것, 그것이 시민권의 용도이다. 그렇다면

우리에게 천국의 시민권이라는 것은 무슨 의미가 있을까? 이 말은 빌립보의 시대적 배경 속에서 읽어야 한다. 천국의 시민권은 천국에 들어가는 조건이 아니라 이 땅에 살면서 천국시민 특권을 누리며 살아갈 수 있는 권리와 관련하여 이해해야 할 것이다.

"구원자"(소테르)라는 단어 역시 정치적·군사적 용어였다. 포악한 통치자의 지배를 받는 지역에 다른 장군이 와서 그 지역을 점령하고 지역민을 학정에서 해방한다는 맥락에서 사용되던 용어였다. 브루투스파가 장악하고 있던 지역에 옥타비아누스의 군대가 와서 승리를 거두고, 옥타비아누스의 권력하에 온 세계가 재편되는 생생한 기억을 간직하고 있던 빌립보 사람들에게 이 말은 어떤 의미로 다가왔을까? 지금 이 세계를 지배하는 권력이 영원하지 않으며, 머지않아 더 강한 통치자가 와서 지금의 통치자를 누르고 우리를 구원할 것이라는 말로 읽힐 수밖에 없는 구도이다. 폴리튜마와 소테르, 이 두 단어는 빌립보서를 읽을 때 당시의 정치적·군사적 용어 이해가 얼마나 중요한가를 보여 주는 예이다. 우리는 빌립보서를 읽으면서 많은 정치적·군사적 용어를 만날 것이다. 상거래 용어들도 빌립보서에서 많이 발견된다. 빌립보서는 하나님의 진리를 세속적 용어로 표현하고 있는 문서이다.

특별한 애정을 갖고 쓴 편지

빌립보서를 읽어 보면 생애 마지막 시간을 보내는 사람의 내면을 만난다. 이 편지는 친애하고 사랑하며, 끔찍이 그리워하던 공동체를 향해 쓴 글이다. 바울이 많은 교회를 개척했고, 많은 편지를 썼지만 그중 가장 큰 애착을 보인 편지는 데살로니가전서와 빌립보서이다. 둘 다 마케도니아 지역 교회이다.

바울서신 중 교리와 관련해서는 로마서와 갈라디아서가, 교회의 사회적 양상과 관련해서는 고린도전후서가 많은 주목을 받았다. 그러나 바울과 밀접하고도 건강한 관계를 맺고 있었던 교회와의 서신 왕래라는 점에서 데살로니가전서와 빌립보서는 특별히 주목할 필요가 있다. 예를 들면 바울이 수신자들을 향해서 "여러분이 나의 면류관"이라고 했던 교회는 이 두 교회뿐이다(빌 4:1; 살전 2:19). 묘하게도 데살로니가전서는 바울이 맨 처음 쓴 편지이고, 빌립보서는 죽음에 임박해서 쓴 편지이다. 시작이 반이라는 말도 있고, 끝이 좋으면 다 좋다는 말도 있지 않은가? 다른 편지에는 격노하기도 하고 오해를 풀기 위해 고통스러운 호소를 했던 흔적이 많이 남아 있다. 물론 이러한 편지들 역시 인간 바울을 적나라하게 보여 준다는 면에서 소중하다.

데살로니가전서는 사랑하는 공동체를 향해 처음으로 붓을 들어 연모의 정을 담아 쓴 풋풋한 사역자의 설레는 마음이 담겼으며, 빌립보서에는 생애 마지막 순간에 사명과 격정, 즉 순교의 사명과 살아서 빌립보 교인들을 만나고 싶은 마음 사이를 오가며 쓴, 노사역자의 마지막 진액이 담겨져 있다. 그래서 빌립보서는 교회사를 통해서 많은 사랑을 받았으며, 이에 담긴 영적인 교제와 위로와 기쁨은 많은 그리스도인에게 평안을 주는 통로로 기능해 왔다.

본 서는 '그리스도인을 위한 통독 주석 시리즈'의 일환으로 기획되었다. 본래 주석은 레퍼런스, 즉 참고도서에 속한다. 성경을 읽다가 궁금한 부분이 있으면 찾아보는, 사전과 같은 책이라는 말이다. 그런 점에서 본 서는 모든 구절의 다양한 해석 가능성을 꼼꼼히 따지고 나열하기보다는 해석의 흐름을 따라서 읽어 나가기 좋도록 기술되었다. 살아 있는 사람이 살아 있는 사람들에게 쓴 편지로서, 감사와 기쁨과 연모의 정이 가득한 매체로서, 그리스도에게 붙잡혀 평생을 달려온 사람이 결승점을 눈앞에 두고 마지막 숨을 고르면서 쏟아 낸 고백으로서 빌립보서가 본래 갖고 있는 결을 잘 살려 내는 주석이 되기를 소망한다. 쓰는 이와 읽는 이들 안에 함께 계신 성령 하나님께서 우리의 눈을 밝혀 주시기를 간구하면서!

마케도니아

흑 해

비두니아

로마

빌립보

데살로니가

베뢰아

드로아

버가모

서머나

에베소

밀레도

아덴

고린도

니도

크레테

시칠리아

아시아

갈라디아

갑바도기아

안디옥

이고니온

라오디게아

루스드라 데베

버가

무라

다소

안디옥

수리아

키프로스

두로

시돈

가이사랴

돌레마이

사마리아

욥바

예루살렘

가사

지 중 해

1
편지의 서문

빌 1:1-2

1 그리스도 예수의 종 바울과 디모데는 그리스도 예수 안에서 빌립보에 사는 모든 성도와 또한 감독들과 집사들에게 편지하노니 2 하나님 우리 아버지와 주 예수 그리스도로부터 은혜와 평강이 너희에게 있을지어다

빌립보서는 편지, 그중에서도 진짜 편지라고 서론에서 정의했다. 바울 당시 그리스에서 편지의 서두는 '발신자', '수신자', '인사'로 구성되었다. 빌립보서의 경우는 다음과 같다.

발신자 : '그리스도 예수의 종인 바울과 디모데는.'

수신자 : '그리스도 예수 안에 있는 빌립보의 모든 성도들에게, 그 지도자들과 사역자들에게 (편지를 씁니다).'

인사 : '하나님 우리 아버지와 주 예수 그리스도께서 주시는 은혜와 평강이 여러분과 함께하기를 원합니다.'

발신자인 자신을 "종"(둘로스)이라는 말로 수식하고 있는데, 자주 쓰던 '사도'를 쓰지 않은 것이 이례적이다. 데살로니가전후서

는 사도라는 말 없이 바울의 이름만 등장하는데, 바울이 마케도니아 지역에 있는 이 두 교회와 맺은 특별히 친밀한 관계 때문에 격의 없이 편지를 썼다는 해석이 가능하다. 서론에서 밝힌 바와 같이 마케도니아 지역의 교회와 바울이 갖는 특별한 친밀함은 빌립보서 해석의 한 주안점이다. 종이라는 말을 쓴 것은 편지 내내 강조되는 겸손의 주제, 특별히 "자기를 비어 종(둘로스)의 형체를 가지신"(2:7) 그리스도의 이미지를 되새기는 장치로 쓰인다고 볼 수 있다. 그렇다면 바울은 편지 서두에서부터 한 단어 한 단어를 일정한 신학적인 주제를 향해서 촘촘하게 배열하고 있는 것이다. 모든 구절을 주의 깊게 읽어야 할 이유이기도 하다. 발신자에 디모데의 이름을 함께 적은 것도 흥미롭다. 편지 내내 바울이 일인칭 단수로 개인적인 필치로 써 내려가는 것을 볼 때, 디모데가 진정한 의미에서 공동저자(co-author)라 보기는 힘들다. 그럼에도 디모데를 언급한 이유는 무엇일까? 바울이 구술해 준 편지를 디모데가 대필했다는 추측도 있지만 그 이상인 것 같다. 본문에서 디모데를 특별히 칭찬하고 그 지도력을 세워 주는 것을 보면(2:19-24), 디모데가 빌립보 교인들과 신뢰의 관계를 맺고 자신과 같은 권위를 인정받는 지도자로 성장하기를 바라는 마음이 담긴 것으로 보는 것이 더 타당하다. 바울의 편지 중 다수가 공동저자 발신이라는 사실도 주목할 필요가 있다. 이는 바울이 서신왕래를 개인적인 일이 아닌 공적인 사건 혹은 공동체적 사건으로 이해했다는 점이다. 내 생각을 쓰지만, 다른 동역자들도 동의할 만한 내용이지 결코 개인적인 관계에 한정된 내용이 아니라는 것이다. 예수님은 제자들을 파송할 때 "둘씩"(막 6:7) 보내셨고, "두세 사람이 모인 곳"에 함께하시겠다고 약속하셨다(마 18:20). 초대교회의 선교사들 역시 짝을 지어 다니는 것이 관례였다. 신앙생활과 복음증거 사역에서 공동체성의 중요성을 보여 주는 예들이다. 공동발신자는 이런 면에서 보아야 한다.

빌립보서가 다른 편지들과 비교해서 두드러지는 점은 수신자 부분이다. 먼저 다른 서신들에 일반적으로 등장하는 "교회(에클

레시아)에게"라는 말이 없다. 이는 로마서도 마찬가지인데, 필자는 로
마서에 에클레시아라는, 바울의 특징적인 수신자 칭호가 등장하지
않는 이유를 상세히 논한 바 있다.[1] 그 이유 중의 하나로 에클레시
아는 기본적으로 로마제국의 동쪽 그리스 문화권의 정치체제로, 라
틴어를 주로 사용하는 서쪽 지역에는 어울리지 않을 뿐 아니라, 제
국의 수도인 로마의 어떤 집회에 이 단어를 사용하는 것은 정치적
오해를 받을 소지도 있었음을 꼽았다. 로마색이 짙은 식민지인 빌
립보 역시 비슷한 상황이었을 수 있다. 그리스 전통이 살아 있는 고
린도와 비교하면 빌립보는 에클레시아라는 말에 잘 어울리지 않는
정치체제와 사회 분위기였으리라 추측된다. 이는 바울이 신학적 사
고를 풀어가는 방식에서 지역 특성을 신중하게 고려하면서 또한 깊
은 정치적 고려도 하고 있음을 보여 준다. 에클레시아라는 말은 쓰
지 않았지만 다른 정치적인 단어들, 즉 "우리의 폴리튜마(시민권, 정부)
는 하늘에 있는지라"(3:20), "복음에 합당하게 시민 노릇하라(폴리튜
에스세)"(1:27)는 말로 대체하고 있는 것 또한 빌립보서에서의 바울의
정치적 고려라는 맥락에서 주목할 만한 점이다.

　　바울은 에클레시아라는 말 대신에 "모든 성도와 또한 감독
들과 집사들에게"라는 말을 쓰고 있다. "모든 성도"는 성도들 전부
가 수신인이라는 말이다. 여자와 아이, 새신자와 노예까지 포함한
다는 점은 중요하다. '성도'는 글자 그대로 '거룩한 이들'(the holy)이
다. 한국 교회에서는 호칭이 중요하다. 그러다 보니 호칭이 계급으로
이해되는 경우가 많다. 목사, 장로, 권사, 집사 순으로 높은 사람들
이고, 특별히 부를 호칭이 없는 교인을 '성도'라 부르기 때문에 성도
라는 말은 가치 없는, 혹은 내용 없는 말이 되었다. 이는 잘못된 쓰
임이다. 일단 '성도'(聖徒)는 거룩한 무리로 복수이다. 개인을 가리키
는 말이 아니다. 사도(使徒)도 마찬가지이다. 원어의 뜻은 '보냄 받은
무리' 혹은 '소식을 전하는 무리'이다. 엄밀한 의미에서 단수는 '사
자'(使者)이다. 그러면 성도의 단수는 무엇인가? '성자'이다. 얼마나 엄
청난 말인가? 장로든, 목사든, 노회장이든, 총회장이든, 교황이든 그

어떤 호칭도 '성자', '거룩한 분'이라는 호칭보다 영광스럽지 않을 것이다. 단수를 복수로 바꾸어 "성도"라고 해도 그 영광은 조금도 훼손되지 않는다.

고린도전서에서 바울은 수신자들을 이렇게 묘사한다. "고린도에 있는 하나님의 교회 곧 그리스도 예수 안에서 거룩하여지고 성도라 부르심을 받은 자들"(고전 1:2). 그들이 성도인 것은 성도라 부르심을 입었기 때문이다. 바울은 독자들이 이미 아는 개념, 독자와 자신이 공유하는 개념은 축약어를 쓰는 경향이 있다. 그래서 빌립보서의 "성도"는 고린도전서와 같이 '성도라 부르심을 받은 자들'이라고 보는 것이 옳다. 그들은 그들 자신의 인격이나 자격 때문이 아니라, 하나님께서 그렇게 부르셨기 때문에 거룩한 이가 되었다. 하나님은 우리를 거룩함으로 부르시고, 또 거룩하게 만들어 가신다. 그렇다고 해서 성도의 지위와 자격이 순전히 미래에 있는 것만은 아니다. 성도의 신분이 갖는 미래성과 현재성의 두 면을 빌립보서를 읽어 가면서 보게 될 것이다.

수신자로 "모든 성도들"에 이어서 "또한(쉰) 감독들과 집사들"이 언급된다. 바울서신 중에서 교회 직분의 호칭이 등장하는 것은 예외적인 일이다. "또한"이라고 번역된 단어는 '쉰'으로 일반적으로 영어로는 'with'로 번역된다. 주석가들은 이런 작은 연결부분의 해석에도 신경을 곤두세우곤 한다. 단순히 'with'로 번역하면 감독들과 집사들은 성도에 포함되지 않는, 구별된 그룹으로 여겨질 수 있기 때문이다. 이런 해석은 전통적으로 가톨릭적 교직 이해, '성직자'와 '평신도'를 엄밀히 구분하는 교회론을 지지하는 것으로 읽힐 수 있다. 교회의 지도자들은 성도들과 구별되는 존재인가? 교회에 대한 바울의 이해 전반을 살펴보면 바울이 그런 사고를 갖고 있었던 것 같지는 않다. 그렇다면 이 '쉰'은 함께(with)의 뜻보다는 'including', 즉 "성도들에게, 감독들과 집사들을 포함하여" 정도로 읽는 것이 좋을 것이다. 문법적으로도 가능한 해석이다(O'brien, 48). 이렇듯 무심코 지나칠 수 있는 작은 단어 하나 해석으로도 신학적 이해, 교회직제에 대한 입장이 크게 엇갈리는 것이 성경 번역이다.

당대의 양식과 가장 두드러진 차이는 인사 부분이다. 그리스 편지들은 '카이레인'이라는 인사를 전했다. 이는 사도행전 15장 1절, 23장 26절, 야고보서 1장 1절에도 등장하며, 영어로는 'greetings', 우리말 성경에는 '문안하노라'로 번역되는 정형화된 인사말이다. 바울은 '카리스(은혜)라고 하는, 뜻과 발음이 비슷하지만 기독교 복음의 핵심을 전하는 말로 바꾸어 놓음으로써, 당시 문화와 연속성과 차별성을 동시에 확보한다. 평강의 원어는 '에이레네'로 우리말 성경에서 '평강', '평안', '평화', '화평' 등으로 번역된다. 한 단어가 이렇게 다양하게 번역되는 것은 그만큼 의미와 어감이 폭넓고 미묘하다는 뜻이다. 이는 '샬롬'이라는 유대적 인사의 계승이기도 하다. '에이레네'는 그리스어권에서 중요한 가치였고, 로마제국에서 '팍스'는 중심적인 가치였기 때문에, 은혜와 평강(카이레인 카이 에이레네)은 당시의 주요문화를 가로지르는 효과적인 문화혼합형(hybrid) 인사말이다. 많은 학자들은 이 인사말에서 바울신학의 핵심을 발견한다. 은혜와 평강, 바울은 이 둘의 순서를 결코 바꾼 적이 없다. 은혜가 먼저 있어야 평화가 가능하다. "그러므로 우리가 믿음으로 의롭다 하심을 받았으니 우리 주 예수 그리스도로 말미암아 하나님과 화평을 누리자 또한 그로 말미암아 우리가 믿음으로 서 있는 이 은혜에 들어감을 얻었으며 하나님의 영광을 바라고 즐거워하느니라"(롬 5:1-2). 믿음으로 의롭다 함을 얻는 것은 은혜이다. 그리고 그 다음에 평화가 따라온다.

심층연구─감독들과 집사들

"감독들과 집사들"은 원어로 '에피스코포스'와 '디아코노스'의 복수형이다. 바울 서신에서 에피스코포스가 등장하는 것은 목회서신을 제외하면 빌립보서가 유일하다. 많은 영어성경은 "bishops and deacons"로 쓴다. 디아코노스는 집사로, 에피스코포스는 감독, 혹은 주교로 번역된다. 후대 교회들에서 감독, 주교라 하면 대도시나 넓은 지역을 책임지는 고위성직자를 가리키기 때문에 이 번역은 바울 당시의 교회 상황에 오해를 불러일으킬 여지가 많다. 빌립보 교회에 다수의 감독들이 있었다고, 즉 체계화된 교직을 갖춘 상당한 규모의 교회를 상상하는 것이다. 시대착오적 해석이다. 정확한 숫자 추정은 불가능하지만 바울 당시 빌립보 교회는 50명 이내의 규모로 추정하는 것이 일반적이다. 이런 작은 모임에 복수의 에피스코포스와 디아코노스가 있었다면 그 기능은 무엇이었으며 위상은 어느 정도였을까?

안개 속에 있던 이 문제에 빛을 비춘 것은 19세기 말과 20세기 초에 이집트 지역에서 다량 발굴된 파피루스들이었다. 그때까지 고대 그리스어 연구의 주자료였던 문헌자료들과 달리 이 파피루스들은 실생활에서 쓰이던 생생한 자료와 언어들을 담고 있었다. 어휘와 문체 등이 신약성서와 유사하여 신약성서 연구에 많은 비교점을 제공했다.

1880년에 에드윈 헤치(Edwin Hatch)는 방대한 파피루스와 비문 연구를 바탕으로 이 두 단어가 자발적 조합의 어휘에서 차용되었을 가능성을 제기했다.[2] 당시 사회에 동업자 조합, 동향인 조합, 상조회 성격의 조합 등 다양한 조합들이 있었는데, 그런 조합들에서 에피스코포스는 재정운용을 담당하는 임원의 직함으로 쓰였다는 해석이다. 본래 이 단어는 문자적으로는 '위에서 보는 사람'(overseer, supervisor)이라는 뜻으로 감독관을 가리킨다. 국가, 즉 폴리스의 주요 직책을 맡은 관리, 농장의 노동 감독자로도 쓰이는 용례는 잘 알려졌는데, 파피루스 문서들의 발견으로 다양한 자발적 조합들에서 선출한 임원의 칭호로 쓰였다는 사실이 밝혀진 것이다. 사도행전 1장에서는 가룟유다가 맡았던 '직임'(에피스코페)이라는 단어가 쓰였는데, 예수님의 제자들 중에서 재정 담당을 맡았던 그의 임무로 볼 때, 예수 운동의 상당히 초기에서부터 이 단어가 재정관리와 관련하여 쓰였을 가능성이 있다.

디아코노스는 어원을 보면 '두 사람 사이에서 심부름을 하는 이'라는 뜻이다. 폴리스의 행정관료들부터 자발적 조합의 임원에 이르기까지 다양한 대상에 사용되는 단어였다. 특히 자주 발견되는 용례는 '식탁에서 시중드는 이', 영어의 'waiter'에 가까운 의미이다. 누가복음에서 예수님은 제자들에게 "앉아서 먹는 자가 크냐? 섬기는 자가 크냐? 앉아서 먹는 자가 아니냐? 그러나 나는 섬기는 자(디아코논)로 너희 중에 있노라"(22:27) 말씀하신다. '디아코논'은 디아코노스의 동사형인

디아코네오의 분사형이다. 바울서신에서 디아코노스는 구체적인 직위보다는 섬기는 자, 사역자라는 일반적인 의미로 쓰인 경우가 많다(고전 3:5; 고후 3:6; 6:4; 11:15, 23; 갈 2:17; 골 1: 23, 25; 4:7 살전 3:2). 개역개정 성경은 이런 경우 대부분 '일꾼'으로 번역하고 있다.

이러한 예들을 종합해 볼 때 빌립보서 1장 1절의 에피스코포스와 디아코노스는 감독과 집사보다는, 그런 직제가 형성되기 이전에 공동체의 현실적 필요에 의해 재정관리와 공동식사를 섬기는 일을 맡은 임원 정도로 보는 것이 좋겠다. '지도자들과 그 보조자들/섬기는 이들/일꾼들에게' 정도의 번역이 적절하다. 이런 명칭은 당시 빌립보 교회가 그 조직에 있어서 세속적 조합과 비슷한 형태를 갖고 있었을 가능성을 시사한다. 물론 이 사실이 바울이 교회를 세속적 조합 비슷한 조직으로 여겼다는 증거는 될 수 없다. 공동체의 실제 모습은 사회적·역사적 측면의 사실이며, 이에 더하여 바울의 신학적 의도를 고려해야 한다. 교회를 시민집회인 에클레시아라는 이름으로 부르는 것에는 바울 신학의 중요한 정치적 성격이 담겨 있다. 에피스코포스와 디아코노스가 폴리스의 고위 관료들에게도 적용되었던 단어라는 점은 적어도 바울이 이 단어를 사용하고 있는 맥락에서는 정치적 함의가 강한 것으로 보아야 한다. 서론에서 밝혔듯 빌립보서 전체에서 두드러지는 정치적 용어들과 함께 이해할 필요가 있다.

정리하면 이렇다. 빌립보 교회의 현실적 모습은 세속적 조합과 비슷했지만 바울의 교회론은 그런 조합들과 교회를 차별화하기를 원했고, 그런 구도 속에서 교회를 폴리스에 가까운 실체로 묘사하고 있다는 것이다. 바울이 세속적 조합과 폴리스의 차이점을 어떻게 이용하여 자신의 교회론을 정립하는가는 3장 17-21절을 주해하면서 다룰 것이다.

묵상과 나눔을 위한 질문

1. 바울이 자신을 "종"이라 소개하는 것은 빌립보서 전체 주제와 어떻게 연결됩니까?

2. 바울은 자신의 주도로, 사적인 색채가 강한 편지를 쓰면서도 다른 동역자의 이름을 넣어서 공저로 쓰는 것을 좋아했습니다. 이는 바울의 어떤 사역 태도를 보여 줍니까? 이런 습관들이 후대의 교회에 어떤 영향을 끼쳤을 것 같습니까?

3. "성도"라는 말을 우리는 어떤 의미로 사용하고 있습니까? 이 말에 담긴 영광에 대해 나누어 봅시다.

4. 바울은 편지를 쓰면서 늘 "은혜와 평강"으로 인사합니다. 여기에는 어떤 신학적 인식이 담겨 있습니까? 로마서 5장 1절이 참고가 될 수 있습니다.

2
감사와 기도

빌 1:3-11

3 내가 너희를 생각할 때마다 나의 하나님께 감사하며 4 간구할 때마다 너희 무리를 위하여 기쁨으로 항상 간구함은 5 너희가 첫날부터 이제까지 복음을 위한 일에 참여하고 있기 때문이라 6 너희 안에서 착한 일을 시작하신 이가 그리스도 예수의 날까지 이루실 줄을 우리는 확신하노라 7 내가 너희 무리를 위하여 이와 같이 생각하는 것이 마땅하니 이는 너희가 내 마음에 있음이며 나의 매임과 복음을 변명함과 확정함에 너희가 다 나와 함께 은혜에 참여한 자가 됨이라 8 내가 예수 그리스도의 심장으로 너희 무리를 얼마나 사모하는지 하나님이 내 증인이시니라 9 내가 기도하노라 너희 사랑을 지식과 모든 총명으로 점점 더 풍성하게 하사 10 너희로 지극히 선한 것을 분별하며 또 진실하여 허물 없이 그리스도의 날까지 이르고 11 예수 그리스도로 말미암아 의의 열매가 가득하여 하나님의 영광과 찬송이 되기를 원하노라

1. 감사 기도 (1:3-6)

간결한, 그러나 신학적 의도가 풍성히 담긴 인사말에 이어서, 바울은 빌립보 교인들에게 감사 인사를 전한다. 고전 수사학에서 연설의 서두는 청중들의 호감을 얻기 위한 수사(Captatio benevolentiae)로 시작했다. 이 부분을 사도바울은 대개 감사와 기도로 채운다. 청중[1]과의 좋은 관계 형성이라고 하는 수사학적 요소, 현대로 말하면 커뮤니케이션학이 되겠고 심리학적 접근이라고도 할 수 있는 요소를 바울은 소홀히 하지 않았다. 바울에게 상당한 수사학적 지식이 있었으며, 세속 수사학의 구조와 기교를 활용하여 편지를 쓰고 있다는 증거는 강력하며 학자들의 심도 깊은 연구가 쌓여 있다.[2]

바울의 편지가 세속 수사학의 교본을 따른 연설과 다른 점은 청중과의 관계를 중요시하지만 그 관계에 하나님을 개입시키고 있다는 점이다. 빌립보서 전체를 통해서 빌립보 교인들과 바울 자신의 각별한 관계, 깊은 애정이 강조되고 있는데, 이 사랑의 관계는 그리스도로 인해서 가능한 것이라는 사실을 바울은 끊임없이 되새긴다. 4장에서 바울은 빌립보 교인들이 보낸 선물에 대해 이렇게 말한다. "내게는 모든 것이 있고 또 풍부한지라 에바브로디도 편에 너희가 준 것을 받으므로 내가 풍족하니 이는 받으실 만한 향기로운 제물이요 하나님을 기쁘시게 한 것이라 나의 하나님이 그리스도 예수 안에서 영광 가운데 그 풍성한 대로 너희 모든 쓸 것을 채우시리라"(4:18-19). 그들이 바울에게 보낸 선물은 하나님께 드린 제물이다. 그런 마음으로 헌신한 이들의 필요를 "나의 하나님"이 채울 것이라는 점을 바울은 확신 있게 증언한다. 본질적으로 "우리 하나님"이라는 말을 하고 싶은 것이지만, 거기에 이르는 단계로서 "나의 하나님"과 자신의 든든한 관계를 바울은 우선시한다. 나와 하나님과의 개인적인 관계를 공동체의 신앙고백이 대신할 수 없다. 얼핏 보면 독단적으로 보일 수 있는 "나의 하나님"이라는 표현은 실수나 부주의한 표현이 아니다. 1장 3절에서도 바울은 "나의 하나님께" 감사한다고 분명히 말한다. 우리의 하나님이라는 말을 할 수 있는 든든한 기초는 나와 하나님과의 긴밀한 관계이다. 3-6절의 구문은 아래와 같이 분석될 수 있다.

나는 나의 하나님께 감사드립니다.

기억(감사의 조건 1) : 내가 여러분을 기억할 때마다(3-4절)

코이노니아(감사의 조건 2) : 여러분들이 처음부터 지금까지 복음(을 전하는 일)에 참여(코이노니아)하고 있기 때문에(5절)

코이노니아가 가져다준 확신 : 하나님께서 그 착한 일을 이루실 줄을 확신하기 때문에(6절)

3 내가 너희를 생각할 때마다 나의 하나님께 감사하며 4 간구할 때마다 너희 무리를 위하여 기쁨으로 항상 간구함은

우리말 성경에는 잘 나타나 있지 않지만, 3-4절에는 '모든'(파스, all, every)이 강조되어 있다. 영어 번역을 보자. "I thank my God in *all* my remembrance of you, *always* in *every* prayer of mine for you *all* making my prayer with joy"(ESV). 어색함을 무릅쓰고 원문의 어감을 살리자면 다음과 같이 번역할 수 있다. "여러분에 대한 나의 '모든' 기억 가운데, 여러분 '모두'를 위한 기쁨으로 드리는 나의 '모든' 간구의 '모든' 순간에, 나의 하나님께 감사합니다."

'모든', '모두'에 해당하는 헬라어 '파스'를 어근으로 하는 단어가 네 번이나 동원된다. 재미있는 것은 "모든'이 4장 6-7절에서 다시 발견된다는 점이다. "아무것도 염려하지 말고 오직 '모든' 일에 기도와 간구로, 너희 구할 것을 감사함으로 하나님께 아뢰라 그리하면 '모든' 지각에 뛰어난 하나님의 평강이 그리스도 예수 안에서 너희 마음과 생각을 지키시리라."

"모든"이 집중적으로 강조되는 맥락이 둘 다 기도라면 우연이라고 보기 힘들다. 바울은 기도의 자유, 기도의 온전성을 말하고

있다. 기도로 하나님 앞에 가지고 나가지 못할 일은 없으며, 기도가 미치지 못할 염려의 영역은 없다. 바울은 데살로니가전서에서 "쉬지 말고 기도하라"(5:17) 했다. 그리고 스스로 실천했다. 인간의 모든 활동은 시간과 공간의 제약을 받는다. 함께해 주고 싶고 도와주고 싶은 사람이 있는데, 현장에 없을 때 얼마나 안타까운가! 바울 역시 빌립보 교인들과 함께 있으면서 그들과 교제하고 도와주고 싶은 마음이 간절했다(1:24). 그러나 감옥에 갇혀 있으니 몸으로 갈 수 없지만 할 수 있는 일이 있다. 기도다. 갇혀 있는 몸이기 때문에 자유는 절실했고, 보고 싶어도 보지 못하는 사람, 가고 싶어도 가지 못하는 곳에 대한 간절함이 더욱 깊었을 것이다. 바울은 그 간절한 그리움을 기도의 동력으로 사용할 줄 아는 사람이었다.

기도의 자유가 육체적 속박의 한계를 이길 때, 그 자유는 감사를 통해서 표현된다. 바울은 빌립보 교인들을 생각할 때마다 감사한다고 전한다. "모든 지각에 뛰어난 하나님의 평강이"(4:7) 바울의 생각과 마음을 어떻게 지키고 있는지, 감옥에 갇혀서 사형 판결이 날 수도 있는 바울의 생각을 어떻게 인도했는지 바울의 기도를 통해서, 빌립보서 전체를 통해서 보게 될 것이다. 그런 의미에서 바울은 기도하는 사람의 마음을 하나님께서 어떻게 인도하시는지 보여 주는 실례이다.

기도와 관련해서 바울이 쓰는 단어를 보자면 9절에 "기도하노라"(프로슈코마이)는 일반적인 의미에서의 기도이다. "간구"라는 말이 4절에 두 번 반복되는데 이는 '데에시스'이다. 본래 의미는 '결여' 또는 '부족'이다. 그러므로 그것은 하나님만이 해결해 주실 수 있는 실제적인 부족을 채워 달라고 특별한 상황에서 구체적으로 하나님께 드리는 요청을 의미하는 말로 사용된다(눅 22:32; 롬 1:10; 히 5:7, Hawthorne, 92). 또 하나 주목할 단어는 "생각"(3절)이다. 보다 정확한 번역은 '기억'(므네이아)이다. 바울은 이 말을 대부분 서신의 초반에 수신자들을 위한 기도의 맥락에서 사용하고 있다(롬 1:9; 엡 1:16; 살전1:2; 딤후 1:3; 빌 4; 한 번의 예외는 살전 3:6). 개역개정은 이를 "말한다"(언급한다)라고 번역하기도 하는데, 그 경우에도 기억하는 행위가 이 단어의 중심에 있음은 분명하다. 바울은 자신의 마음속에서 그들을 기억하는 것을 아주 소중하게 생각했다. "너희가 내 마음에 있음이여!"(7절)

중요한 것은 모든 기도가 간구(데에시스)는 아니라는 것이다. 우리는 기도할 때 급하게, 때로는 강박적으로 구체적인 기도제목을 꺼내 놓는다. 때로 그 기도 제목이 기도의 초점을 흐리기도 한다. 기도의 첫 번째 초점은 하나님이다. 바울이 3절에서 "나의 하나님께" 감사한다는 말이 특징적이다. 위의 2절에서 그는 "하나님 우리 아버지"라 말하지 않았는가? 바로 다음 절에서 "나의"라는 말로 마치 하나님을 독점한 듯이 말하는 것은 기도의 자리에서 경험하는 하나님과의 친밀한 관계에서 나온 자연스러운 표현일 것이다(참조, 행 27:23). 기도의 두 번째 초점은 내 기도가 필요한 사람들이다. 기도는 하나님의 임재를 사모하며 간구하는 것으로 시작해야 한다. 그리고 그 임재 안에서 고요한 가운데 사랑하는 사람들을 떠올릴 수 있다. 그럴 때 하나님의 시각으로 그 사람들을 바라보는 여유가 생긴다. 거기서 흘러나오는 것이 감사이다. 그럴 때에 우리가 당하고 있는 문제들도 하나님의 시각에서 보게 될 것이다.

바울은 빌립보 교인들을 생각할 때마다 감사하다고 한다. 들리는 소식은 걱정거리가 많다. 영적 자녀인 빌립보 교인들이 환난을 당하고 있음을(1:30) 바울은 잘 알고 있다. 그러나 바울은 기도하면서 그들 때문에 감사할 일을 먼저 아뢰었다. 이는 하나님의 임재가 허용한 공간 때문에 가능한 것이다. 하나님의 임재는 세상의 염려와 복잡한 생각으로부터 자유로운 고요한 마음을 창출한다. 이 공간은 쉽게 침범된다. 아이러니하게도 기도 제목이라는 이름으로 마음에 들어오는 문제들도 이 공간을 침범하고 차지하고 심지어 하나님의 임재를 밀어낼 수 있다. 바울에게 있어서 간구 못지않게 기억이 중요한 것은 이 공간을 문제가 아닌 사람으로 채우기 위함이다. 기도하는 가운데 하나님과 바울의 교제가 일어나고 그 교제 가운데 빌립보 교인들을 기억하고 언급한다. 마치 큰아들이 아버지와 얘기하면서 타지에 가 있는 동생을 기억하고 동생이 얼마나 사랑스러운 존재인지를 말하면서 기뻐하는 것과 같다. 이런 맥락에서 우리는 바울의 이 말을 이해할 수 있고, 또 우리의 기도에서 경험할 수 있다. "내가 예수 그리스도의 심장으로 너희 무리를 얼마나 사모하는지 하나님이 내 증인이시니라"(8절).

이는 우리의 기도를 위한 좋은 모범이다. 우리는 얼마나 걱정이 많은가! 기도의 자리에 앉아 있을 때에도 얼마나 걱정에 압도되는가! 자녀들을 위해 기도해야 한다는 부담감을 갖고 기도를 시작하지만 염려의 먹구름 아래서 신음하는 때가 얼마나 많은가! 자녀가 속을 썩일 때도, 감당하기 힘든 난관을 만났을 때도 먼저 감사할 수 있으면 좋다. 누군가를 위해서 기도할 때마다 그 사람 때문에 감사할 일을 먼저 하나님께 말씀드려 보자. 목회자를 위해서 기도할 때도, 또 성도들을 위해서 기도할 때도 마찬가지이다. 그분이 내 삶에 허락한 일을 감사하며 기도를 시작하는 것이 좋다. 감사하는 마음을 통해 하나님께서 염려의 먹구름을 어떻게 걷어 내시고, 기쁨과 소망의 빛을 비추시는지 알게 될 것이다. 기억이 기도이다. 하나님 앞에서라면! 때로 구체적인 제목들을 놓고 기도해 주지 못해도 그로 인하여 감사하는 것으로 충분할 때가 많다.

5 너희가 첫날부터 이제까지 복음을 위한 일에 참여하고 있기 때문이라

"첫날부터 이제까지 복음을 위한 일에 참여하고" 있다는 말에는 그리스도 안에서 누리는 사귐의 관계와 구체적인 물질적 나눔이라는 의미가 있다. 여기서 바울이 "첫날부터 이제까지"라고 하지만 빌립보 교인들이 바울의 복음사역에 계속해서 참여한 것은 아닌 것으로 보인다. 바울은 그들의 선물을 받고 "너희가 나를 생각하던 것이 이제 다시 싹이 남이니"(4:10)라고 한다. 바울에 대한 그들의 지원

에는 상당한 공백 기간이 있었다. 이 공백에 대해 바울은 "너희가 생각은 하였으나 기회가" 없었기 때문이라고 양해한다. 결국 "첫날부터 이제까지"라고 하는 것은 바울 편에서 빌립보 교인들의 헌신을 과대평가하여 칭찬하는 것이다. 빌립보 교인들의 입장에서는 과분한 칭찬이다. 조그마한 헌신을 극상으로 해석하여 칭찬하는 것인데, 사실 그 원조는 예수님이다. "선지자의 이름으로 선지자를 영접하는 자는 선지자의 상을 받을 것이요 의인의 이름으로 의인을 영접하는 자는 의인의 상을 받을 것이요 또 누구든지 제자의 이름으로 이 작은 자 중 하나에게 냉수 한 그릇이라도 주는 자는 내가 진실로 너희에게 이르노니 그 사람이 결단코 상을 잃지 아니하리라 하시니라"(마 10:41-42).

개역개정의 "복음을 위한 일에 참여하고(코이노니아) 있기 때문이라"라는 표현은 개역한글판의 "복음에서 너희가 교제함을 인함이라"를 바꾼 것이다. 새번역은 "복음을 전하는 일에 동참하고 있기 때문입니다"로 하여 개역개정에 가까운 이해를 보이고 있다. 이 번역들의 차이는 코이노니아라는 단어 이해에서 생긴다. 기독교 신학 전반에 걸쳐서, 특별히 빌립보서에서 중요한 단어이다.

심층연구―코이노니아

코이노니아는 '친교,' '교제'(fellowship)로 흔히 알려진 단어이다. 이는 사업상의 계약(contract)을 의미하기도 했으며, 라틴어 'communitas'로 번역되면서 공동체(community)를 의미하는 용어로 많이 쓰였다. 이 단어의 어원은 형용사 '코이논'(공동의, 함께 나누는)이다. 그리스의 유명한 속담 "친구는 모든 것을 함께한다(코이논 판타)"라는 말은 당시 사회의 중요한 가치였다. 사도행전에서 초대교회에 대한 이상적 묘사는 "모든 것을 함께 나누는(코이논 판타)"이라는 속담을 그대로 싣고 있다(4:23). 동사 '코이노네오'는 '함께 나눈다'라는 의미이며, 명사 코이노니아는 이 형용사와 동사에서 파생된 단어이다. 명사 코이노니아는 '물질적인 나눔'이 가장 기본적인 의미이며 삶의 다양한 양상을 나누는 '함께하는 삶', '참여'를 의미하기도 한다. 고대 그리스 인간관은 현대의 개인적인 인간관과 근본적으로 다르다. 함께

하는 삶으로 존재의 합일을 이룰 수 있다는 이상을 갖고 있었다. 도시국가 폴리스를 인간의 몸에 비유한 것은 이런 사고 속에서 가능한 것이며, 이 사고는 교회를 그리스도의 몸이라고 하는 바울의 신학적 개념에 많은 영향을 끼쳤다.

바울은 우리가 성찬을 행할 때 그리스도의 피와 몸에 '참여'한다는 의미로 코이노네오를 쓰기도 한다(고전 10:16-17). 성찬의 떡과 포도주가 우리 몸 안에 들어가서 우리 몸과 분간될 수 없는 하나가 되듯이 깊은 존재 통합의 유비가 '코이노니아로서의 성찬' 신학에 담겨 있다. 그리스도와 우리의 하나 됨은 바울의 구원론에서 핵심적인 역할을 하고 있다. 바울은 세례의 의미도 그리스도와 함께 죽고 함께 사는 것으로 이해한다(롬 6:3-5).

참여로서의 코이노니아는 그리스도와 우리가 존재론적 합치를 이룰 정도로 깊이 있는 관계를 맺게 된다는 요한신학의 핵심이기도 하다(요일 1:3). 예수를 믿는 것은 예수를 영접하는 것이다(요 1:12). 그 예수님은 "내 안에 거하라 나도 너희 안에 거하리라"(요15:4) 하셨다. 예수님은 자신과 아버지 하나님이 하나인 것같이 우리도 하나 되게 해 달라고 기도하셨다(요 17:22). 이 코이노니아의 완성이 구원이다. 삼위일체의 내적인 관계가 성도와 하나님과의 관계, 성도들 간의 관계의 모범이 되는 것이다. 코이노니아는 그리스 문화전통에 있는 동방교회에서 삼위일체를 설명하는 중요한 개념으로 발전한다. 본래 강력한 동사적 뉘앙스를 갖고 있던 코이노니아가 라틴어 'communitas'(공동체)로 번역되면서 정적인 개념이 되고 본래의 역동성을 잃어버렸다. 이는 서방 교회 전통의 심각한 한계이기도 하다. 서방에서 발전되어 나온 개신교와 현대의 개인주의적 인간관은 성서적 인간관과 구원론의 이해에 큰 장애로 작용하기도 한다. 성경 이해에 최대 장애는 우리가 극단적으로 개인주의적인 인간 이해를 한다는 점이다. 공동체적 구원론은 빌립보서 해석에 중요한데, 예를 들면 "두렵고 떨림으로 너희 구원을 이루라"(2:12) 했을 때, 복수 "너희"는 개개인의 구원이 아니라 공동체 전체의 집합적 구원을 말할 가능성을 강력히 시사한다. 개인주의적 인간관에서는 이런 해석이 존재할 여지가 없다.

이런 신학적인 논의를 여기서 다 다룰 수 없지만 빌립보서 전체를 통하여 코이노니아가 핵심적인 개념이며(1:5; 2:1; 3:10; 4:15), 공동체적 인간 이해는 바울의 세계와 우리의 세계를 잇는 중요한 다리 역할을 한다는 사실은 염두에 둘 필요가 있다. 본문의 해석과 관련하여 '코이노니아'의 두 가지를 유념해야 한다. 1) 존재론적 합치

47

라고 할 정도로 뿌리 깊은 인격적 관계와 결합을 담는 용어이다. 2) 물질적 재화의 나눔을 핵으로 하는 구체적인 삶의 나눔으로서의 참여를 가리키는 개념이다. 이런 점에서 볼 때 빌립보 교인들이 "복음을 위한 일에 참여"했다고 하는 것에는 그들이 바울을 위한 헌금을 보내 온 "나눔"이 그 핵심을 이루고 있다. 이는 단순한 돈이 아니라 그들의 삶을 자신과 함께 나누고 있다는 말이며, 이 나눔은 그들이 함께 그리스도 안에 있다는 표지인 것이다. 그리스도 때문에 그들은 떼려야 뗄 수 없는 관계가 되었으며, 그들의 운명은 영원히 하나로 연결되어 있다. 그들이 보내 온 헌금은 이 진리를 보여 주는 단초이며, 코이노니아는 그 헌금을 그리스도 안에서 변화된 그들의 존재의 본질에 대한 확증으로 연결시키는 신학적 기재로서 기능하고 있다.

6 너희 안에서 착한 일을 시작하신 이가 그리스도 예수의 날까지 이루실 줄을 우리는 확신하노라

5절의 "첫날부터 이제까지"는 6절에서 그들의 신앙 여정의 출발에서 완성까지의 시간으로 확장된다. 경험으로 확인할 수 있는 작은 사실에서 큰 사실로 나아가는 논증의 예이다. "첫날부터 이제까지" 복음에 참여한 그들의 신실함이 그들이 최종적인 승리를 향한 삶을 살 것이라는 확신의 기초가 된다. 왜냐하면 그들로 하여금 예수를 믿게 한 이도, 지금 바울을 생각하는 것이 싹이 나게 한 이도(4:10), 마지막까지 믿음으로 승리하게 할 이도 하나님이시기 때문이다. 바울은 믿음의 싸움에서(1:30) 빌립보 교인들이 승리할 것을 확신한다. 여기서 그리스도 안에서의 낙관주의가 돋보인다. 흔히 말하는 긍정적 사고가 신앙은 아니지만 참 신앙이 결국에는 긍정적이고 낙관적인 태도를 낳는 것은 사실이다. 신앙은 얄팍한 낙관주의가 아니라 견고한 소망이다. 내가 한 일 때문에 미래를 긍정적으로 전망하는 사람은 상황이 바뀌면 절망한다. 그러나 우리가 한 일 속에서 하나님이 하신 손길을 발견하는 사람은 견고한 소망 위에 설 수 있다.

"첫날"이라는 말이 예사롭지 않은 이유는 빌립보 교인들의 복음의 첫날을 가능하게 한 사역자가 바울 자신이기 때문이다. 그러나 바울은 빌립보 교인의 현재의 신앙을 자신의 공으로 돌리지 않는다. 빌립보 교인들을 칭찬하지만 그들의 노력 때문에 그들의 신앙이 지금까지 아름답게 이어진다고 하지 않으며, 모든 원인을 하나님의 일하심에서 찾는다. 히브리서 12장 2절은 예수님을 "믿음의 창시자요 완성자"(새번역)라 하며, 같은 진리를 증언하고 있다.

4세기 교부 요한 크리소스톰은 바울이 5절에서는 빌립보 교인들을 칭찬(praise)하지만, 6절에서는 그 일로 하나님을 찬양(praise)하고 있음에 주목한다. 하나님이 일하시고 완성하실 것이지만 인간의 노력이 무가치한 것은 아니다. 크리소스톰은 이교도들을 포함한 모든 인간의 마음에서 하나님이 일하시지만 그것에 응답하는 것은 인간의 몫이라고 말한다. 하나님은 인간을 움직이시지만 "목재나 돌을" 움직이시는 방식으로 하시지는 않는다는 것이다. 빌립보서는 하나님의 주도권과 인간 편에서의 책임이라는 두 주제를 가장 균형 있게 소화해서 제시하는 서신이다. 2장 12-14절에서 구체적으로 보게 될 것이다.

6절 "착한 일"은 무엇을 말하는가? 일차적으로 빌립보 교인들이 복음을 받아들인 것이 하나님이 하신 일이다. 많은 주석가들이 이 말에서 바울의 새창조 신학을 발견한다. 창세기 1, 2장에서 피조된 세상을 보시고 "좋았더라"(토브) 하신 말씀에 상응한다는 것이다. 오브라이언은 창세기뿐 아니라 이사야에서 야웨가 창조자로 등장하는 대목에서 '처음과 나중'이 강조되는 것에 주목해야 한다고 한다(사 41:4; 44:6; 48:12, O'brien, 64). 구원은 예수 믿는 한 개인의 영혼만 빼내서 천국으로 데려가는 것이 아니다. 세상 전체를 새롭게 만드시는 큰 계획 가운데서 우리를 먼저 선택하신 것이다. 그런 점에서 그리스도인들은 "처음 익은 열매를 받은" 사람들이다. "그뿐 아니라 또한 우리 곧 성령의 처음 익은 열매를 받은 우리까지도 속으로 탄식하여 양자 될 것 곧 우리 몸의 속량을 기다리느니라"(롬

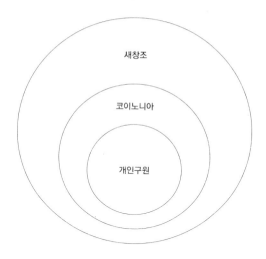

【구원의 세 가지 차원】 '새창조' — 하나님이 창조하신 세계 전체가 인간의 타락을 기점으로 함께 고통받고 있는데 하나님의 구원은 이 전체를 회복시키시는 계획이다. '개인구원' — 하나님은 한 사람 한 사람에게 관심이 있으시다. 이들을 영원히 자녀 삼으실 뿐 아니라, 오늘의 삶에서 기쁨과 평안, 삶의 보람과 의미를 주신다. '코이노니아' — 온 세계를 새롭게 하는 구원과 한 개인의 구원 사이를 잇는 중요한 연결이 코이노니아이다. 이는 참여, 나눔, 공동체를 포괄하는 복합적인 개념이다.

8:23). 바울이 지금 수행하고 있는 믿음의 분투, 빌립보인들이 고난 가운데 살아 내야 할 삶이 모두 구원의 최종 완성을 향해 가는 여정에 속해 있다.

이 "착한 일"은 5절의 코이노니아와 병행을 이루고 있음 또한 주목해야 한다(Hansen, 50) 처음부터 끝까지 하나님이 이루어 가시는 착한 일이 처음부터 끝까지 복음에 참여하는 빌립보 교인들의 헌신을 이끌어 가는 것이다. 여기서 우리는 구원이라 불리는 하나님의 원대한 사역의 세 가지 차원을 보게 된다.

이 세 가지 차원의 구원이 빌립보서에서 함께 진행되고 있음을 놓쳐서는 안 된다. 흔히 빌립보서를 '기쁨의 서신'이라고 할 때 그것은 위의 동심원의 가장 작은 원, 개인이 경험하는 기쁨이다. 이 기쁨은 세상이 어떻게 되든 상관없이 내가 구원을 받았기 때문에 누리는 기쁨이 아니라 그리스도께서 온 우주의 주님이 되셨고

(빌 2:9-11) 그로 인해 온 세계가 새로운 역사의 단계에 돌입했다는 사실이 전제되는 것이다. 그리고 이 우주적인 변화를 한 개인의 삶에서 구체적으로 현실화하는 힘은 코이노니아이다. 코이노니아 없이 기쁨이 있을 수 없다. 그리스도의 우주적 승리 없이 코이노니아가 있을 수 없다. 실제적으로 느끼는 생생한 기쁨이 없는 새창조는 메마른 교리에 지나지 않을 수 있다. 빌립보서에서 이 세 가지 차원이 함께 얽혀 있으면서 서로를 강화하고 있다는 것을 알게 될 것이다.

"그리스도 예수의 날"은 '파루시아'(재림)의 날이다. 바울은 그리스도의 날(빌 1:10; 2:16), 주의 날(고전 5:5; 살전 5:2; 살후 2:12), 우리 주 예수 (그리스도)의 날(고전 1:8; 고후 1:14) 등의 표현을 같은 의미에서 사용한다. 혹은 "그 날"(the day, that day)이라는 간단한 말로도 파루시아를 말하고 있다(롬 13:12; 고전 3:13; 살전 5:4; 살후 1:10).[3] "주(퀴리오스)의 날"이라는 표현은 구약에 나오는 "야웨의 날"(욜 2:2; 암 5:20) 전통에 이 문구가 서 있음을 밝히 보여 준다. 구약 히브리어 성경의 야웨를 칠십인역은 "주"(퀴리오스)로 번역했기 때문이다. 구약에서 야웨의 날은 심판의 날인 동시에, 정의를 회복하는 신원의 날이었다. 이는 그리스도인들에게도 마찬가지이다. 사모함으로 회복의 날을 기다림과 동시에 겸손한 마음으로 심판대 앞에 설 준비를 해야 한다. 이날을 언급하는 표현이 이렇게 많이 나오는 것, 그리고 단지 "그 날"이라는 말 한마디로 재림의 날을 표현했다는 것은 초대 그리스도인들의 신앙이 얼마나 종말론적이었는지를 보여 준다. 그리스도인의 삶은 "그 날"이 "이 날(오늘)"을 규정하는 삶이다. 우리 인생 여정의 모든 삶은, 우리가 하루하루 수고하고 살아가는 삶의 의미는 "그 날"에 평가받게 될 것이다. 그래서 "그 날"은 현재 그리스도인의 삶에 의미를 형성하는 기준점이 된다(참조. 고전 15:58).

3-6절을 다시 읽어 보자. 가장 눈에 띄는 단어는 "너희"이다. 너희를 핵심어로 보면 위의 내용은 아래 세 가지로 정리될 수 있다. 1) "너희"를 향한 나(바울)의 일(기도와 감사) 2) "너희" 자신이 행한

일 3) "너희" 안에서 하나님께서 하시는 일.

바울은 편지의 수신자인 "너희"를 중심에 놓고 있으면서도, 그 수신자들의 삶 안에 하나님이 하시는 일과 바울 자신의 헌신을 밀접하게 연결시키고 있다. 이미 이 셋은 떼려야 뗄 수 없는 관계에 들어섰다. 그것이 바로 코이노니아이다. 기쁨은 이 코이노니아에서 자연스레 흘러나오는 것이다. 코이노니아 없이 기쁨은 없다.

2. 사모함의 고백 (1:7-8)

7 내가 너희 무리를 위하여 이와 같이 생각하는 것이 마땅하니 이는 너희가 내 마음에 있음이며 나의 매임과 복음을 변명함과 확정함에 너희가 다 나와 함께 은혜에 참여한 자가 됨이라 8 내가 예수 그리스도의 심장으로 너희 무리를 얼마나 사모하는지 하나님이 내 증인이시니라

3-6절에서 "너희"에게 초점을 맞춘 바울이 그 초점을 자신에게로 옮기고 있다. "마땅하니"라고 번역된 '디카이오스'는 신약성서 연구에서 가장 중요하다고 여겨지는, 그만큼 논란도 많은 단어이다. 디카이오스는 하나님 앞에서 의롭다 인정을 받는다는 이신칭의 교리의 핵심어이다. 이신칭의 교리는 법정에서 재판장이 피고를 무죄로 선포한다는 의미에서의 '의' 개념을 핵심으로 한다. 이런 배경 때문에 신약에서 '디카이오스'(의로운) 혹은 '디카이오쉬네'(의)가 나올 때마다 이 개념이 구원론적인지 아닌지, 법정적인지 아닌지 뜨거운 논쟁이 전개된다. 본 절도 마찬가지이다. 대개 구원론적 개념과 법정적인 개념은 하나의 묶음으로 취급되기 때문에, 이 디카이오스를 구원론적/법정적이지 않은 일상적인 의미인 '옳다'는 말로 해석해야 한다는 주석가들이 많다. 개역개정의 "마땅하니"도 법정적 의미보다 일상적 의미를 택한 번역이다. 그러나 직접적으로 구원론적이지 않으면서도 강력하게 법정적일 수 있다는 가능성을 배제할 필

요는 없다.

　　7-8절에 흐르는 강력한 법정적 분위기를 놓쳐서는 안 된다. "변명함", "확정함", "증인" 모두가 법정 단어이며, "매임" 또한 법정에 설 수밖에 없는 바울의 상황과 관련되어 있다. 한두 단어로 한 문단 전체의 분위기가 결정될 수 있다. 예를 들면 누군가 가정의 행복에 대한 글을 쓰면서 "인내 두 스푼에 미소 한 스푼"이라는 표현을 사용했다고 하자. 스푼이라는 단어에서 이 글이 요리 레시피 문체를 차용한 것임을 알아챌 수 있다. 현대인들이 레시피 문체에 익숙한 것처럼 바울 당시 사람들은 법정 단어에 익숙했다. 법정 진술은 당시 수사학의 3대 장르 중 하나였다.

　　레시피 단어를 쓰는 것은 독자들의 머리에 가정의 행복을 요리하는 가상 공간을 만드는 것이다. 바울은 법정 용어를 의도적으로 배치함으로써 가상 법정을 독자들의 머릿속에 창조한다. 바울은 로마 법정에서의 재판을 앞두고 이 글을 쓰고 있으며, 빌립보 교인들도 바울 재판의 향배가 어떻게 될지 지대한 관심을 갖고 있다 (1:25; 2:23). 이 재판을 암시하는 단어를 쓰면서 바울은 하나님을 증인으로 세운다. 그는 "옳다 인정함을 받는 자는 자기를 칭찬하는 자가 아니요 오직 주께서 칭찬하시는 자니라"(고후 10:18) 말한 바 있다. 내 자신의 동기의 순수성을 내가 증명할 수 있다는 것은 어리석은 짓이다. 판결은 오로지 주님께 달려 있다.

　　이 말로 바울은 동기의 순수성을 강조하며 "순수하지 못하게 다툼으로 그리스도를 전파"(17절)하는 이들에 오류가 있으며 자신을 차별화하는 뉘앙스가 있다고 보는 것도 가능하다. 그렇다고 볼 때, 결국 하나님 앞에 어떤 모습으로 설 것이냐는 가상의 법정은 구원론적 개념과도 전혀 무관하지 않다는 결론에 이를 수 있다.

　　"내가 예수 그리스도의 심장으로 너희 무리를 얼마나 사모하는지 하나님이 내 증인이시니라"(8절). 진솔한 사랑의 고백과 증인이라는 법적 용어가 나란히 등장하는 것은 현대인들의 언어감각으로는 어색하다. 로마의 시인 카툴루스(BC 84~BC 54)는 많은 연애

시를 남겼는데 법률 용어를 써서 연애감정을 표현한 것으로 유명하다. 고대 사회에서 이런 관행은 드물지 않았다. 또 신앙적이고 감정적인 어휘들이 상거래 용어와 함께 빌립보서에 등장한다. "이는 내게 사는 것이 그리스도니 죽는 것도 유익(gain)함이라", "내게 유익하던 것을… 다 해(손실, loss)로 여김은"(3:7)에서 유익, 손실 등은 상업장부 용어이다. 바울의 신학이 종교나 철학의 세계에서 통용되는 고상한 단어들만이 아니라 실생활 언어를 재료로 구축되었다는 것은 의미심장하다.

　　법률 용어를 사용하는 바울의 논리를 따라가 보기 위해 이런 경우를 상상해 보자. 어떤 친구를 오랜만에 만나서 "자네 왜 그렇게 연락도 없었나? 내가 자네를 얼마나 보고 싶어 했는 줄 아는가?" 하자 친구가 "무슨 소리? 자네같이 바쁜 사람이 나 같은 친구 안중에나 있겠나?" 했을 때 아내가 옆에서 거든다. "맞아요. 제 남편이 입만 열면 선생님 이야기 했어요. 도대체 어떤 분인지 한번 뵙고 싶었어요"라고 말한다면, 내 아내는 내가 그 친구를 얼마나 사모했는지에 대한 증인이 되는 것이다. 아내는 나와 생활을 같이하기 때문에, 다른 사람들에게 접근 불가능한 사적인 시간을 함께하는 사람이기 때문에 유력한 증인이다. 그런 면에서 하나님을 증인으로 내세우는 것은 누구도 접근할 수 없는 내밀한 자아의 영역에 하나님이 들어와 계시고 그곳에서 일어나는 것을 알고 계신다는 바울 자신의 내면 이해를 반영한다.

　　"너희가 내 마음에 있다"는 말은 일단 공간적 표현으로 상상해 보는 것이 도움이 된다. 바울의 마음에 빌립보 성도들이 있고, 또 하나님이 계신다. 바울은 "내가 그리스도와 함께 십자가에 못 박혔나니 그런즉 이제는 내가 사는 것이 아니요 오직 내 안에 그리스도께서 사시는 것이라"(갈 2:20)라고도 했다. 이런 공간적인 표현이 어색하게 들린다면 기독교 상담학자 래리 크랩의 설명으로 도움을 받을 수 있겠다. "용서받은 사람의 중심에는 죄가 있는 것이 아니다. 심리학적 복잡성도 아니다. 예수 믿는 사람의 중심에는 관계할 수 있는 능력이 있다."[4] 한 그리스도인이 하나님과 친밀한 관계를 맺을 수 있는 능력은 곧 이웃과 사랑의 관계를 맺을 수 있는 능력을 포함하는 것이다. 시인 양광모는 "내가 이 세상에 태어나 조금이라도 잘하는 것이 있다면 그리워하는 일일 게다"라고 했다. 바울이 성도를 그리워하는 마음을 하나님이 아시고 인정해 주신다는 것, 그리움만으로 우리가 하나님을 기쁘시게 할 수 있다는 것은 얼마나 큰 위로인가.

"변명함과 확정함" 또한 강력한 법정 이미지를 전달한다. 변명함(아폴로기아)은 법정 내 변론을 말하는 전문용어이다. 그리스와 로마 문화에서 법정은 중요한 일들의 향배, 곧 삶과 죽음, 재산의 분배, 고대사회에서 무엇보다 중요했던 명예와 불명예가 갈릴 수 있는 결정적인 현장이었다. 그래서 재판관과 배심원들 앞에서 자신의 정당함(디카이오쉬네)을 논증하는 법적 수사학이 고도로 발전했다. 서양 철학사에서 가장 중요한 저작 중의 하나인 플라톤의 《아폴로기아》(변호)는 소크라테스가 법정에서 자신을 변호한 것을 플라톤이 자신의 입장에서 기술한 것이다. 이 철학자의 아폴로기아는 그 성격상 두 장르, 법정 진술과 철학적 논증의 성격이 동시에 나타나는 복합적인 장르이다. 철학적 확신을 전하는 것이 목표이고, 법정 진술의 수사학은 수단이다. 그런 점에서 신앙적 확신을 법정진술의 수사학에 담는 것은 바울에게 충분히 가능한 선택이었다.

소크라테스에게 있어서도 그 재판은 살아남기 위한 재판이 아니었다. 무죄를 선고받기 위해서 자신의 철학적 소신을 양보했다면 사형을 면할 수 있었을 것이다. 이는 그리스도인들이 처한 상황과 비슷하다. 초기 그리스도인들에 대해 심문을 한 로마의 행정관들은 그들에게 특별한 범죄 사실이 없음을 인정한 경우가 많았다(Pliny's Letter to Trajan 10.96). 그러나 그들이 법정에서 진리를 타협하지 않는 당당한 태도가 권력을 무시하는 완고함(obstinacy, 라틴어 contumacia)으로 비쳐 핍박을 당했다.[5] 목숨을 아끼지 않고 법정에서 한 치의 양보도 주저함도 없이 당당하게 진리를 주장하는 바울의 모습에서 당대의 사람들은 소크라테스의 모습을 읽어 내기도 했을 것이다. 물론, 최후 변론을 준비하는 바울의 마음은 누구보다 그리스도의 모범을 따르고자 하는 염원으로 가득 찼을 것이다. 그렇지만 문화적 배경에서 나온 이미지, 죽음을 앞둔 소크라테스의 이미지도 어떠한 형태로든 바울의 마음속에 녹아 있었을 것으로 보는 것이 옳다. 바울은 불리한 환경 가운데서 복음 전하는 이의 자세로 "담대함"을 말할 때 '파레시아'(엡 6:19)를 쓰는데, 이 말 역시 소크라테스의 기억이 진하게 밴 단어이다.

법정에서 유리한 판결을 받고 살아남기 위해서가 아니라 진리를 증거하기 위해서 변호(아폴로기아)의 기회를 사용하는 바울의 태도는 사도행전에 상세히 묘사되어 있다(행 24-26장). "변명함"에 이어 "확정함"(베바이오시스)이라는 말이 나오는데 이 역시 법정 상황을 말하고 있는 것 같다. 히브리서 6장 16절에서 "사람들은 자기보다 더 큰 자를 가리켜 맹세하나니 맹세는 그들이 다투는 모든 일의 최후확정이니라" 할 때 "최후확정"도 같은 단어이다. 이는 아폴로기아와 구별되는 다른 공식적인 절차를 가리키기보다는 바울 자신이 변론을 통해서 복음을 확실히 증거하겠다는 의지의 표현으로 보아야 한다. 그렇다면 "변명함과 확정함"은 두 단어로 하나의 뜻을 나타내는 수사적 기법일 수 있다. 이런 수사적 기법을 통해서 바울이 의도한 것은 재판에 임하는 결연한 태도를 보이는 것이지만 더 중요한 의도는 "나의 매임과 복음을 변명함과 확정함에 너희가 다 나와 함께 은혜에 참여한 자가 됨이라" 하면서 빌립보 교인들의 참여(코이노니아)를 격려하는 데에 있다. 재판정에서 결연히 복음의 진리를 확증하는 것으로 바울은 그리스도의 발자취를 따르는 것이며, 빌립보 교인들은 바울을 위하여 기도하고 바울에게 선물을 보냄으로써 바울 편에 서고 있다. 이런 참여에 감사하고, 이를 발판으로 빌립보 교인들이 자신의 삶의 자리에서 그리스도를 따르는 삶을 살기를 권면하고 격려하는 것이 빌립보서의 핵심적인 수사적 전략이다. 디모데전서에서 바울은 그리스도께서 재판받으신 자세가 그리스도

56

인의 삶의 모범이 된다고 말하고 있다. "만물을 살게 하신 하나님 앞과 본디오 빌라도를 향하여 선한 증언을 하신 그리스도 예수 앞에서 내가 너를 명하노니, 우리 주 예수 그리스도께서 나타나실 때까지 흠도 없고 책망받을 것도 없이 이 명령을 지키라"(딤전 6:13-14).

예수님의 이 "법정투쟁"을 바울은 "믿음의 선한 싸움"(아곤, 딤전 6:12)이라 규정한다. 빌립보서 1장 30절에서 "너희에게도 같은 싸움(아곤)이 있으니"라고 할 때와 같은 단어이다. 결국 바울은 자신의 법정투쟁이 그리스도의 법정투쟁을 본받는 맥락에 있으며, 실제로 법정에 서든지 안 서든지, 모든 그리스도인이 싸워야 할 싸움의 본질을 알려 주는 자리라는 생각을 전하는 것이다.

여기서 바울은 두 법정의 이미지를 교차하고 있다. 하나는 로마의 법정이고 또 하나는 하나님의 법정이다. 두 법정의 교차는 신약성경에서 익숙한 동기이다. 예수님은 사도들이 "총독들과 임금들 앞에" 끌려가서(마 10:18) 재판받게 될 법정의 상황을 말하면서 "몸은 죽여도 영혼은 죽이지 못하는 사람들을 두려워하지 말고 영혼과 몸을 지옥에서 다 멸망시킬 수 있는 분을 두려워하라"(마 10:28) 명령하신다. 눈앞에 보이는 세상의 법정과 눈에 보이지 않는 하나님의 법정을 교차시키는 것이다. 하나님의 법정의 위엄과 궁극성을 안다면 세상의 법정에서 당당할 수 있을 것이다. 바울은 고린도전서 6장에서 믿는 이들 간에 세속적 일로 송사하지 말라고 권면하면서 성도들이 세상과 천사들도 판단할 영광스러운 지위에 있는 사람임을 잊지 말라고 한다. 여기서도 두 법정의 이미지가 교차되고 있다. 하나님 앞에 서게 될 최종적이고 궁극적인 법정에 대한 명료한 인식을 갖고 현실을 살아가는 것이 신앙의 능력이다.

종교사회학자들은 이러한 새로운 현실을 신앙의 담론 속에서 구축하고 실지로 그 세계 안에서 살아가는 현상을 설명하기 위해 '상징적 세계'(symbolic universe)라는 말을 고안해 내었다.[6] 안중근 의사는 이토 히로부미를 저격한 후 재판을 받으면서 이런 최후진술을 남겼다. "내가 이등을 죽인 것도 전에 말한 바와 같이 의병 중장의 자격으로 한 것이지 결코 자객으로서 한 것은 아니다. 한일 두 나라의 친선을 저해하고 동양의 평화를 어지럽힌 장본인은 바로 이 등이므로 나는 한국의 의병 중장의 자격으로서 그를 제거한 것이다. … 나는 결코 개인적으로 한 것이 아니라 의병으로서 한 것이며 따라서 나는 전쟁에 나갔다가 포로가 되어 이곳에 온 것이라 믿고 있으므로 생각건대 나를 국제공법에 의해 처벌해 줄 것을 희망하는 바이다." 안 의사는 한일합방이 불법이므로 한국은 주권국가이며 자신은 한국 군대의 의병 중장으로 전쟁의 일환에서 이등을 쏘았다는 주장을 굽히지 않았다. 상징적 세계 이론을 설명하는 좋은 예이다. 비록 현실적으로 로마의 권력이 세상을 장악하고 있는 것처럼 보이지만 이 세계는 본질적으로 그리스도의 통치 아래 있다(빌 2:9-11). 이런 권력구조에서 보면 바울의 운명을 결정할 법정은 가이사의 법정이 아니라 그리스도의 법정임에 틀림없다. 그 법정은 오로지 사랑이라는 기준으로 평가될 것이다. 어떤 일을 한다고 해도, 심지어 순교한다고 해도 "사랑이 없으면 아무것도 아니다"(고전 13:1-3). 바울이 어떤 사랑으로 살아왔는지 하나님이 알고 계신다. "내가 예수 그리스도의 심장으로 너희 무리를 얼마나 사모하는지 하나님이 내 증인이시니라!"(1:8)라는 말은 이런 맥락에서 중요성이 확인된다. 그래서 바울은 최종 승리에 대한 확신에 차 있다. 우리가 인생에서 하는 모든 일은 성공할 수도 있고 실패할 수도 있다. 하나님을 위한 사역도 그렇다. 그러나 하나님은 그 외형적 성패가 아니라 우리가 어떤 사랑을 갖고 살아왔는지를 헤아리실 것이다.

두 개의 법정이 교차한다는 말은 두 나라가 교차한다는 말이다. 빌립보서 3장 17절은 "우리의 정부(폴리튜마, 개역개정은 '시민권')는 하늘에 있는지라" 하면서 로마정부의 직할통치를 받는 식민지 빌립보와 그리스도인의 공동체를 비교하고 있다. 바울의 감사는 확고한 세계관에서 나온 것이다. 우리는 성경을 읽을 때, 성경의 저자와 독자들 머릿속에 있던 인식을 따라가야 한다. 그래서 단어 하나하나를 해석할 뿐만 아니라 그 단어와 표현들을 통해서 바울의 세계관을 추론해 내고, 그 세계관 속에서 세부적인 표현을 이해하려 노력해야 한다. 바울의 생각을 보여 주는 힌트들을 따라 세계관을 구성해 보면 그 중심에 그리스도가 있다.

그리스도인의 삶에서는 항상 두 세계가 겹친다. 바울의 경우 가이사가 최고권력인 세계와 그리스도가 최고권력인 세계이다. 우리는 어느 세계에 따라 살 것인가? 누구의 명령을 따라 살 것인가? 당연히 최고 권력자이다. 이 질문에 대한 대답이 그리스도 찬가의 결론 부분에 선명하게 제시되어 있다. "이러므로 하나님이 그를 지극히 높여 모든 이름 위에 뛰어난 이름을 주사, 하늘에 있는 자들과 땅에 있는 자들과 땅 아래에 있는 자들로 모든 무릎을 예수의 이름에 꿇게 하시고 모든 입으로 예수 그리스도를 주라 시인하여 하나님 아버지께 영광을 돌리게 하셨느니라"(2:9-11). 그리스도는 승리했고 최고 권력자가 되었다. 하나님이 우리 가운데서 행하시는 "착한 일"(6절) 그리고 우리의 "구원"은 이 우주적 승리의 일부분으로 이해되어야 한다. 이미 결정된 우주적 승리가 곧 완성될 것이다. 아직은 이 승리가 완성되지 않았기 때문에 바울은 두 법정이 교차한 자리에 서 있는 것이고, 우리 역시 두 나라가 교차한 곳에서 살아가는 것이다. 어떻게 살 것인가? "복음에 합당하게 시민 노릇하라"(1:27). 즉 복음이 만들어 낸 나라의 시민으로 살아가라는 말이다. 표현은 다르지만 복음서에서 하나님의 나라를 전하신 예수님과 바울은 본질적으로 같은 말을 하고 있는 것이다.

8-9절에 이런 강력한 정치적·법정적 이미지는 "너희가 다 나와 함께 은혜에 참여한 자(쉰코이노노스)가 됨이라"라는 어구의 해석에도 영향을 미친다. 쉰코이노노스는 '함께 참여한 자'라는 뜻으로 코이노노스에 접두어 '쉰'(함께)이 붙어서 이루어진 단어이다. 사람을 나타내는 단어 앞에 '쉰'을 붙여 쓰는 것은 바울이 자주 쓰는 용법이다. 함께 일하는 자, 동역자(롬 16:3, 9, 21; 고전 3:9; 고후 1:24; 8:23; 빌 2:25; 4:3; 골 4:11; 살전 3:2; 몬 1, 24), 함께 군사된 자(빌 2:25; 몬 1:2), 함께 갇힌 자(롬 16:7; 골 4:10; 몬 23), 함께 멍에를 멘 자(빌 4:3), 함께 힘쓰는 자

(빌 4:3), 함께 상속받을 자, 함께 지체된 자, 함께 기업을 나눌 자(엡 3:6). 이 목록은 바울이 '함께'하는 것을 얼마나 중요하게 생각했는지를 보여 준다. 또한 할 수 있으면 자신과의 공통점을 강조해서 다른 이의 수고를 인정해 주고, 헌신을 격려하며, 다른 사람들에게 추천해 주는 바울의 사역 태도를 보여 준다.

코이노노스는 다양한 측면에서 함께 나누는 사람들을 말하며, 전형적으로는 사업상 동업자라는 말로 쓰였다. 누가복음 5장에서 시몬이 배에 고기가 가득 차는 기적을 경험했을 때 이런 표현이 나온다. "세베대의 아들로서 시몬의 동업자(코이노노스)인 야고보와 요한도 놀랐음이라"(10절). 예수님의 제자들 중에서 본래 사업의 동업자이던 사람들이 예수를 만난 후에 사역의 동역자가 된 것이다. 빌립보 교인 가운데도 비슷한 경험이 있었을 것이다. 사업상의 동업자 혹은 계약 관계자들이(코이노노스) 함께 예수를 믿고 언약의 참여자(코이노노스)가 된 것이다. 이런 일상생활의 용어와 관계가 그리스도 안에서의 관계를 묘사하는 도구로 사용되고 있다. 물론 바울이 은혜 안에서의 상호관계를 사업상의 관계로 한정했다고 보기는 힘들다. 이와 함께 더 넓은 차원에서의 하나님의 나라, 빌립보서의 표현대로 그 폴리튜마에 참여하는 것을 말한다고 볼 수 있다.[7] 바울과 빌립보 교인들이 함께 참여하는 은혜는 서로의 관계뿐 아니라, 그리스도께서 시작하신 새창조 전체에 참여하는 것을 포함한다.

"또한 가지 얼마가 꺾이었는데 돌감람나무인 네가 그들 중에 접붙임이 되어 참감람나무 뿌리의 진액을 함께 받는 자가(쉰코이노이) 되었은즉"(롬 11:17)에서 바울은 구속사 전체에 이방인들이 참여한다는 맥락에서 이 말을 쓰고 있다(참조. 고전 9:23). 다른 단어이지만 같은 주제가 상세한 해설과 함께 에베소서에 나온다. "그러므로 생각하라 너희는 그 때에 육체로는 이방인이요 손으로 육체에 행한 할례를 받은 무리라 칭하는 자들로부터 할례를 받지 않은 무리라 칭함을 받는 자들이라 그 때에 너희는 그리스도 밖에 있었고 이스라엘 나라(폴리테이아) 밖의 사람이라 약속의 언약들에 대하여는 외인이요 세상에서 소망이 없고 하나님도 없는 자이더니"(엡 2:11-12).

이스라엘로 대표되는 나라(폴리테이아) 백성의 특권에 참여하는 것을 여기서 바울은 구원으로 묘사한다. 하늘의 폴리튜마(빌 3:20)와 같은 사고가 흐르고 있다. 요한계시록에서 요한은 "나 요한은 너희 형제요 예수의 환난과 나라와 참음에 동참하는 자라(코이노노스)"(계 1:7)라고 말한다. 여기서 "나라"에 참여하는 것과 환난과 참음에 동참하는 것이 나란히 취급되고 있음에 유의해야 한다. 환난 중에 인내하는 것이 그 나라에 참여하는 삶이다. 빌립보서에서도 성도들이 바울의 환난에 동참하는 것이 바로 그 나라에 참여하는 것이라는 동일한 주제가 나타나고 있다.

심층연구―바울의 인간론적 표현들

"너희가 내 마음(카르디아)에 있음이여", "내가 그리스도의 심장(스플랑크논)으로 너희 모두를 얼마나 사랑하는지". 개역개정 성경이 '마음'이라 번역하는 단어는 '카르디아'로 영어로는 'heart'로 번역된다. 인간의 내적 자아를 전체적으로 일컫는 말로 지, 정, 의 모두가 카르디아의 작용이라고 볼 수 있다. 내장의 한 부분을 심리학적 언어로 사용하는 고대인들의 언어 습관의 반영이다. 영어에서도 'heart'는 심장을 가리키기도 하고 마음을 가리키기도 한다. 바우어 헬라어 사전(BDAG)에 따르면 카르디아는 인간의 감정적인 작용과 관련하여 자주 쓰이며, 특별히 인간의 내면 안에서 사랑이 일어나는 자리로 인식되는 경우가 많다. 로마서 12장 2절에서 "마음(누스)을 새롭게 함으로 변화를 받아" 할 때의 '마음'은 카르디아가 아니라 누스이며, 영어로는 주로 'mind'로 번역된다. 감정적인 기능보다는 지적인 기능을 담당하는 정신기관을 가리킨다. 단순하게 말하자면 카르디아는 심장 쪽에, 누스는 머리 쪽에 있는 것으로 인식된다.

결국 한글 성경에 마음이라고 번역되는 단어가 다 같은 단어가 아니라는 사실은 인간학적 단어의 복잡성을 말해 준다. 헬라어와 영어와 우리말에서 인간의 어떤 부분이나 기능을 묘사하는 단어가 다르다는 것은 인간이해가 다름을 반영한다. 신약이 헬라어로 기록되어 있지만 그 이면에 히브리어에서 번역된 표현이라는 배경을 고려하면 문제는 더 복잡해진다.

8절에서 예수 그리스도의 "심장"으로 번역된 단어는 '스클랑크논'으로 대장 혹은 인간의 내장을 총체적으로 가리키는 말이었다. 카르디아와 마찬가지로 내장의 일부분을 심리학적 작용과 연결하는 단어의 예이다. 극도의 슬픔을 장이 끊어지는 아픔이라는 뜻으로 단장(斷腸)이라고 표현한 예가 동양의 전통에도 있는 것을 보면, 인류가 보편적으로 경험하는 감정이 농축된 표현이라고 볼 수 있다. 이 명사의 동사형인 스플랑크니조마이는 영어로 공감하다(sympathize), 불쌍히 여기다(take pity) 등으로 번역되며, '장이 끊어질 정도로 아파하다'라는 뜻으로 볼 수 있다. 복음서에서 예수님이 방황하는 무리들을 보고 마음 아파하신 것을 묘사할 때 자주 쓰였다(마 9:36). 그렇게 보면 예수 그리스도의 스플랑크나(스플랑크논의 복수)라는 말을 쓰면서 백성을 긍휼히 여기는 예수의 전승을 바울이 의식했을 가능성이 높다. 정리하면 빌립보서 7절의 마음은 심장(카르디아)이고 8절의 심장은 대장(스플랑크논)이다. 카르디아는 사랑과 관련하여 자주 쓰이고 스플랑크논은 불쌍히 여긴다는 맥락에서 주로 등장한다.

바울의 인간학적 단어들은 논하기에 복잡한 주제이지만, 한 가지 기억해야 할 것은 바울에게 있어서 한 인간 전체가 그리스도로 말미암아 근본적으로 변화를 겪는다고 본 점이다. 스플랑크논의 본래적 기능보다 더 중요한 것은 그것이 예수의 스플랑크논이 되었다는 것이다. 카르디아의 심리학적 이해보다 예수 때문에 타인을 품을 수 있는 마음이 되었다는 점이 중요하다.

빌립보서 4장 7절에서는 그리스도의 평강이 '마음'(카르디아)과 '생각'(노에마타. 누스와 같은 어근)을 지킨다 하는데 이는 감정과 지성 두 기능을 다 말하는 것이다. 물론 이 두 기능이 완전히 분리되어서 따로 움직인다고 본 것은 아니며, 한 인간의 내면 전체를 그리스도의 평강이 지킴을 강조한다고 보는 것이 옳다. 인간학적 단어들을 사용하는 바울의 의도는 그 정확한 기능 분배를 설명하려는 데 있지 않고, 그리스도로 인하여 한 인간이 어떻게 바뀔 수 있는가 전달하려는 데 있다. 인간의 감성적 측면과 지성적 측면이 각각 중요하고 이 둘이 서로 연결되어 있으며 그리스도로 인한 변화는 두 영역에 다 끼친다는 인식은 이어지는 9절의 기도 해석에도 중요하다.

3. 간구의 기도 (1:9-11)

9 내가 기도하노라 너희 사랑을 지식과 모든 총명으로 점점 더 풍
성하게 하사 10 너희로 지극히 선한 것을 분별하며 또 진실하여 허
물 없이 그리스도의 날까지 이르고 11 예수 그리스도로 말미암아
의의 열매가 가득하여 하나님의 영광과 찬송이 되기를 원하노라

1장 3-11절을 기도로 볼 수 있는데 그중 3-8절은 감사가 주 내용을
이루고 9-11절은 간구가 주 내용이다. 주석가 실바는 골로새서 1장
9-11절의 기도와 이 기도를 비교한다. 다음 표는 필자가 실바의 비
교를 참조하여 재구성한 것이다.

빌 1:9-11	골 1:9-11
기도하노라	기도하기를 그치지 아니하고
지식과 모든 총명으로	모든 신령한 지혜와 총명에 하나님의 뜻을 아는 것으로
점점 더 풍성하게 하사	채우게 하시고
지극히 선한 것을 분별하며	주께 합당하게 행하여 범사에 기쁘시게 하고
의의 열매가 가득하여	모든 선한 일에 열매를 맺게 하시며
하나님의 영광과 찬송이 되기를 원하노라	그의 영광의 힘을 따라

이 비교는 이 두 서신의 밀접한 연관성, 공동체들을 위한 바울의 기
도 내용의 일관성을 보여 준다. 특별히 바울의 기도에 담긴 성도들
의 지각과 분별력의 중요성을 상기시켜 준다. 이 두 기도는 모호한
부분을 서로 해석해 준다. 예를 들면 네 번째 "지극히 선한 것을 분
별"하는 것과 "주께 합당하게 행하여 범사에 기쁘시게" 하는 것 사
이의 문자적 일치는 크지 않지만, 내용적으로 밀접할 수 있다. 그
가능성은 아래에서 확인할 것이다.

기도의 내용은 3-8절의 감사의 내용과 밀접하다. 위에서 바울은 결국 우리 인생이 평가받는 궁극적인 잣대는 사랑임을 분명히 했다. 이런 가치관은 기도의 방향도 결정한다. 빌립보 교인들이 현실적으로 필요를 느끼는 일들, 간구해야 할 안타까운 일들이 많았지만 바울은 그 무엇보다 사랑(아가페)을 위해서 기도한다. 빌립보 교인들이 바울로부터 큰 칭찬을 받고 있지만, 아쉬움이 없는 것은 아니다. 교회 내부에 분쟁이 있었기 때문에 바울은 계속해서 "하나 됨"(4:2)을 요구해야 했다. 사랑의 성장을 말하는 바울의 일차적인 관심은 성도들 간의 사랑이지만, 그 사랑이 그리스도의 사랑에서 흘러나오는 것이라는 점에서 사람들끼리의 사랑으로 한정해서 볼 필요는 없다.

고린도전서에서 바울은 "지식(그노시스)은[8] 교만하게 하고 사랑은 덕을 세운다"(고전 8:1) 하면서 지식과 사랑을 대립시킨다. 그러나 빌립보서에서는 사랑과 지식을 함께 성장해야 하는 것으로 제시한다. 상반된 것으로 보이는 이 두 구절은 우리의 상반된 경험과 일치한다. 성경공부를 많이 하거나, 종교적 지식을 많이 쌓은 사람들이 교만해지고 공동체에 덕을 세우지 못하는 것을 본다. 성경공부 자체가 공동체를 세우는 것은 아니다. 그러나 건강한 신앙성장, 공동체의 성장을 위해서는 반드시 지식의 성장이 필요하다. 지식이 있는 자에게 문제가 발생된다고 해서 지식 없는 신앙을 추구해서는 안 된다. 바울은 당대 이스라엘의 문제가 "하나님께 열심이 있으나 올바른 지식을 따른 것이 아니었기"(롬 10:2) 때문이라고 단언했다. 이는 "내 백성이 지식이 없으므로 망하는도다"(호 4:6)라는 하나님의 안타까움을 전하는 선지자들의 사고와 동일한 것이다(Hansen, 59). 참된 지식은 우리를 더 겸손하게 하고, 더 사랑하게 한다.

"지식"(에피그노시스)과 함께 나오는 "총명"(아이스세시스)은 신약에서는 이곳에서만 등장하지만 구약 잠언에서는 많이 쓰이는 단어이다(잠 1:4, 7, 22; 2:3, 10; 3:20; 5:2; 8:10; 10:14; 11:9; 12:1, 23; 14:6-7, 18; 15:7, 14; 18:15; 19:25; 22:12; 23:12; 24:4). 개역개정은 지식, 지혜, 명철 등 다양

한 말로 번역하고 있다. 특별히 언어 사용과 관련한 양식(良識)을 가리키는 경우가 많다. 지식은 일반적인 의미에서의 지식, 혹은 통찰력을 의미하며 아이스세시스는 주로 분별력(discernment), 판단력(judgment)과 관련된 지혜를 의미한다고 볼 수 있다. 분별력이라는 의미에서 이 단어는 10절에 나오는 "지극히 선한 것을 분별하고"와 내용적으로 연결된다. 로마서 2장 18절에서는 "율법의 교훈을 받아 하나님의 뜻을 알고 지극히 선한 것을 분간하며"라는 거의 같은 표현이 등장한다. 여기서도 분별력은 지식(알고, 기노스코)과 나란히 등장한다. 지식과 분별은 바울이 중요하게 생각하는 가치였다는 것을 보여 준다. 사도바울은 성도 개개인이 분별력을 가질 것을 요청한다. "오직 마음을 새롭게 함으로 변화를 받아 하나님의 선하시고 기뻐하시고 온전하신 뜻이 무엇인지 분별하도록 하라"(롬 12:2, 참조 엡 5:15-17). "주를 기쁘시게 할 것이 무엇인가 시험하여 보라(도키마조)"(엡 5:10).

　　"분별하다"는 동사 '도키마조'이다. 소를 산 사람이 그 상태를 시험해 볼 때(눅 14:19), 금광석을 제련하여 금을 만들어 내는 과정에(벧전 1:7), 혹은 동전의 함량을 검증하여 위조 여부를 판별할 때 쓰이는 말이다. 스토아 철학자 에픽테투스는 참된 진실과 눈에 보이는 것(판타지아, 환상)을 구분하는 철학적 작업에 이 단어를 쓰고 있다.

　　"지극히 선한 것"은 '디아페론타'로 중요한 것, 문제가 되는 것이라는 의미이고 그 반대는 '아디아포라', 즉 별 중요성이 없는 사항이다. 인생에 있어서 심혈을 기울여 판단해야 할 사항과 이래도 좋고 저래도 좋은 사항을 구분할 줄 아는 것이 분별력이라는 말이다(Epitetus, Disc 1.20.7, 12. 참조 Silva, 58).

　　바울은 고린도전서 10장 23절에서 "모든 것이 가하나 모든 것이 유익한(쉼페레이) 것이 아니라"고 한다. "유익한 것"은 '쉼페레이'로 위의 '디아페론타'와 같은 어근을 갖고 있는 유사한 말이다. 시장에서 파는 고기가 우상의 신전에서 제사용으로 쓰였을 가능성이 있는데 이를 먹을 것인가 안 먹을 것인가가 고린도 교회에 중요한 문제가 되었던 것 같다. 바울의 대답은 먹으나 안 먹으나 상관없다는 것이다. 이를 교부들이 스토아철학의 용어를 빌려서 '아디아포라', 즉 그 자체로는 옳지도 그르지도 않은 문제라고 했다. 그러나 여기서 바울의 강조점은 해도 되는가 하면 안 되는가가 아니라 무엇이 더 유익한가에 그리스도인의 삶의 지침을 두라는 데에 있다. 나는 이 일을 행할 자유도 있고 안 할 자유도 있지만, 결정은 무엇이 더 유익한가에 따라야 한다. 그 기준은 공동체를 세우는 일인가 허무는 일인가(고전 10:23), 이웃에게, 특별히 약한 자들에게 상처를 주는 일은 아닌가(고전 8:9-13), 궁극적으로 무엇이 주님을 기쁘시게 할 것인가(엡 5:10)가 되어야 한다. 위의 표에서 말한바 골로새서 1장 10절의 기도 "주께 합당하게 행하여 범사에 기쁘시게 하고"를 참조하면 "지극히 선한 것"은 결국 하나님을 기쁘시게 하는 것이라는 결론에 이를 수 있다.

또한 "지극히 선한 것을 분별"한다는 말은 정치적 배경을 갖고 있다. 그리스 폴리스에서 '도키마조'는 공직에 나아갈 인물을 검증하는 공적인 절차를 의미했다. 인물 검증은 때로는 에클레시아가 직접, 때로는 에클레시아가 선출한 기관에 의해 간접적으로 행해졌지만, 검증권(도키마시아)은 궁극적으로 에클레시아에 속해 있었다. "이에 이 사람들을 먼저 시험하여 보고(도키마조) 그 후에 책망할 것이 없으면 집사의 직분을 하게 할 것이요"(딤전 3:10)는 에클레시아(교회)가 유사 폴리스로서 그 공복들을 선출할 권리와 책임을 갖고 있음을 전제한다.

고전수사학에서 정치적 수사의 대표적인 목적은 무엇이 공동체에(폴리스) 유익한가(쉼페론)를 논하는 것이다. 에클레시아에서의 정치토론의 목적은 결국 유익한 것(쉼페론타)을 찾고자 하는 것이다.[9] 본문의 '디아페론타'는 같은 역할을 한다고 볼 수 있다. 고린도전서는 에클레시아에 주어진 편지로, 그 전체가 무엇이 공동체에 유익한가(쉼페론)를 논하는 내용이라 볼 수 있다. 빌립보서는 위에서 살펴 본 대로 하나님 나라의 "시민"으로서 어떻게 행동할 것인가에 대한 논의이다. 따라서 "지극히 선한 것을 분별한다"는 말은 바울의 정치적인 수사의 일부로 보아야 한다. 시민들이 에클레시아에 모여 국정을 논하는 민주주의는 장점이 많은 제도이나, 치명적인 약점을 갖고 있었다. 대중 선동가(데마고그)의 화려한 화술에 속는 것이다. 그래서 건강한 폴리스는 시민 개개인의 성숙한 판단을 전제로 한다. 세속 폴리스의 민주주의가 시민 개개인의 분별력에 의존하듯이, 하나님의 에클레시아도 그 건강은 성도들의 분별력에 달려 있다. 요한일서는 "영을 다 믿지 말고 오직 영들이 하나님께 속하였나 시험하라(도키마조)"(요일 4:1) 할 때 같은 단어를 쓰고 있다. 바울은 성도들의 생활 전반에서의 분별력을 주문하지만 특별히 교회 공동체를 세우는 분별력에 관심이 많다. 여기에 교회의 잘못된 지도자를 분별해 내는 성도들의 판단력도 포함되어 있을 것이다. 이어지는 1장 15-18절에서 "투기와 분쟁으로", "순수하지 못하게 다툼으로" 사역하는 사람들에 대한 언급이 나오는데 10절의 분별력을 위한 기도를 통해서 넌지시 이런 지도자들을 구별해 내는 안목에 대해 말하고 있을 가능성이 크다.

10 또 진실하여 허물 없이 그리스도의 날까지 이르고

"진실"이라는 형용사는 도덕적 순결을 말한다. "허물 없이"(아프로스코포스)는 사도행전 24장 16절에서는 "(양심에) 거리낌이 없는"이라는 말로 쓰인다. 고린도전서에서는 약간 다른 뉘앙스를 띤다. 바울은 "유대인에게나 헬라인에게나 하나님의 교회에나 거치는 자가(아프로스코포스) 되지 말고"(고전 10:32) 하면서 공동체 생활과 관련하여 다른 사람을 걸려 넘어지게 하는 행위와 관련해서 쓰고 있다. 이 말은 위에서 언급한 바 "모든 것이 가하나 모든 것이 유익한 것이 아니요"(고전 10:23)라는 권면, 공동체의 유익을 위하라는 맥락에서 등장한다. 분별력과 공동체의 유익이 바울의 사고 속에서 단단히 결합되어 있다는 한 증거이다. 바울의 윤리는 개인 윤리가 아니라 공동체

윤리이며, 빌립보서의 압도적인 강조가 공동체의 하나 됨에 있다는 점을 감안하면 사도행전보다 고린도전서의 용례가 본문의 쓰임과 가까운 것 같다. 하나님 앞에서 우리가 평가받을 것은 개인의 윤리적 성적표가 아니라, 공동체적 삶과 관련한 평가라는 점은 현대 그리스도인들에게 심각한 도전이 되어야 한다. "그리스도의 날"은 6절에서 이미 나온 대로 신앙생활의 모든 초점이 평가받는 궁극적인 날을 말한다.

11 예수 그리스도로 말미암아 의의 열매가 가득하여 하나님의 영광과 찬송이 되기를 원하노라

"의의 열매"를 '의라고 하는 열매', 즉 의 자체를 열매로 볼 수도 있고, '의가 산출하는 열매'로 볼 수도 있다. 후자가 더 설득력이 있다. "의의 열매"는 아모서 6장 12절, 잠언 3장 9절, 11장 30절에서 나타나는데 의인의 윤리적 행동을 말한다. 구약성경에서 '의'는 법정에서 의롭다고 선언받는다는 의미도 있지만, 먼저 하나님과 바른 관계에 있는 상태를 의미한다. 그런 점에서 의가 산출하는 열매는 하나님과 바른 관계에 있는 사람이 살아 내는, 하나님을 기쁘시게 하는 삶을 말한다. 결국 윤리적인 행동과 그런 행동을 하는 사람의 성품을 함께 포함한다. 성경에서 열매는 나무와 분리되지 않는다. "내 형제들아 어찌 무화과나무가 감람 열매를, 포도나무가 무화과를 맺겠느냐 이와 같이 짠 물이 단 물을 내지 못하느니라"(약 3:12).

이에 더하여 바울의 중요한 강조점은 그 열매가 "그리스도로 인해서" 가능하다는 것이다. 그리스도는 최후의 심판에서 재판장이기도 하지만, 또한 우리로 하여금 그날에 이르도록 믿음의 삶을 살게 하는 힘의 공급자요 보호자이기도 하다(빌 2:13).

8절의 법정 이미지가 여기서는 풍성한 추수 이미지로 이어지는 것을 주목하라. 우리는 그리스도의 날에 하나님 앞에 설 때, 단지 법정적 의로 무죄선언을 받는 것을 삶의 목표로 하지 않는다.

어떤 열매를 들고 설 것인가가 목표이다. 그 열매는 내가 행한 일이 기도 하고, 나의 성품이기도 하다. 열심히 주를 위해 살고 열매 가득한 손으로 주님 앞에 섰을 때 우리는 알게 될 것이다. 이 모든 열매는 "그리스도로 인하여" 가능해졌다. "너희 안에서 착한 일을 시작하신 이가 그리스도 예수의 날까지 이루실 줄을 우리는 확신하노라"(1:6) 할 때 그 확신의 내용이 이렇게 설명되고 있는 것이다. 하나님이 하셨다!

그래서 우리는 그 자리에서 찬송하고 하나님께 영광을 돌릴 수밖에 없다. 그래서 이 기도는 예배와 찬송으로 마친다. "예수 그리스도로 말미암아 의의 열매가 가득하여 하나님의 영광과 찬송이 되기를 원하노라." 기도의 자리에서 바울의 마음을 채우는 이미지가 법정에서 풍성한 추수로 그리고 마침내 예배로 연결되는 흐름을 주목하라. 서론에서 밝힌 대로 바울은 빌립보 교인들이 모여서 함께 이 편지가 낭독되는 것을 듣는 장면을 생생하게 상상하면서 이 편지를 썼다. 이 대목에서 청중들은 함께 하나님을 바라보게 될 것이고 하나님께 영광을 돌리게 될 것이다. 그리고 바울은 편지를 쓰면서 그 장면을 상상하며 그 예배에 동참하고 있는 것이다. 이 동참이 코이노니아이다. 빌립보 교인들을 기억하면서 감사로 가득 찼던 바울의 마음이(3절) 기도의 흐름을 따라 하나님의 일을 고백하고 함께 찬양하는 예배로 이어지고 있다.

묵상과 나눔을 위한 질문

1. 바울의 편지를 받은 사람들은 함께 모여 편지를 낭독했을 것입니다. 그 자리는 예배의 자리였을 것입니다. 편지를 쓴 바울 역시 하나님을 마음에 담고 있었기 때문에, 이 편지를 통해서 바울과 청중이 하나님 안에서 함께 만나는 것이 가능했을 것입니다. 이런 사실은 2,000년 후, 하나님 안에서 이 편지를 읽는 우리에게 어떤 통찰을 줍니까? 빌립보서라는 편지를 읽는 느낌이 어떻게 달라집니까?

2. "너희가 내 마음에 있음이며", "예수 그리스도의 심장으로"라는 멋진 사랑 고백은 바울의 열정과 애정뿐만 아니라, 그의 인간관도 잘 보여 주고 있습니다. 우리는 그리스도 안에서 신비한 방식으로 이어져 있습니다. 한 지체가 아프면 온몸이 함께 아픈 것과 같은 이치입니다. 본문에 나타난 바울의 기쁨을 이런 맥락에서 이해해 볼 수 있습니다. 그리스도인들이 하나님 안에서 하나로 연결되어 있다는 경험을 한 적이 있으면 나누어 봅시다.

3. 빌립보서에 충만한 기쁨은 그리스도로 가능한 것이었습니다. 또한 함께 삶을 나누는 코이노니아가 없었으면 불가능했을 것입니다. 코이노니아라는 말의 뜻과 중요성을 이해한 대로 나누어 봅시다.

4. "의의 열매"는 주님을 위해 하는 일뿐 아니라, 인생의 여정에서 변화된 우리 자신도 포함하는 개념입니다. 내 인생길을 통해서 내 안에 그리스도의 형상을 새겨 가실 하나님의 일을 기대하며 나누어 봅시다. 혼자라면 종이에 적어 보아도 좋습니다. 빌립보서를 읽어 가면서 이러한 기대를 갖고 편지를 쓰는 바울, 편지에 등장하는 디모데, 에바브로디도 같은 인물들, 이 편지를 받았을 사람들의 삶을 묵상해 보면 좋겠습니다. 우리 가운데 착한 일을 시작하시고 마침내 완성하실 하나님을 찬송합시다.

3
로마에서의 상황을 전함
—복음의 진보

빌 1:12-26

12 형제들아 내가 당한 일이 도리어 복음 전파에 진전이 된 줄을 너희가 알기를 원하노라 13 이러므로 나의 매임이 그리스도 안에서 모든 시위대 안과 그 밖의 모든 사람에게 나타났으니 14 형제 중 다수가 나의 매임으로 말미암아 주 안에서 신뢰함으로 겁 없이 하나님의 말씀을 더욱 담대히 전하게 되었느니라 15 어떤 이들은 투기와 분쟁으로, 어떤 이들은 착한 뜻으로 그리스도를 전파하나니 16 이들은 내가 복음을 변증하기 위하여 세우심을 받은 줄 알고 사랑으로 하나 17 그들은 나의 매임에 괴로움을 더하게 할 줄로 생각하여 순수하지 못하게 다툼으로 그리스도를 전파하느니라 18 그러면 무엇이냐 겉치레로 하나 참으로 하나 무슨 방도로 하든지 전파되는 것은 그리스도니 이로써 나는 기뻐하고 또한 기뻐하리라 19 이것이 너희의 간구와 예수 그리스도의 성령의 도우심으로 나를 구원에 이르게 할 줄 아는 고로 20 나의 간절한 기대와 소망을 따라 아무 일에든지 부끄러워하지 아니하고 지금도 전과 같이 온전히 담대하여 살든지 죽든지 내 몸에서 그리스도가 존귀하게 되

게 하려 하나니 21 이는 내게 사는 것이 그리스도니 죽는 것도 유익함이라 22 그러나 만일 육신으로 사는 이것이 내 일의 열매일진대 무엇을 택해야 할는지 나는 알지 못하노라 23 내가 그 둘 사이에 끼었으니 차라리 세상을 떠나서 그리스도와 함께 있는 것이 훨씬 더 좋은 일이라 그렇게 하고 싶으나 24 내가 육신으로 있는 것이 너희를 위하여 더 유익하리라 25 내가 살 것과 너희 믿음의 진보와 기쁨을 위하여 너희 무리와 함께 거할 이것을 확실히 아노니 26 내가 다시 너희와 같이 있음으로 그리스도 예수 안에서 너희 자랑이 나로 말미암아 풍성하게 하려 함이라

1. 바울의 현재 (1:12-18)

복음의 진보—투옥에도 불구하고(1:12-14)

인사와 감사기도에 이어 나오는 본 단락은 본론의 첫 부분이라 볼 수 있다. 편지를 쓴 주 목적이 대개 등장하는 부분이다. 빌립보 교인들이 보낸 선물에 대한 감사가 빌립보서를 쓴 주요 목적이라고 보는 경우가 많은데, 그렇게 볼 경우 이 감사의 표현이 4장 10절에 가서야 나오는 점이 의아하다. 오히려 본 단락에서 이 편지의 주요 주제를 발견하는 것이 합리적 독법이다. 본 주석은 27절 상반절 "오직 너희는 그리스도의 복음에 합당하게 생활하라"가 서신 전체의 주제문장이라는 판단하에 12-26절의 내용은 이 주제에 도달하기 위한 필수적인 논의들을 이어 가는 대목이라는 관점에서 해설하고자 한다.

12 형제들아 내가 당한 일이 도리어 복음 전파에 진전이 된 줄을 너희가 알기를 원하노라

"형제들아"(아델포이)는 초기 기독교인들의 공동체적 자의식을 보여주는 중요한 호칭이다. 헬라어에서 형제는 '아델포스'이고, 자매는

어미만 여성형으로 바꾼 '아델페'이다. 남성들로만 구성되어 있다면 복수형은 '아델포이'이고, 여성들로만 구성되어 있다면 '아델파이'인데 남성과 여성으로 이루어져 있다면 역시 '아델포이'가 된다. 이 경우 아델포이는 남성이라기보다는 공성(common gender)이라고 보아야 한다. NIV는 이를 'brothers and sisters'로 옮기고 있는데 좋은 번역이다. 이는 여성의 지위를 존중하자는 현대적 경향의 반영이라기보다는 성경이 쓰인 본래의 뜻을 제대로 밝힌 번역이라고 보아야 한다. "형제자매들아"는 그리스도인의 하나 됨을 표현하는 핵심적 용어로, 그리스도로 인해 가능해진 코이노니아를 현실적으로 살아내는 공동체의 호칭이다. 예수님은 자신의 말씀을 들으러 모인 청중들을 향해 "누구든지 하나님의 뜻대로 행하는 자가 내 형제요 자매요 어머니이니라"(막 3:35)라고 하심으로 새로운 가족을 창출하셨다. 바울의 공동체는 이 사역을 계승하고 있다.

바울은 이 대목에서 "내가 당한 일" 곧 자신의 삶의 사건들을 신학적 진술의 중요한 소재로 삼고 있다. 한 사람이 그리스도를 주로 삼고 난 이후, 그의 삶이 통과하는 인생의 모든 여정은 신학적 성찰의 소재가 된다. 다메섹 사건도 그렇고, 그 이후 자신의 생활도 바울은 끊임없이 반추하고 해석한다. 이는 현대 신학자들과 설교자들에게 도전을 주는 주제로서, 자신의 삶과 상관없는 창백한 객관적 주석이나 설명이 신학의 궁극적 목표가 될 수 없음을 분명히 보여 준다. 물론 오늘 우리의 상황이 아닌 그때 바울의 상황에서 본문이 어떤 의미를 지니는가를 철저히 묻기 위해 우리 자신의 상황과 적절한 거리두기를 하며 성경을 객관적으로 연구하는 단계는 필요하다. 그러나 결국에는 자신의 고백, 공동체의 상황, "나의 당한 일" 그리고 "우리의 당한 일"이 성경 읽기에 중요한 전제로 작용할 수밖에 없다.

바울이 "당한 일" 자체가 바울의 신학을 구성하는 것은 아니다. 중요한 것은 바울이 어떻게 반응했느냐는 것이다. 많은 사람이 핍박을 경험했고, 많은 복음전도자들이 순교를 당했다. 그러나 바울처럼 내밀한 고민을 치열하게 전하는 기록을 남긴 이는 드물다. 누구나 크게 다르지 않은 인생의 일들을 바울은 진지하게 고민하고, 말씀을 붙들고 씨름했다. 그 의미를 진솔하게 자신의 서신에 기록하고 있는 것이다.

바울이 교회 안팎에서 오해와 핍박을 받았고 그래서 자신을 끊임없이 '변증'해야 했던 것은 자신의 삶에 대한 신학적 성찰을 깊게 만드는 계기가 되었을 것이다. 바울은 자신이 "복음을 변증하기 위하여 세우심을" 받았다고 이해했다. 자신이 법정에서 하는 말뿐 아니라, 평소 행동, 지금 서신에 기록하고 있는 내용도 복음을 변증하기 위함이었고, 그 상당 부분은 자기 자신을 변호하는 일이었다. 바울에게 있어서 자신을 변호하고 납득시키는 일과 복음을 변증하는 일은 동일한 일이었다.

흔히 최고의 설교는 설교자의 삶이라고 한다. 맞는 말이다. 바울의 경우 설교와 설교자는 좀더 미묘하고 깊은 관계를 갖는다. 바울 서신의 진술 상당 부분이 자기성찰의 묵상 과정에서 무르익은 것이다. "형제들아 내가 당한 일이 도리어 복음 전파에 진전이 된 줄을 알기 원하노라"(빌1:12)라는 말은 단순히 자신이 당한 일을 독자들에게 알리는 것이 아니다. 인생에 일어난 일을 붙들고 씨름하는 과정 안에 복음이 어떻게 녹아 있고 그 안에서 어떻게 그리스도가 중심이 되어 있는지를 펼쳐 보이고 있는 것이다. 바울의 신학함의 주 내용은 자신의 문제를 진득하게 또 치열하게 쟁투한 결과이다. 그래서 바울은 자신의 이야기를 하면서 복음을 제시하게 되는 것이다.

우리가 전하는 말씀은 삶으로 나타나야 한다. 그것은 내 삶과는 아무런 관계없이, 창백한 이론과 윤리를 교과서적 진리로 받아들여 놓고, 실천해 보려고 열심히 노력하고, 그러고 나서 설교하라는 말이 아니다. 우리가 성경을 펼치는 첫 순간부터 우리는 고뇌 가운데 있는 한 인간으로, 그래서 말씀 앞에 갈급한 한 심령으로 서는 것이다. 그 고뇌의 틈을 비집고 들어오는 성령의 음성에 민감하여, 자신의 삶으로 말씀을 받아 전하는 것이다.

바울은 그리스도를 만나고 나서 자신의 모든 것이 바뀌었다고 고백한다(3:8). 세상을 바라보는 시각, 자신을 이해하는 시각이 근본적으로 변화했다. 그 변화의 핵심은 그리스도이다. "이는 내게 사는 것이 그리스도니 죽는 것도 유익함이니라"(1:21). 이러한 근본적인 변화, 그 변화의 핵인 그리스도의 의미를 중심으로 "내가 당한 일"의 의미를 설명하고 있는 것이 빌립보서 본문이다.

"진전"은 '프로코페'이다. 개역성경에는 "진보"라고 번역되었는데, 개역개정이 진전으로 바꾼 것은 유감이다. 25절에서 "내가 살 것과 너희 믿음의 진보와 기쁨을 위하여"라고 할 때의 진보와 같은 단어이기 때문이다. 바울이 진보라는 말로 지금 로마에서 일어나는 일과 빌립보에서 일어나는 일을 하나로 정렬하여 제시하고 있는 수사적 구도를 놓치지 말아야 한다. 바울은 디모데전서에서 같은 말로 권면한다. "이 모든 일에 전심전력하여 너의 진보를 모든 사람에게 나타나게 하라"(딤전 4:15, 개역한글). 개역개정이 이를 "성숙함"으로 번역한 것 역시 좋지 않다. 가급적이면 같은 단어는 같은 말로 번역하는 것이 저자의 의도를 헤아리는 데 도움이 된다. 프로코페는 성숙이 아니라 진보이다. 성숙은 어떤 한 시점에서의 상태이지만, 진보는 어제와 오늘이 다르다는 말이다. 아직 갈 길이 멀다 하더라도, 어제보다 오늘이 나으면 진보한 것이다. 아직 충분히 성숙하지 못했다 하더라도, 지금 진보하고 있다면 희망이 있다.

13 이러므로 나의 매임이 그리스도 안에서 모든 시위대 안과 그 밖의 모든 사람에게 나타났으니

"시위대"는 '프라이토리온'으로, 라틴어를 음역한 헬라어로 쓰여 있다. 이 단어는 본래 어떤 장소나 건물을 의미했다. 처음에는 로마 군대 진영 내 지휘관(praetor)의 텐트를 의미했는데, 후에 '총독관저'라는 의미로 쓰인 것 같다. 마태복음 27장 27절, 마가복음 15장 16절, 요한복음 18장 28절, 33절, 19장 9절에서 이런 뜻으로 쓰였다. 예루

살렘에 있던 헤롯 궁전이나, 지금도 남아 있는 '안토니 요새'(로마총독의 집무실) 등이 이 단어로 불리었으리라는 추측이 있다(마 27:27; 막 15:16; 요 18:28, 33; 19:9). 가이사랴에 있는 헤롯의 관저도 이 이름으로 불리었다(행 23:35).

그러나 본 절에서 쓰인 용례는 건물이 아니라, 일군의 사람들을 뜻한다고 보는 것이 다수의견이다. 프라이토리온은 무엇보다 황제의 경호업무를 맡은 시위대(Praetorian Guard)를 가리키는 단어였다. 이 편지가 로마에서 쓰였다면 '시위대의 군병들'을 의미한다고 볼 수 있다. "시위대"는 황제 통치의 핵심적인 영역이다. 시위대원들은 황제에게 절대 충성해야 할 사람들이다. 그런데 칼리굴라의 학정과 비행에 대한 로마의 민심이 극도로 악화되었을 때, 시위대원들이 칼리굴라를 살해하는 쿠데타를 일으킨 전례가 있다. 주후 41년의 일이다. 빌립보서 집필을 60년대 초로 본다면, 당시는 칼리굴라 살해의 기억이 생생히 남아 있던 때였다. 당시 네로의 통치에 민심이 심각한 상황이었다면, 칼리굴라와 비슷한 경우를 상상해 보는 분위기가 사회에 어느 정도 있었음을 짐작할 수 있다. 시위대 안에서의 여론의 흐름은 당시 사회 분위기에서 민감한 주제였을 것이다. 뒤에서 계속 살펴보겠지만, 빌립보서 전반에 강력한 군사적 이미지들이 등장하는 것(1:27, 30; 2:25; 3:20; 4:7)과 함께 시위대의 이미지는 본서가 황제의 군대와 대립 혹은 대조되는 전선을 의도적으로 형성하고 있을 가능성을 시사한다.

"모든 시위대 안과"라는 말은, 당시 시위대 병사가 9,000명가량 되었는데 이들 모두에게 다 나타났다는 말이 아니다. 왕실 시위대라는 영역에 그리스도의 승리가 선포되었음을, 그 선포로 말미암아 시위대도 그리스도의 통치 아래 들어왔다고 판단하는 바울의 독특한 영역 이해의 일단을 보여 준다. 로마서 15장 19절에서 바울은 "그리하여 내가 예루살렘으로부터 두루 행하여 일루리곤까지 그리스도의 복음을 편만하게 전하였노라"라고 한다. 이 역시 이 지역 안에 있는 모든 사람들에게 다 복음을 전했다는 말은 아닐 것이다. 크게 보아 그 영역이 그리스도의 통치 안에 들어왔음을 전하는 것이다. 이러한 바울의 인식은 "그리스도 안에서"라는 말이 무엇을 의미하는지와 밀접한 관련이 있다. 13절을 공동번역과 개역개정은 각각 아래와 같이 번역한다.

> 내가 그리스도를 위해서 갇혀 있다는 사실이 온 경비대와 그 밖의 모든 사람들에게 알려지게 되었습니다(공동번역 개정판).

> 이러므로 나의 매임이 그리스도 안에서 모든 시위대 안과 그 밖의 모든 사람에게 나타났으니(개역개정).

원어의 어순으로 보면 공동번역은 어색하다. 자신의 매임이 나타난 것이 "그리스도 안에서" 일어난 사건임을 강조하는 것으로 보는 것이 옳다. "그리스도 안에서"라는 말은 바울 신학의 중요한 키워드이다. "누구든지 그리스도 안에 있으면, 새로운 피조물이라"에서 "그리스도 안에"는 "그리스도의 십자가와 부활로 이룩하신 새창조의 현실 안에서"라는 말이다. "너희는 유대인이나 헬라인이나 종이나 자유인이나 남자나 여자나 다 그리스도 예수 안에서 하나이니라"(갈 3:28)에서 "그리스도 예수 안에서"는 세상과는 전혀 다른 방식으로 작동하는 새창조의 구현으로서의 그리스도인 공동체를 말한다.

빌립보서는 1장 1절에서부터 "그리스도 예수 안에서" 빌립보에 사는 성도들에게 편지한다며 시작된다. "그리스도 안에서"는 이 편지의 발신자와 수신자를 하나로 묶는 중요한 규정이다. 오늘 이 편지를 읽는 우리들까지도 하나로 묶어 주는 개념이다. 그리스도 안에 있다는 것이 무엇인가를 빌립보서 전체를 통해서 알 수 있는데, 특별히 2장 6-11절에 나오는 그리스도 찬가가 핵심적으로 알려 준다. 이 찬가에서 전하는 이야기, 그리스도가 자기를 비우고 낮추신 십자가의 순종을 통해서 결국 모든 무릎이 그 이름에 꿇게 되었다는 이야기는 지금 우리가 살아가는 세계가 어떤 곳인가를 말해 준다. 이미 그리스도의 주권은 이 세상에서 현실이 되었고, 하나님의 방식으로 작동하고 있다. 많은 사람들의 눈에 그 현실이 감추어져 있으나 하나님의 방식으로, 인간이 생각하기에는 의외의 방식으로 나타나기도 한다. "나타났다"는 말에 담긴 독특한 강조를 읽어 낼 수 있었다는 것이고, "분명해졌다" 곧 잘 인식되지 않던 어떤 현실이 명백히 드러났다는 말이다. 더욱이 이 단어는 신적인 능력의 현현 등에 특징적으로 쓰이는 단어이기도 했다.

"매임"은 바울의 육체를 실체적으로 제한하고 있는 힘으로 시저가 가진 권력의 가시적 표현이다. 바울은 현실에서 작동하는 세속의 권력을 부인하지 않는다. 그러나 바울의 매임이 알려지는 과정 전체는 그리스도의 주권 아래에서 일어난 일임을(빌 2:9-11) 강조하는 것이다. "복음으로 말미암아 내가 죄인과 같이 매이는 데까지 고난을 받았으나 하나님의 말씀은 매이지 아니하니라"(딤후 2:9)는 바울의 말 역시, 황제의 권력이 작동하는 현실을 무시할 수는 없지만 그 위에 더 큰 권력이 여전히 작동하고 있다는 고백으로 보아야 한다.

구체적으로 시위대 안의 병사들이 예수를 믿게 되었다든지, 혹은 복음에 호의적인 반응을 보였는지, 아니면 바울의 비범한 태도를 보고 감동을 하고 존중하게 되었다든지 하는 등의 상황을 가정해 볼 수 있으나 정확하게는 알 수 없다. 2세기 중엽에 순교한 폴리캅의 순교에 관해 기록한 문서(《폴리캅의 순교》)를 통해서 투옥된 바울을 가까이서 대하던 시위대 병사들의 반응을 추정해 볼 수 있다. 그는 자신을 체포하러 온 병사들을 오히려 대접하고, 그들 앞에서 의연하고 은혜 충만한 모습을 보임으로써, 그들이 감복하지 않을 수 없게 만든다.

> 예비일 저녁에 그를 추격하던 자들은 그 젊은이를 대동하고 저녁에 들이닥쳤다. 그들은 마치 강도를 잡으러 나선 이들처럼 무장하고 있었다. 저녁 무렵에 그들은 폴리캅이 한 조그마한 집의 다락방에 누워 있는 것을 발견했다. 그 집에서 다른 장소로 도망갈 수도 있었지만, 그는 거절하면서 "하나님의 뜻이 이루어지이다"라

고 말했다. 추격자들이 왔다는 말을 들었을 때, 그는 내려와서 그들과 대화했다. 그 자리에 있던 자들은 그가 고령인 것과 의연함에 놀랐다. 그중에 어떤 이들은 "이런 훌륭한 분을 잡기 위해서 이 야단을 벌이다니!"라고 말하기도 했다. 바로 그때, 폴리캅은 그 추격자들에게 먹을 것과 마실 것을 차려 주라고 지시했다. 사실 그들은 배가 고팠다. 그리고 그는 방해받지 않고 기도할 수 있는 시간을 한 시간 달라고 요청했다. 허락을 받자, 그는 서서 기도했다. 하나님의 은혜로 충만하며, 두 시간 동안 쉬지 않고 기도했다. 그를 잡으러 온 이들은 그의 기도 소리를 듣고 놀랐으며, 그들 중 다수는 그렇게 경건하고 존경스러운 노인을 잡으러 온 것을 뉘우치기 시작했다.

아마도 시위대 군사가 바울에게 받은 인상이 이런 의연함, 경건함과 비슷하지 않았을까 추정해 볼 수 있다. 시위대는 제국 최고의 엘리트 군사집단으로, 제국과 황제를 보호하는 중추적인 기능을 담당하고 있었다. 황제에 대한 그들의 충성은 제국의 안녕에 필수적인 요건이다. 그러나 그들이 늘 황제에게 충성한 것은 아니었다. 로마의 민심이 극도의 반감으로 돌아설 때 그들은 황제에게 칼을 들이대기도 했다. 앞서 말했듯 주후 41년에 황제 칼리굴라를 죽이고, 커튼 뒤에 숨어 있던 클로디우스를 새 황제로 옹립한 것은 황제의 시위대였다. 그 이후로 시위대의 정치적 지위는 황제 권력의 중요한 기반으로 인식되었다. 빌립보서가 로마에서, 네로의 통치에 대해 민심의 이반이 심각한 지경에 도달한 때에 기록되었다면, 황제의 코밑에서 일어나고 있는 그리스도의 권력 확장의 보도는 심각한 정치적 의미를 띠었다고 볼 수 있다(참조. Hansen, 680).

이 대목에서 명예의 중요성을 상기할 필요가 있다. 로마제국에서 권력의 가장 중요한 토대는 명예였다. 정치가가 대중 앞에서나 원로원에서 수치를 당하는 것은 바로 정치력의 상실, 혹은 실각으로 이어졌다. 여기서는 황제도 예외가 아니었다. 로마사회에서 더 큰 권력은 언제나 더 큰 명예를 의미했다.[1] 로마의 시위대원이란 황제가 최고의 명예와 존경을 받아야 한다는 신념에서 추호의 흔들

림도 없는 자들이어야 했다. 그들 가운데서 그리스도의 명성이 높
아지는 것은 그리스도의 우주적 통치권이 실현되어 가는 '징조'로
볼 수 있다.

　　　이러한 현실 인식은 바울이 27절에서 "오직 너희는 그리스
도 복음에 합당하게 생활하라"고 말하는 근거가 된다. "생활하라"
(폴리튜오마이)는 '시민으로 살라'는 말이다. 복음이 창출하는 새로운
세계, 그리스도의 권력이 작동하는 세계에 걸맞은 삶을 살아가라
는 것이다. 27-30절에는 군사적 용어가 집중적으로 등장하는데, 시
위대라는 정치적으로 민감한 군사 용어 등장과 연결해서 생각하면
바울이 어떤 대립각을 세우고 있는지 알 수 있다.

> 14 형제 중 다수가 나의 매임으로 말미암아 주 안에서 신뢰함으로
> 겁 없이 하나님의 말씀을 더욱 담대히 전하게 되었느니라

바울은 자신의 투옥지인 로마에 있는 교회의 상황을 전하고 있다.
"다수"는 전부를 뜻하지 않는다는 것에 유념해야 한다. 여기에 바
울 특유의 과장이 있는 듯하다. 2장 19-21절에서 바울은 디모데를
빌립보에 보낼 계획을 말하면서 "이는 뜻을 같이하여 너희 사정을
진실히 생각할 자가 이밖에 내게 없음이라 그들이 다 자기 일을 구
하고 그리스도 예수의 일을 구하지 아니하되"라고 말한다. 역시 로
마의 상황인데 이 표현이 보다 솔직한 평가인 것으로 보인다. 로마의
그리스도인들 중 상당수가 바울의 투옥을 부끄러워했거나, 혹 자신
들도 연루될 것을 두려워했던 것 같다. 오늘날에도 집안의 누군가가
감옥에 있다면 대부분의 사람들은 부끄러워 숨기려 하며, 거리를
두려 할 것이다. 명예와 수치가 문화적으로 중요한 가치였고, 명예
와 수치의 기준이 기계적으로 정해져 있던 바울 당시에 투옥은 심
각한 수치거리였다. 그래서 디모데후서에서 바울은 "하나님이 우리
에게 주신 것은 두려워하는 마음이 아니요 오직 능력과 사랑과 절
제하는 마음이니, 그러므로 너는 내가 우리 주를 증언함과 또는 주

를 위하여 갇힌 자 된 나를 부끄러워하지 말고 오직 하나님의 능력을 따라 복음과 함께 고난을 받으라"(딤후 1:7-8)라고 권면해야 했다.

이러한 상황에서 다수가 그러한 두려움을 극복하고 복음을 더욱 담대히 전하게 되었다는 것은 분명 복음의 괄목한 진보로 여겨질 일이었다. 여기서 복음의 진보는 (일부) 그리스도인들이 바울 편에 서는 연대의 표현으로 드러났다는 점에 주목할 필요가 있다. 빌립보서는 "십자가의 원수로 행하는 이들"(3:18)과 그들의 영향력이 빌립보 지역에서 확대되는 문제를 염려하며 기록되었다. 바울이 빌립보 교인들에게 요구하는 것도 바울을 수치스럽게 생각하거나, 두려워하지 말고 바울이 전하는 복음 편에 서는 일이었다. 예수님도 "누구든지 나와 내 말을 부끄러워하면 인자도 자기와 아버지와 거룩한 천사들의 영광으로 올 때에 그 사람을 부끄러워하리라"(눅 9:26)라고 말씀하셨다. 초대교회에서 그리스도인으로 산다는 것은 그리스도를 부끄러워하지 않는 것이었다는 강력한 증거다. 그리스도께서 재림하시면 그 부끄러움과 영광은 역전될 것이다. 빌립보서 3장 19-20절에 똑같은 진실이 담겨 있다. "땅의 일을 생각하는 자들"의 "영광은 그들의 부끄러움에 있다". 그리스도께서 임하시면 "우리의 낮은 몸"을 그의 "영광의 몸의 형체와 같이 변하게 할 것이다". 빌립보서는 성도들로 하여금, 이 종말의 영광, 곧 영원한 영광의 편에 서도록 설득하는 편지이다. 이러한 설득을 위해서 바울은 지금 로마에서의 상황을 설명하며 미리 준거의 틀을 제시하고 있는 것이다.

바울의 기쁨—시기와 분쟁을 일삼는 이들에도 불구하고(1:15-18)

15어떤 이들은 투기와 분쟁으로, 어떤 이들은 착한 뜻으로 그리스도를 전파하나니 16이들은 내가 복음을 변증하기 위하여 세우심을 받은 줄 알고 사랑으로 하나 17그들은 나의 매임에 괴로움을 더하게 할 줄로 생각하여 순수하지 못하게 다툼으로 그리스도를 전파하느니라

15-17절은 다음과 같은 구조로 분석될 수 있다.

> A 어떤 이들은 투기와 분쟁으로,
> 　　B 어떤 이들은 착한 뜻으로 그리스도를 전파하나니
> 　　B′ 이들은 내가 복음을 변증하기 위하여 세우심
> 　　을 받은 줄 알고 사랑으로 하나
> A′ 그들은 나의 매임에 괴로움을 더하게 할 줄로 생각하여
> 순수하지 못하게 다툼으로 그리스도를 전파하느니라

　　A-B-B′-A′의 교차구조를 보인다. 이 구조에서 강조점은 A와 A′에 있다. "투기와 분쟁으로" 복음을 전하는 이들, 그리스도인이지만 바울을 대적하는 이들의 위험성을 상기시키고, 이런 경계를 통해서 빌립보 교인들이 당면한 대적들을("십자가의 원수로 행하는 이들", 3:18) 분별해 내기를 바라는 것이 빌립보서의 중요한 의도이다.

　　B와 B′에서 "착한 뜻으로"는 복음을 전하는 이들에 대한 말이다. "복음을 변증하기 위하여"라는 말은 복음을 의인화하여 재판정에서 피고의 자리에 앉아 있는 것으로 보고, 바울 자신은 변호사의 자리에 서는 구도를 제시하고 있다. 바울이 지금 죄수의 몸으로 자신의 무죄를 변호해야 할 처지에 몰려 있으나, 사실 바울의 본 목적은 무죄 방면이 아니라 복음을 변호하는, 변호사의 역할을 하는 것이다. 사도행전에는 바울이 가이사랴에서 재판을 받으면서 자신을 변호하는 모습이 자세히 나온다. 처음에 재판장은 바울이 자신이 무죄 판결을 위하여 변호하는 것으로 생각하지만(행 26:1), 말을 듣는 과정에서 바울의 목적이 다른 데 있음을 알게 된다. 아그립바는 "네가 적은 말로 나를 권하여 그리스도인이 되게 하려 하는도다"(행 26:28)라고 말하는 것이다. 복음을 전하다 체포되어 재판을 받게 되고, 그 변호의 자리를 다시 복음을 전하는 도구로 활용하는 것이다. 예수님께서 사도들에게 "또 너희가 나로 말미암아 총독들과 임금들 앞에 끌려가리니 이는 그들과 이방인들에게 증거가 되게

하려 하심이라"(마 10:18) 하신 예언이 성취되고 있는 것이다.

"세우심을 받은 줄"의 수동태 구문은 '신적인 수동태'(divine passive)이다. 이 수동태 동사의 의미상의 주어는 하나님이다. 자신이 투옥되고 재판을 받게 된 것은 복음을 변호하는 일을 위하여 하나님이 세우셨기 때문이라는 인식이 전제되어 있다. 바울이 복음을 변증하기 위하여 세우심을 받은 줄 "알고" 복음 전파에 동참했다는 말은 그들이 하나님께서 자신의 계획 가운데서 바울을 세우셨고, 바울의 투옥은 하나님의 뜻임을 인정했다는 말이다. 그들이 착한 뜻으로 복음을 전한 것은 바울 개인에 대한 호불호에 따른 것이 아니라, 하나님의 일하심에 대한 인정에 기초했던 것이다.

갈라디아서에서 바울은 이방인 중심 교회와 유대인 중심 교회 사이의 일치에 대해 중요한 진술을 한다. "베드로에게 역사하사 그를 할례자의 사도로 삼으신 이가 또한 내게 역사하사 나를 이방인의 사도로 삼으셨느니라 또 기둥같이 여기는 야고보와 게바와 요한도 내게 주신 은혜를 알므로 나와 바나바에게 친교의 악수를 하였으니"(갈 2:8-9). 예루살렘의 사도들과 바울의 그룹이 신학적으로 완벽하게 일치한 것은 아니다. 그러나 서로를 세우신 이가 같은 하나님이라는 것을 인정한다. 그들이 친교의 악수를 할 수 있었던 것은 "내게 주신 은혜를 알므로" 가능했다고 말한다. 모든 생각이 일치해서가 아니라, 그 사역자를 세우신 이가 하나님이심을 알기 때문에 함께할 수 있는 것이다.

바울은 복음을 변증하는 일에 세움을 받았다. 이 사역은 투옥과 심문을 요구하며, 순교까지 각오해야 하는 일이다. 감옥 밖에서 사역하는 다른 이들은 또 다른 일을 위하여 세움을 받았을 것이다. 오늘 사역자들도 마찬가지이다. 어떤 이는 오지 선교사로, 어떤 이는 빈민 지역 목회자로, 어떤 이는 대형 교회 목회자로 세움받는다. 한 교회 안에도 다양한 세우심이 있다. 각자가 다른 처지에서 사역을 하지만, 다른 사역자도 하나님이 세우셨음을 인정한다면 서로를 이해하고 포용할 수 있다. 우리를 하나 되게 하는 것은 개인적인 호불호가 아니라, 하나님이 하시는 일에 대한 감각이다.

> 18 그러면 무엇이냐 겉치레로 하나 참으로 하나 무슨 방도로 하든지 전파되는 것은 그리스도니 이로써 나는 기뻐하고 또한 기뻐하리라

"투기와 분쟁"은 바울이 그의 서신들을 거쳐서 가장 악한 일로 지목하는 대상이다. 예를 들면 로마서 1장에서 "저희가 이 같은 일을 행하는 자는 사형에 해당하다고 하나님의 정하심을 알고도"(롬 1:32) 라고 지적하는 악덕의 목록에 등장한다. 따라서 이러한 태도로 복음을 전파하는 자들이 문제가 없다고 바울이 승인해 주는 것이 아니라 그럼에도 자신은 기뻐하겠다는 바울의 태도를 강조하는 말이다. 이들의 사역 동기는 경쟁과 시기심이다. 바울을 괴롭게 하려고 더 열심을 내었다고 한다. 이런 이들을 감내하는 것은 바울에게 엄청난 고통이었음에 틀림없다. 그러나 빌립보서 1장의 맥락에서 바울은 투옥된 상황에서도 기뻐하고 죽음까지도 믿음으로 받아들이고 있다. 이런 맥락에서 대적들의 패역한 행위도 받아들인다고 보아야 한다.

심층연구─대적자들의 정체

투기와 분쟁으로, 순수하지 못하게 다툼으로 전하는 사람은 어떤 사람들을 말하는 것일까? 바울서신 해석에서 바울의 대적자들의 정체는 중요하다. 갈라디아서에서 바울이 "하늘에서 온 천사들이라도 다른 복음을 전하면 저주를 받을" 것이라고 사자후를 토한 인상이 워낙 강력하고, 또 종교개혁자 루터가 갈라디아서에서의 유대주의적 율법주의와의 대결을 신학적 정체성의 뿌리로 삼았기 때문에, 다른 곳에서 나타나는 바울의 대적자들도 유대주의자로 보는 견해는 광범위하다. 바울서신에서 율법주의와의 대결이 두드러지는 부분은 갈라디아서, 로마서 그리고 빌립보서 3장 1-9절이다. 빌립보서의 경우 장과 절을 특정하는 이유는 빌립보서의 다른 부분에서는 율법주의자들과의 대결이 관찰되지 않기 때문이다. 빌

립보서에 나오는 바울의 이 대적들을 모두 묶어서 하나의 그룹으로 보는 학자들이 있으나(Silva, 8-9) 설득력은 부족하다. 1장에 나오는 "투기와 분쟁"을 일삼는 자들과 3장 1-9절의 율법주의자들은 다른 그룹이라는 것이 학계 다수의견이다.

바울서신 전체에서 대적자들이 가장 거친 말로 공격하고 있는 본문은 갈라디아서와 고린도후서 10-13장이다. 갈라디아서에서는 할례 논쟁, 안디옥 사건—이방인들의 자격 문제를 포함한 율법의 문제가 초미의 관심사다. 재미있는 것은 고린도후서 10-13장의 경우 갈라디아서 못지않게 바울이 격렬한 투쟁을 벌이고 있지만, 여기에는 율법주의의 문제가 강하게 드러나지 않는다는 점이다. 바울은 여기서 "지극히 큰 사도"들과 힘겹게 싸우고 있다. 자신의 영적인 경험을 자신의 입으로 자랑하는 어리석음을 범하지 않겠다는 평소의 원칙을 깨고 삼층천 체험을 말해야 했던 것이 바로 이들과의 싸움에서였다. 또한 바울은 "그들이 그리스도의 일꾼이냐 정신없는 말을 하거니와 나는 더욱 그러하도다"(고후 11:23)라고 하는데, 여기서 정신없는 말을 하는 이는 바울 자신이다. 정상적인 상황이면 스스로의 입으로 도저히 못할 말을 한다고 하면서 바울은 그리스도를 위한 자신의 고난을 열거한다. "내가 수고를 넘치도록 하고 옥에 갇히기도 더 많이 하고 매도 수없이 맞고여러 번 죽을 뻔하였으니, 유대인들에게 사십에서 하나 감한 매를 다섯 번 맞았으며." 상황이 그만큼 절박했다는 말이다. 바울에게 이처럼 큰 위협이 된 그들의 정체는 무엇이었을까? 바울 자신의 언급을 통해서 추측해 볼 수밖에 없다.

1) 그들은 "지극히 큰 사도들"이라고 불렸다. 바울은 사도 중의 한 명으로 인정받는 것도 여의치 않은 경우가 많았다.

2) 그들은 언변에 능했다. 바울은 그들의 화려한 말재주와 비교당하며 "내가 비록 말에는 부족하나 지식에는 그렇지 아니하니"(고후 11:6)라고 항변해야 했다.

3) 그들은 사도 바울과 달리 사역에 대한 금전적 대가를 받았다(고후 11:9; 12:13).

4) 바울이 자신에 대해 "사도의 표가 된 것은 내가 너희 가운데서 모든 참음과 표적과 기사와 능력을 행한 것이라" 한 것은 그들이 기적을 행하는 일에 능한 사람들이었다는 추측을 가능하게 한다. 사도바울이 자신의 병약함 때문에 고민을 호소한 것이 바로 이 본문이다. 병 자체 때문만이 아니라, 병들었다는 사실 자체가 하나님으로부터 버림받거나, 징벌을 받고 있는 표시라는 사고 때문이었을 수 있다. 그닐카, 게오르기 같은 학자들은 이 대적들을 헬라적 신인(떼이오스 아네르) 모델을

따르는 선교사들이라고 본다. 기적을 행사하면서 신적인 영험함을 과시하는 이들이다. 로버트 주윗은 고린도후서 10-13장의 대적들이 바울이 빌립보서에서 염려하고 있는 이들이라는 입장을 보인다.[2]

바울이 깊이 염려하는 것은 예수 믿으면 병에 걸리거나 남들이 당하는 어려움을 겪지 말아야 한다는 사고이며, 이는 바울이 고린도후서 10-13장에서 마주했던 대적자들의 사고와 비슷하다. 바넷, 카슨 같은 학자들은 이를 승리주의라 명명한다.[3] 이런 사고라면, 바울의 투옥 역시 부끄러움이 되었을 것이며, 그가 순교라도 한다면 빌립보 교회의 신앙은 심각한 위기를 겪게 될 것이었다. 그런 구도 속에서 에바브로디도의 질병(빌 2:27) 역시 하나님의 징계로 해석되었을 것이다. 2장에서 에바브로디도의 질병을 주해하면서 상세히 논하겠지만, 이러한 사고의 영향으로 빌립보 교회가 흔들렸던 것이 바울이 이 편지를 쓴 직접적인 계기이다. 바울은 이 편지를 써서 건강하게 회복된 에바브로디도의 손에 쥐어 "더욱 급히"(빌 2:28) 보내야 했다.

그렇다면, 우리는 바울이 빌립보서에서 감사와 기도 다음에 나오는 첫 문장, 곧 본론의 첫 문장 "형제들아 내가 당한 일이 도리어 복음 전파에 진전이 된 줄을 너희가 알기를 원하노라"에 바울이 이 편지를 쓴 가장 중요한 이유가 담겨 있다는 사실을 액면 그대로 받아들여야 한다. 이는 단순히 본론에 들어가기 전에 자신의 근황을 밝히는 내용이 아니라, 본론 중의 핵심이다. 바울의 매임 그 자체는 부끄러운 것이고 패배일 수 있으나, 그것이 알려지는 과정은 "그리스도 안에"서 진행되었다. 하나님께서 이 패배조차도 선하게 사용하셨다. 이 하나님의 역사 가운데 고난을 받아들이는 바울의 태도는 핵심적인 역할을 했다. 자신의 태도를 모범으로 제시하면서 바울은 빌립보 교인들에게 권면한다. "그리스도를 위하여 너희에게 은혜를 주신 것은 다만 그를 믿을 뿐 아니라 또한 그를 위하여 고난도 받게 하려 하심이라"(빌 1:29).

심층연구―잘못된 동기로 복음을 전하는 그들도 구원받는가?

바울은 자신의 매임에 괴로움을 더하게 하려는, 순수하지 않은 의도로 복음을 전하는 이들이 있더라도 자신은 기뻐할 것이라고 했다. 이는 거짓 사역자들에 대한 자신의 태도를 말하는 것이지, 그들이 옳다는 것은 아니다. 바울이 그리스도인들 중 어떤 이들은 분명히 멸망할 자라고 생각하고 있으며(1:28; 2:19), 순수하지 못한 동기의 사역자 중 일부가 이에 해당할 가능성은 농후하다. 예수님도 산상수훈의 말미에서 이렇게 말씀하셨다. "그날에 많은 사람이 나더러 이르되 주여 주여 우리가 주의 이름으로 선지자 노릇 하며 주의 이름으로 귀신을 쫓아내며 주의 이름으로 많은 권능을 행하지 아니하였나이까 하리니"(마 7:22). 그러나 주님은 이들을 모른다고 하실 것이라 경고하셨다. 오늘날의 말로 하면 "우리가 주의 이름으로 교회를 성장시키고, 멋진 설교로 사람을 감동시키고, 대규모 집회로 신문기사를 장식했고, 사회사업도 많이 했습니다"라고 하는 이들 중에 구원받지 못하는 이들이 있을 것이라는 말이다. 오늘 한국 교회, 특히 교회의 지도자들이라고 하는 이들을 향해 주시는 적확한 말이다. 거짓된 동기로, 시기와 다툼과 자기 영광을 위하여 사역하는 이들은 구원받을 수 있을까? 그들의 사역이 성공적인 경우도 많은데, 하나님은 이들의 사역을 어떻게 여기실까? 몇 가지로 정리해 볼 수 있다.

1) 그들에게 복음을 전해 받고, 양육받은 사람들의 신앙은 그들의 범죄와 상관없이 유효하다. 그들의 잘못된 동기와 상관없이 하나님께서 그들을 통해서 일할 수 있다. 이것이 바울이 "전파되는 것은 그리스도니"하고 기뻐했던 이유이다. 종말에 주님 앞에서 "우리가 선지자 노릇" 했다고 말할 그 사역자들의 말씀을 듣고 하나님을 믿은 사람들이 있을 것이다. 그들의 신앙 전부를 우리는 부정할 수 없다. 하나님께서는 거짓 선지자들의 사역도 사용하실 수 있다.

2) 그 사역자들은 부끄러운 구원을 얻을 수도 있고(고전 3:12-15), 구원에서 탈락할 수도 있다. 마태복음 7장 22절의 말씀이 분명한 증거이다. 빌립보서 1장 15-17절에서 말하는 그릇된 동기의 사역자들이 구원받지 못했을 것이라는 말이 아니라, 기본적으로 사역의 과시적인 성과를 낸 이들이라도 그것 자체가 그들의 구원을 보증해 주지 않는다는 말이다.

3) 이기적인 동기는 사람을 어리석게 만든다. 바울은 사랑과 지혜는 함께 자라간다고 했다(1:9). 사랑으로 행하는 모든 사역은 그 사역자를 지혜롭게 만든다. "지극히 선한 것을 분별하며"(1:10), "의의 열매가 가득한"(1:11) 삶을 이룰 것이다. 반대로 시기와 다툼으로 하는 사역은 그 사역자를 어리석게 만든다. 단기적으로 가시적인 성과를 낼 수 있다. 심지어 하나님께서 그 사역을 사용하실 수도 있다. 사역은 성공하지만, 사역자는 피폐해지고, 어리석어진다. 그래서 스스로 멸망할 길을 선택해 간다. 대단히 성공적인 사역을 이룬 사람들이 말년에 어리석은 실수를

범하는 예를 많이 본다. 이기적인 동기로 하는 사역이 그들을 지속적으로 어리석게 만든 결과이다.

4) 그릇된 동기의 사역자들은 그들의 종말론적 구원이 불확실할 뿐 아니라, 지금 이 세대에서 살아가는 동안에도 기쁨이 없다. 바울은 고난과 박해 가운데, 그리스도인들 중에서도 그를 오해하고 공격하는 이들이 많았음에도 기뻐했다고 고백한다. 사랑으로, 좋은 뜻으로 하는 사역자의 특권이다. 그러나 "투기와 분쟁으로", "순수하지 못하게 다툼으로" 사역하는 이들에게는 그런 기쁨이 있을 수 없다. 외형적인 사역의 성공이 사역자에게 참 기쁨을 가져다주지 못한다.

지금 한국 교회의 문제의 대부분은 자칭 한국 교회를 대표한다는 이들의 문제이다. 가끔씩 신문을 장식하는 그들의 비윤리적인 그리고 비상식적인 행위는 그 현상일 뿐이다. 문제는 그들의 삶에 기쁨이 없고, 행복하지 않다는 것이다. 언젠가 한국의 대표적인 교회인 영락교회 담임이었던 임영수 목사의 설교가 한 월간지에 실린 적이 있다.

제가 영락교회 담임목사로 부임했을 때 마치 군중 앞에 매달린 유리병 안에 제가 들어가 있는 것처럼 느껴졌습니다. … 그래서 저는 "하나님! 제가 여기서 원로로 잘 마치려는 욕망에서 해방시켜 주십시오, 그리고 한국 교회의 지도자가 되려는 욕망에서 해방시켜 주십시오. 인기 있는 목사가 되려는 욕망에서 해방시켜 주십시오"라고 하루에 한 번 기도드렸습니다. 그러면서 제 자신이 점점 자유로워지기 시작했고 영락교회의 문제점이 무엇인지 보이기 시작했습니다.[4]

대형 교회 목사직이 사회적 성공으로 인식되는 현 상황에서, 적지 않은 목회자들이 큰 교회 목사가 되고 싶은 욕망에 시달린다. 놀라운 사실은 일단 큰 교회 목사가 된 이들은 그 이후에 더 큰 성공의 욕망 앞에 노출된다는 사실이다. 더 큰 교회를 만들고 싶거나, 한국 교회의 지도자로 인정받고 싶은, 혹은 인기 있는 스타 목사가 되고 싶은 욕심이다. 임영수 목사는 대형 교회 목사 중 예외적으로 진솔한 분이리라. 이 욕심을 제대로 직면하고 다룰 수 없다면 마음의 평화를 누릴 수 없다. 한국 교회의 가장 큰 비극은 대형 교회 목회자들 대다수가 행복하지 못하다는 것이다. 무리를 해서 총회장이나 다른 자리를 탐하고, 더 화려한 건물, 더 큰 건물을 짓고, 이런저런 계기를 만들어서 자신의 영향력과 인기를 과시하거나 확인하고 싶어 하는 것은 그들 마음 가운데 견고한 기쁨이 없기 때문이다. 사역의 성공도, 세간의 화려한 관심도, 엄청난 재정을 주무르는 권력도 그리스도가 주시는 기쁨에 비기지 못한다. 돈을 벌수록 더 피폐해지는 물질주의자들처럼, 사역에 성공하면 할수록 불안과 교만, 열등감에 시달리는 것이 그들의 모습이다.

그들의 문제를 바울은 빌립보서에서 깊이 있게 다루고 있다. 바울 자신은 세상 기준으로 실패를 거듭하는 사역자였지만, 그에게는 누구도 앗아갈 수 없는 기쁨이 있었다. 자신들의 능력과 성공을 자랑하던 바울의 대적들의 모습은 오늘날 오간데 없지만, 깊은 평안과 넘치는 기쁨의 주인공이었던 바울의 글은 오늘까지 남아서 우리에게 복음의 본질을 전하고 있다.

2. 바울이 당면한 미래 (1:19-26)

바울의 목표—삶과 죽음을 초월하는(1:19-21)

19 이것이 너희의 간구와 예수 그리스도의 성령의 도우심으로 나를 구원에 이르게 할 줄 아는 고로 20 나의 간절한 기대와 소망을 따라 아무 일에든지 부끄러워하지 아니하고 지금도 전과 같이 온전히 담대하여 살든지 죽든지 내 몸에서 그리스도가 존귀하게 되게 하려 하나니

"이것이"는 12절의 "내가 당한 일"을 말하는 것으로 보인다. 자신이 당한 일이 복음의 진보가 되는 일이 되고 있는데, 그렇게 진행되어 자신을 "구원"에 이르게 할 줄을 기대하고 있다. 이 구원이 무엇을 말하는지 논란이 있다.

구원이라고 번역되는 단어의 언어는 '소테리아'이다. 구원이라고 하면, '예수 믿고 구원 받는 것' 곧 천국 가는 것으로 흔히 이해된다. 또 영혼 구원이라는 말도 익숙하다. 그러나 신약성서 기록 당시 헬라어에서 소테리아의 용법은 다양했다. 일상사에서 어떤 어려

움이 해결되는 것을 구원이라고 하는 경우가 많았다. 어떤 장군이나 왕이 전쟁을 끝내고 평화를 가져오면, 그는 해방자와 구원자로 인식되었다. 병을 고치는 일, 한 가정을 어려움에서 구하는 일, 혹은 배가 난파당하여 표류하는 가운데 무사히 살아남는 일 등, 소테리아는 다양한 맥락에서 사용되었다. 신약성서 중에서 이런 다양한 소테리아의 용례를 잘 보여 주는 책은 누가복음-사도행전이다. 사도행전은 바울을 태우고 로마로 가는 배의 난파 상황을 보도하면서 이렇게 말한다. "여러 날 동안 해도 별도 보이지 아니하고 큰 풍랑이 그대로 있으매 구원의 여망마저 없어졌더라"(행 27:20). 여기서 구원은 난파된 배에서 살아남아 무사히 육지에 도착하는 것을 말하는 것이 분명하다(참조. 행 27:31). 이런 해석을 적용하면 19절에서의 구원은 바울이 재판에서 무죄 판결을 받아 석방되는 것을 의미할 가능성도 있다. 아래의 두 번역에서 해석의 차이가 선명하게 보인다.

이것이 너희의 간구와 예수 그리스도의 성령의 도우심으로 나를 구원에 이르게 할 줄 아는 고로(개역개정)

나는 여러분의 기도와 예수 그리스도의 영의 도우심으로 내가 풀려나리라는 것을 압니다(새번역)

여러 이유에서 필자는 개역개정의 번역을 지지한다. 첫째, 누가복음-사도행전과 달리 바울은 소테리아를 일관되게 종말론적 구원을 가리키는 데 쓰고 있다.

둘째, 욥기 13장 16절, "경건하지 않은 자는 그 앞에 이르지 못하나니, 이것이 나의 구원이 되리라"라는 말씀이 이 구절의 배경이 되는 것으로 보인다. 긴 고난의 과정을 통하여 마침내 하나님 앞에서 구원을 얻게 되리라는 욥의 고백을 바울은 염두에 두고 있었던 것 같다.

셋째, 2장 12절에 나오는 소테리아와의 관련이다. 바울은

"그러므로 나의 사랑하는 자들아 너희가 나 있을 때뿐 아니라 더욱 지금 나 없을 때에도 항상 복종하여 두렵고 떨림으로 너희 구원(소테리아)을 이루라"라고 한다. 이렇게 가까운 맥락에서 같은 단어가 전혀 다른 의미로 쓰였다고 보는 것은 부자연스럽다. 더욱이 1장에서 바울은 자신의 소테리아를 빌립보 교인들의 기도와 연결시킨다. 2장 12절에서는 빌립보 교인들의 소테리아는 "나 있을 때뿐 아니라 더욱 지금 나 없을 때에도"라는 말로 바울의 행보와 밀접하게 관련되어 있다. "너희에게도 같은 싸움이 있다"(1:30)라는 말로 자신이 당면한 과제와 빌립보인들이 당면한 과제가 본질적으로 같은 성질의 것임을 강조하는 바울의 수사적 구도 속에서 이 단어가 같은 의미로 쓰이고 있다고 보아야 한다.

넷째, 본문의 맥락이 바울이 반드시 석방될 것을 위해서 기도하며, 그것을 위해서 기도를 부탁하는 상태는 아니라는 것이다. 바울은 죽는 것을 바라야 할지, 살아남는 쪽을 희망해야 할지 어느 한쪽을 선호할 수 없다는 맥락에서 이 말을 하고 있다. 특별히 바로 다음 절인 20절에서는 "살든지 죽든지"라고 하며 그 결과를 완전히 주님께 맡기고 있다. 사도행전은 헤롯이 베드로를 죽이려고 체포하여 투옥한 상태에서, 처형 하루 직전의 상황을 이렇게 묘사한다. "이에 베드로는 옥에 갇혔고 교회는 그를 위하여 간절히 하나님께 기도하더라"(행 12:5). 우리는 이 대목에서 극적으로 구출되든지 아니면 그대로 순교하든지 하나님의 뜻이 이루어지도록 교회가 기도한 것으로 보아야 한다. 천사가 나타났을 때 베드로의 반응, 베드로가 문 앞에 나타났을 때 마리아의 집에 모인 성도들의 반응은 석방이나 탈출을 기대하지 않았던 것으로 보인다. 그들의 기도는 바울의 언어로 표현한다면 "살든지 죽든지 베드로를 통하여 그리스도의 이름이 존귀히 되게 하려는"(1:20) 것, 곧 종말론적 구원을 위한 기도라 할 수 있다.

이 문제를 적절히 다루기 위해 우리는 종말론적인 구원과 관련한 두 가지 오해를 지적해야 한다. 첫째, 천국에 들어갈 자격을 얻는 것을 구원이라고 생각하는 경향이다. 구원의 확신이 비정상적으로 강조되는 것도 이런 인식 때문에 생긴 부작용이다. 이런 식의 좁은 의미의 구원이라면 바울이 자신의 구원을 위해 기도를 부탁한다는 것 자체가 불신의 표현일 수 있다. 여기서 바울이 말하는 종말론적 구원은 "너희 안에서 착한 일을 시작하신 이가 그리스도 예수의 날까지 이루실 줄을 우리는 확신하노라"(1:6)라고 할 때의, 이미 시작되었으나 아직 완성되지 아니한 긴 과정을 말한다. "두렵고 떨림으로 너희 구원을 이루라"(2:20) 말할 때의 구원도 마찬가지이다. 바울이 말하는 구원은 천국에 들어가는가 못 들어가는가가 아니라, 그리스도 예수의 날에 어떠한 모습으로 그 앞에 설 것인가가 초점이며, 거기에 이르는 과정 전체가 포함되는 개념이다. 그날에 서로가 서로에게 면류관이 되고(빌 4:11; 살전 2:19-20), 그리스도의 "영광의 찬송이" 되는 것이(빌 1:11; 엡 1:13) 구원이다.

둘째, 천국에 들어가는 것으로 구원을 좁게 한정하는 경향은 그 구원을 개인적인 일로만 한정하게 만든다. 그러나 위에서 언급한 구절에서 구원받아야 할, 혹은 이루어 가야 할 이들은 "너희" 혹은 "우리"임에 주목할 수 있어야 한다. 두렵고 떨림으로 이루어 가야 할 것은 '너의 구원'이 아니라 "너희의 구원"이다. 우리가 그리스도를 닮아 가는 과정은 혼자 가는 고독한 길이 아니라, 함께 가는 길, 그 성공과 실패도 함께 누리고 감당하게 되는 길이다. 이는 개인주의 시대를 살아가는 현대인에게 신약성경이 주는 중요한 도전이다.

빌립보 교인들에게 이 구원은 하나님 앞에서 그들의 신앙이 완성되는 상태를 말한다. 바울은 자신이 이미 이 일을 다 이룬 상태에 있다고 생각하지 않는다(3:12). 특별히 그는 중요한 재판을 앞두고 있다. 모든 힘을 다하여서 복음을 변증하며, 인생의 마지막 순간까지 그리스도를 위해, 또 그리스도처럼 살기 원하는 것이다. 그런 점에서 1장 19절에서 말하는 구원의 내용을 가장 잘 설명해 주는 것은 21절이다. "나의 간절한 기대와 소망을 따라 아무 일에든지 부끄러워하지 아니하고 지금도 전과 같이 온전히 담대하여 살든지 죽든지 내 몸에서 그리스도가 존귀하게 되게 하려 하나니." 바울은 구원을 향해 가고 있다. 그는 그 경주가 거의 막바지에 이르렀다고 느끼고 있다. 그러나 그것이 개인의 고독한 노력의 결과도 아니며, 잘 마친다고 해서 개인이 영광을 받고 영웅이 될 일도 아니었다. 그래서 바울은 자신이 구원의 완성을 향해 가는 길에 빌립보 교인들의 기도를 강력히 요청하며, 성령의 도우심을 간절히 바라고 있는 것이다. "너희 간구와 예수 그리스도의 성령의 도우심으로!" 이 구원은 공동체적 사건이며, 끝까지 성령의 도우심이 있어야 완성될 수 있는 것이다.

> 20 나의 간절한 기대와 소망을 따라 아무 일에든지 부끄러워하지 아니하고 지금도 전과 같이 온전히 담대하여 살든지 죽든지 내 몸에서 그리스도가 존귀하게 되게 하려 하나니

지중해 문명을 문화인류학적으로 접근한 연구들에 따르면, 지중해 지역 문화의 중요한 특징은 명예와 수치 강조에 있다. 십자가의 고난에서도 육체적 고통보다 "부끄러움"(히 12:1)이 훨씬 감내하기 힘든 고통이었다. 예수님도 "누구든지 이 음란하고 죄 많은 세대에서 나와 내 말을 부끄러워하면 인자도 아버지의 영광으로 거룩한 천사들과 함께 올 때에 그 사람을 부끄러워하리라"(막 8:38)라고 하셨다. 초대교회 복음 전파자의 제1조건은 예수와 함께하는 삶이 가져올 수치를 견디는 자세였다. 투옥은 수치스러운 일이었고, 바울이 당한 순교, 또 재판정에 죄인으로 서는 일들이 다 상당한 수치의 이유였다. 바울이 당당하게 재판에 임하기 위해서 필요한 것은 수치감의 극복이었다. 바울의 투옥을 부끄러워하고, 그런 바울과 거리를 두기를 원하는 사람들이 있었다. 명예와 수치의 문화에서 질병 또한 큰 수치거리였다. 1장에서 바울의 투옥을 부끄러워한(혹은 폄하한) 사람들, 2장에서 에바브로디도의 질병을 부끄러워한 사람들에 대한 바울의 대응이 본서의 중요한 틀을 이루는 것을 보게 될 것이다.

₂₁ 이는 내게 사는 것이 그리스도니 죽는 것도 유익함이라

21절 상반절의 "사는 것"은 육체적으로 이 땅에서 사는 것을 말한다는 것이 전통적인 견해였다. 이럴 경우 사는 것과 죽는 것으로 21절 상반절과 하반절이 날카롭게 대립되고 있는 셈이 된다. 그러나 21절 상반절의 사는 것은 육체적인 삶이 아니라, 그리스도로 인해 가능하게 된 영생을 말한다고 보는 의견들이 꾸준히 제출되고 있다. "내게 사는 것"이라고 할 때, "내게"에 중요한 강조점이 있다. 바울의 경우 "그리스도 안에"라는 실존이 자아 정체성의 중심이다(참조. 갈 2:20). 따라서 "내게 사는 것"은 "그리스도 안에서 사는 것"을 말한다. 그렇게 볼 때 육체적 죽음의 의미는 경미해진다. 이미 그는 그리스도 안에 살고 있기 때문이다.

그렇다면 21절 상반절과 하반절이 대립되는 것이 아니라, 그리스도로 인해 가능해진 생명의 현실(상반절)이 죽음(하반절)까지도 포괄하는 것으로 이해될 수 있다. 그리스도로 인한 생명이 육체적 생존에만 한정된 것은 아니며, 육체적 죽음과 대립되는 것도 아니다. 그리스도로 인한 생명의 능력이 죽을 수밖에 없는 인간적 실존을 압도하는 것이다.

유익(케르도스)은 "떠나서 주와 함께 있을 것"(23절)이라는 개인적인 바람을 말한다. 케르도스는 상업적인 용어로 3장 7절에도 나타난다. 여기서 바울은 "무엇이든 내가 유익하던 것을 다 해로" 여긴다고 한다. 회계 장부상의 차변과 대변, 혹은 손해와 이익을 냉정하게 계산하는 자세를 보여 주는 용어이다. 중요한 결단을 앞두고 종이 한 장을 앞에 내어놓고, 왼쪽과 오른쪽에 각각 이익과 손해를 적어 보는 것과 같은 사고행위이다. 이 이익과 손해를 사도적 사명과 관련하여 생각해 볼 수 있다. "나의 당한 일이 복음의 진보"가 되었다고 고백하는 것과 같은 맥락에서 자신의 순교가 가져올 긍정적인 파급효과를 전망하는 것 또한 포함되어 있을 가능성도 없지 않다. 그러나 이 문장의 초점은 이것이다. 순전히 개인적인 관점으로

만 득실을 따져 보아서 자신의 선택은 단연 지금 죽는 쪽에 있다는 것. 이렇게 해석하면 "그러나"로 시작하는 22절 상반절과의 논리적 연결이 분명해진다.

해석 1 : 상반절과 하반절이 대립

해석 2 : 상반절이 하반절 포괄

【빌립보서 1장 21절의 두 가지 해석】

22 그러나 만일 육신으로 사는 이것이 내 일의 열매일진대 무엇을 택해야 할는지 나는 알지 못하노라

바울의 고민—삶과 죽음 사이에서 죽음을 선호함(1:22-23)

21절 상반절에서는 "사는 것"이 그리스도라고 했지만, 22절에서는 "육신으로 사는 것"이라고 특정해서 말하고 있다. 21절은 일반론으로서 이미 그리스도로 인한 생명을 얻었기 때문에 죽는 것 자체는 별 문제가 되지 않는다는 말을 했는데, 22절은 "그러나"라

는 말로 분명한 대조를 보이고 있다. 결국 날카로운 대조는 21절 상반절과 하반절 사이에 있는 것이 아니라 21절에서 "사는 것" 곧 그리스도로 인해 영생을 이미 얻었고 그래서 삶과 죽음의 무게를 상대화할 수 있는 바울의 신앙고백과, 그럼에도 "육신으로 사는 것"의 연장을 요청하는 현실(22절) 사이에 있다. 이렇게 볼 때 21절의 "유익"과 22절의 "열매"가 대조를 이루고 있음을 알 수 있다. 유익은 개인적인 차원에서의 선호하는 바를 말하고, 열매는 사역의 필요를 말하고 있다.

　　이러한 구도, 본인에게 선택권이 주어진다면 차라리 "세상을 떠나서 그리스도와 함께 있는 것"을 원하는 욕망(에피쒸미아, desire, 23절)이 있지만, 이는 자신을 위한 이기적인 선택일 수 있고, 빌립보 교인들을 생각할 때는 육신으로 남아 있는 것이 더 "필요할 것"이라고 말한다.

　　개역개정이 24절을 "내가 육신으로 있는 것이 너희를 위하여 더 유익하리라"로 번역한 것은 유감이다. "내가 육신으로 남아 있는 것이 여러분에게는 더 필요할 것입니다"라는 새번역의 내용이 적절한 직역이다. 21절의 "유익"은 상업적 용어로 'gain', 'profit', 바울 개인에게 좋은 길이라는 뜻이다. 거칠게 옮긴다면, 바울에게는 죽는 것이 남는 장사다! 지금 당장이라도 떠나서 그리스도와 함께 있고 싶은 욕망이 있다. 그러나 24절에서 "더 유익"이라고 번역된 단어는 '아낭카이오테론'이다. 아낭카이오스(필요한, necessary)의 비교급이다. 이 단어는 "아낭케"의 형용사로 헬라철학에서 필연과 숙명, 혹은 도덕적 책무를 나타내는 중요한 단어였다. 바울 역시 이 단어를 거역할 수 없는 숙명적인 필연이라는 의미에서 쓰고 있다. "내가 복음을 전할지라도 자랑할 것이 없음은 내가 부득불 할 일임(아낭케)이라 만일 복음을 전하지 아니하면 내게 화가 있을 것이로다"(고전 9:16)라고 한다. 거역할 수 없는 책무를 말하는 것이다.

　　결국 바울은 하고 싶은 것과(에피쒸미아) 해야 하는 일(아낭카이오테론) 사이에서 고민하는 것이다. 하고 싶은 쪽은 죽는 것이다. 해야 하는 일은 살아남아서 빌립보로 돌아가 사역을 계속하여 사역의 열매를 맺는 일이다.

편지란 원래 두 주체 간의 상호작용이다. 편지를 쓰면서 받을 이의 얼굴이 떠오르고, 받을 이의 상황을 깊이 생각하게 된다는 의미에서 그렇다. 그런데 지금 바울의 편지 쓰기는 세 주체 간의 상호작용이다. 쓰는 이, 받는 이 그리고 하나님이다. 편지를 주고받는 인간들뿐 아니라 하나님의 뜻을 헤아리는 생각이 끊임없이 개입되어 있다. 그래서 이 편지를 쓰는 과정은 상대방에게 자신을 이해시키는 과정이기도 하고, 스스로 자신의 입장을 헤아려 보고 정리하는 과정이기도 하고, 하나님 앞에서 어떻게 기도할까 묵상하는 시간이기도 하다. 죽음을 숙고하는 가운데 혹 불안이 엄습했을 수도 있지만, 바울은 이 일조차 기도의 대상으로 삼았음이 분명하다. 편지를 매개로 수신자들과 대화하는 관계 속에 하나님께서 계속해서 개입하고 계시는 그 호흡을 따라서 읽을 수 있어야 한다.

23 내가 그 둘 사이에 끼었으니 차라리 세상을 떠나서 그리스도와 함께 있는 것이 훨씬 더 좋은 일이라 그렇게 하고 싶으나 24 내가 육신으로 있는 것이 너희를 위하여 더 유익하리라

"떠나서"(아날루오)는 기본적으로 묶인 상태에서 푸는 동작을 의미한다. 텐트를 쳤다가 끈을 풀면서 떠날 준비를 하는 행위, 혹은 정박하는 배의 닻줄을 풀고 출항할 준비를 하는 행위를 연상시키며, 죽음을 표현하는 단어로 그리스 문화에서 익히 쓰이던 표현이었다. 디모데전서 4장 6절에 이 동사의 명사형 '아날루시스'가 등장한다. "전제와 같이 내가 벌써 부어지고 나의 떠날 시각이 가까웠도다." 자신의 죽음을 '전제'로 표현하는 빌립보서 2장 17절과 다시 밀접한 관련을 보이고 있는 것이다. 바울의 로마에서의 마지막 날을 묘사하고 있는 빌립보서와 디모데후서 사이의 이런 공통점은 바울의 생애 후반 재구성에 긴요한 도움을 준다.

【소크라테스의 죽음】 자크-루이 다비드의 그림.

"둘 사이에 끼었다"라는 표현으로 바울은 죽느냐 사느냐의 선택의 어려움을 토로하고 있다. 여기에서 바울 스스로에게 어떤 선택권이 있었는가 의문을 제기할 수 있다. 바울이 자살을 고려하는 것 아니냐는 학설까지 제기된 바 있다.[5] 이 학설은 소크라테스가 재판에서 무죄 판결을 받기 위해 적극적으로 노력하지 않은 것, 혹은 도망할 수도 있었지만 독배를 받아들기로 선택한 것을 넓은 의미에서의 자살로 해석하고 있다. 자살이라는 용어의 지나친 확대해석으로 보인다.

그러나 소크라테스가 죽는 과정은 바울 시대 지식인들에게 강한 영향을 끼친 하나의 모델이었음이 분명하다. 세네카는 65년에 네로 황제의 자살 명령을 받고 죽으면서 죽음에 임하는 소크라테스의 태도를 철저하게 모범으로 삼았다. 바울의 사망 추정 연대가 세네카의 사망 연대와 불과 수년밖에 차이가 나지 않는다는 점에서, 로마에서 이루어졌으며 황제의 재판을 거쳤을 것이라는 점에서 바울의 죽음은 세네카의 죽음과 여러 모로 가까운 거리에서 일어난 사건이다. 생사의 향배가 결정되는 재판에서 자신이 어떻게 행동할지를, 특별히 자신을 어떻게 변호할지 계속해서 숙고하고 있는 바울의 상황은 세네카보다 더 소크라테스의 모범에 가까운 면이 있다. 세네카는 시위대가 전해 온 자살명령을 받고 자살했다. 변호의 기회는 없었다.

재판을 앞둔 바울의 기본 입장은 분명하다. 열심히 자신을 변호할 것이다. 그러나 그것은 자신에 대한 변호가 아니라, 복음을 위한 변호이다(1:16). 사도행전에서 묘사하는 바울 역시 자신이 풀려나는 것보다, 복음을 변증하는 일에 더 관심이 많았다(행 26:24-29). 이런 태도는 소크라테스에게서도 발견된다. 그도 역시 아테네의 시민법정에서 사형을 피하기 위해서 구차하게 목숨을 구걸하는 것이 아니라, 자신의 철학적 소신을 당당하게 전하기 위해서 변론(아폴로기아)을 사용했다. 이러한 포괄적인 과정, 죽음을 향하는 태도에 있어서 바울은 그레코 로만 문화의 '고귀한 죽음'(nobel death) 전통을 이어 가고 있다고 볼 수 있다.

바울의 소망—빌립보 교인들과 재회를 기대(1:24-26)

그러면 목숨을 구하는 노력은 철저히 배제할 것인가? 일부러 사형판결을 초래하는 태도를 취할 것인가? 이것이 고민의 핵심일 수 있다. 고민이 이러한 방향으로 진행되었을 가능성은 2세기 초의 교부인 안디옥의 이그나티우스의 예에서 찾아볼 수 있다. 그는 체포되어 로마로 향하면서 혹여 다른 성도들이 자신의 석방을 위하여 노력할 수도 있다는 판단하에, 그런 노력을 강하게 제지하며, 영광스럽게 순교할 수 있도록 해달라고 간절하게 요구한다. 그리고 이러한 순교가 바울의 발자취를 따르는 것이라고 한다.

그러나 정작 이그나티우스가 모범으로 삼았던 바울의 고뇌는 다른 방향으로 향한다. 죽어야 한다면 기쁘게 그 현실을 받아들이겠지만, 살아남을 수 있다면 다시 동쪽으로 가서 빌립보 교회, 또 인근의 교회들을 돌보아야 할 것 같다는 쪽이다. 복음을 위해서라면 구차해질 수 있다는 것이 바울의 원칙이었다(고전 9:18-21). 자신을 위해서라면 그냥 죽는 것이 깔끔하고 심지어 멋있을 수 있다. 그러나 바울은 죽음에 있어서조차 그런 영웅주의를 배제한다. 고귀한 죽음(nobel death) 안에 있는 영웅주의, 엘리트주의와 끝까지 거리를 유지한다. 바울이 처한 상황은 그 자체로는 사회적 의미로서의 고귀함과 거리가 멀다. 그의 투옥과 처형은 힘겹게 감내해야 할 수치였다(1:20).

자신을 위해서라면 바울도 영웅적으로 죽을 수 있다. 지금 그리스도의 품에 안기는 것이 더 편안한 길이라는 것을 바울은 잘 알고 있다. 그러나 그것은 이기적인 선택이다. 중요한 선택을 앞둔 바울의 고뇌를 추적하면서 우리는 그가 늘, 모든 일에 기도하는 사람이었다는 사실을 잊으면 안 된다. 바울의 고민은 "어떻게 기도할까?"의 차원에서 진행되었다. 기도하다 보면 우리는 "무엇이 하나님의 뜻일까?"라는 생각을 하지 않을 수 없다. 결국 기도란 '내가 원하는 것'과 '하나님이 원하시는 것' 사이의 줄다리기이다. 하나님의 뜻대로 하는 기도가 있어야 하지만, 내가 원하는 것을 일방적으로 누르는 것이 좋은 기도는 아니다. 그것은 종교적 억압일 뿐이다. 우리 주위에 신앙이 좋다는 사람들을 보면 오랫동안 '하나님의 뜻'으로 자신의 뜻을 눌러 온 결과 자신이 무엇을 원하고 무엇을 좋아하는지도 모르는 경우가 많다. 인간미를 상실한 기독교인의 모습이다.

모든 기도는 내가 원하는 것과 하나님의 뜻, 조화하기 쉽지 않은 둘을 함께 품고 씨름하는 것이다. 예수님도 그랬다. 이 잔을 옮겨 달라는 솔직한 탄원과 아버지의 뜻대로 되기를 원한다는 치열한 순종이 함께했다(막 14:36). 여기서 바울의 기도도 마찬가지이다. 한편으로 자신의 솔직한 욕심(에피뛰미아, 1:23)을 말하면서, 다른 한편으로 하나님의 뜻을 함께 헤아리기 위해서 애쓴다. 재미있는 것은 예수님과 바울을 비교해 보면 기도의 내용이 정반대라는 점이다. 예수님은 죽음을 피하는 것이 솔직한 바람이었는데, 바울은 죽는 것이 솔직한 욕심이다. 이는 그리스도께서 그 십자가와 부활로 죄와 사망의 권세를 정복하셨음을 알기 때문에 가능한 고백이다. 예수님께서 마주해야 했던 죽음은 무시무시한 세력을 가진 원수였다. 그러나 이제 바울이 앞둔 죽음은 그 세력을 상실한 종이 호랑이일 뿐이다. "사망아 너의 쏘는 것이 어디 있느냐?"(고전 15:55)

심층연구—바울의 종말론

"차라리 세상을 떠나서 그리스도와 함께 있는 것이 훨씬 더 좋은 일이라"(1:23)는 언급은 바울의 종말론과 관련해 많은 주목을 받아 온 구절이다. 그리스도께서 재림하시는 역사적 종말 때에 모든 몸이 부활의 영광에 들어갈 것이나, 그 전에 죽은 신자들이 재림 이전에 어떤 상태로 있는가 하는 주제이다. 데살로니가전서 4장과 고린도전서 15장은 그리스도의 재림 시 부활하여 새로운 몸(영적인 몸)을 입게 된다고 말하는 것으로 보인다. 그 중간 상태에 대해서는 "자는 자들"이라고 표현한다. 그러나 본문에서는 자는 상태라는 표현은 등장하지 않고 "세상을 떠나서 그리스도 함께 있는 것"이라고 하여, 신자의 개인적인 죽음 이후에 곧바로 그리스도와의 복된 연합이 완성되는 것 같은 인상을 준다. 이 주제와 관련하여 또 중요한 바울의 본문은 고린도후서 5장인데, 다양한 해석의 여지가 있긴 하지만, 신자 개인의 죽음 이후에 곧바로 새로운 몸을 덧입게 된다는 인식을 보이고 있는 것 같다. 여기에도 '자는 자들'이라는 표현은 등장하지 않는다.

이런 종말 이해의 차이에 대해 바울이 초기에는 역사의 종말에 초점을 맞춘 반면에 후기로 갈수록 개인의 종말 쪽으로 관심이 옮겨 갔으며, 신자 개인의 죽음 이후의 상태에 대한 입장이 바뀌었다고 많은 학자들이 주장한다. 데살로니가전서를 쓸 때만 해도 바울은 자신이 살아서 재림을 맞이할 것이라는 생각을 했으며, 그때 잠자는 성도들의 몸이 부활한다고 보았으나 빌립보서를 쓰는 지금 바울은 재림 이전에 죽을 가능성을 심각하게 고려하고 있으며, 신자의 개인적 죽음 이후의 상태가 신학적인 시야에 들어왔다는 것이다. 데살로니가전서에서 빌립보서까지 바울의 종말론의 기본적인 틀이 바뀌었다는 결정적인 증거는 없지만, 보기에 따라서는 상당한 차이라 할 수 있는 관점과 강조점의 차이가 있는 것은 사실이다. 티셀톤은 이 차이를 관점의 차이로 설명한다.[6] 데살로니가전서에서 바울은 재림 시에 지상에 있을 사람의 관점으로 부활의 과정을 묘사한다. "우리가 예수께서 죽으셨다가 다시 살아나심을 믿을진대 이와 같이 예수 안에서 자는 자들도 하나님이 그와 함께 데리고 오시리라"(살전 4:14). 여기서 무덤에서 일어나는 것처럼 보이는 것은 관찰자의 관점이며, "함께" 데리고 오시리라는 표현에 초점을 맞추면 "자는" 성도들은 이미 주님과 "함께" 있는 것으로 보아야 한다는 것이다.

빌립보서에서는 신자가 죽는 즉시 "그리스도와 함께" 있을 것을 강조한다. 여기서도 함께(쉰)라는 전치사가 핵심적인 개념이다. 땅에 남아 있을 사람이 아니라, 재림 이전에 죽음을 경험할 사람의 입장에서는 그리스도와 함께 있는 상태가 강조된다. 물론 신자 개인이 죽는 순간 바로 부활의 몸을 입게 될지, 아니면 재림 시까지 부활의 몸을 부여받는 것이 연기될지에 대해서는 모호함이 있으며, 학자들의 의견이 많이 나뉜다. 그러나 데살로니가전서와 빌립보서 사이에 신자의 사후상태에 대해서 큰 틀의 변화는 없다는 사실, 신자는 죽는 즉시 그리스도와의 복된 연합의 상태로 들어가게 될 것이라는 사실은 확인할 수 있다.

25 내가 살 것과 너희 믿음의 진보와 기쁨을 위하여 너희 무리와 함께 거할 이것을 확실히 아노니

24절까지 죽느냐 사느냐의 딜레마 사이를 오가던 바울의 마음이 이제 한쪽으로 기울었다. 자신에게 어떤 일이 일어날지에 대해서, 그리고 자신이 무엇을 원해야 할지도 불분명한 듯이 보이던 바울이 갑자기 "확실히 아노니"라고 말한 것을 보면 기도하면서 편지를 쓰는 가운데, 바울의 내적인 대화가 어떤 정점에 도달한 것 같다.

바울이 썼다는 데에 학자들 간에 이견이 없는 편지들은 갈라디아서를 제외하면 모두 편지를 받는 공동체에 방문 계획을 밝히는 것이 특징이다. 바울의 편지는 일반적으로 방문을 앞둔 사전 정지작업의 성격을 띤다고 할 수 있겠다. 빌립보 방문을 계획 혹은 희망하면서, 빌립보 교인들을 마음에 담고 있는 가운데 그들에 대한 책임감과 그리움이 간절함을 넘어 확신으로 표현된 것을 알 수 있다. "확실히 아노니"는 이러한 고백의 언어로 보아야지 객관적인 상황판단의 언어로 보면 곤란하다. 이 대목 이후에도 바울은 이 감옥

에서 생을 마칠 가능성과 풀려나서 다시 빌립보 교인들을 만날 가능성 둘 다를 염두에 두면서 편지를 쓰고 있다(2:19-24).

　　"믿음의 진보"는 12절에서 "복음의 진보"를 말하는 대목과 상응한다. 인클루지오라는 고대의 익숙한 문학기법인데, 마치 괄호를 치듯이 비슷한 표현이나 개념으로 이 부분이 한 단락임을 표시하는 것이다. 이 괄호 부분에 공유되는 개념들이 문단의 주요주제인 경우가 많다. 12절과 25절의 진보를 함께 묶어 살펴보면 로마에서 바울의 투옥이 오히려 복음의 진보가 되었던 사실이, 바울이 빌립보 교인들의 믿음의 진보를 기원하고 확신하는 근거가 되는 것이다. 이는 본 서의 주제인 27절의 권면을 준비하며, 나아가 굳세게 구원을 이루어 가라는 당부의(2:12) 근거가 된다.

> 26 내가 다시 너희와 같이 있으로 그리스도 예수 안에서 너희 자랑이 나로 말미암아 풍성하게 하려 함이라

"자랑"(카우케시스)은 바울에게 있어서 문제가 많은 단어였다. 자랑은 본질적으로 어리석은 일이었다. 바울은 "이는 아무 육체도 하나님 앞에서 자랑하지 못하게 하려 하심이라"(고전 1:29) 하기도 했다. 바울이 승리주의적 대적들과 싸우고 있다는 점에서 빌립보서와 유사한 고린도후서 10-13장에 자랑의 주제가 집중적으로 나타난다. 이는 자랑이 빌립보서에서도 바울이 대적자들의 태도를 강하게 의식하고 쓰는 단어일 가능성을 높여준다. 3장에서 바울이 집중공격하는 "육체를 신뢰"하는 자들, 또 "내가 이미 얻었다 함도 아니요 온전히 이루었다 함도 아니라"(3:12) 할 때 바울이 염두에 두고 있는 것도 자랑하는 자들이다.

　　자랑에 대한 바울의 원칙은 "자랑하는 자는 주 안에서 자랑하라 함과 같게 하려 함이라"(고전 1:31)로 집약될 수 있다. 그 원칙은 본 절에 그대로 적용되고 있다. 자랑의 대상, 혹은 자랑의 영역은 그리스도 예수이다. 바울은 빌립보 교인들이 그리스도 안에서 자랑할

수 있도록 섬기는 사람이다. "나로 말미암아" 곧 "나의 방문으로 말미암아"(내가 다시 너희와 같이 있음으로) 그들의 자랑이 넘치기를 원한다는 말이다. 여기서 자랑은 '자랑스러운 확신'의 의미로 이해할 수도 있다. 어떤 인간을 자랑한다거나 성취를 내세우는 것이 아니라, 그리스도 안에서 성도들이 이미 얻은 영광과 미래의 소망에 대한 확신이 넘치는 것이 자랑이라는 말에 핵심으로 자리 잡고 있다는 것이다.

심층연구—바울의 스페인 방문 계획과 빌립보서

바울은 로마서를 쓰면서 로마 교회의 지원을 받아 스페인 선교를 갈 계획을 밝힌 바 있다(롬 15:23). 그러나 빌립보서에서는 서쪽에 있는 스페인이 아니라, 다시 동쪽에 있는 빌립보로 돌아갈 의향을 밝히고 있다(1:25). 이 언급은 몇 명 학자들에 의해 빌립보서의 로마 저작설을 반대하는 근거로 사용되기도 했다. 만약 바울이 빌립보서를 에베소 감옥에서 썼다면, 그 후에 빌립보를 방문한 것은 다른 증거와도 잘 들어맞는다(고후 1:12-24; 행 20:1-5). 그러나 에베소 감옥설은 전술한 바와 같이 바울의 로마 시민권 소유와 양립할 수 없으며, 바울이 자신의 죽음의 가능성을 진지하게 고려하고 있는 상황과도 어울리지 않는다. 성경 어디에도 바울이 에베소에 투옥되었다는 사실이 구체적으로 언급되지 않는다는 것도 에베소서의 약점이다.

빌립보서의 로마 저작설은 전통적인 견해이기도 하고, 여전히 학계의 다수의견이기도 하다. 그러면 우리는 바울의 빌립보 방문 계획과 로마 저작설을 어떻게 조화시킬 수 있을 것인가? 무엇보다 바울의 스페인 방문 계획은 계획일 뿐이라는 점을 염두에 두어야 한다. 바울이 고린도후서를 써야 했던 것은 애초에 밝힌 대로 고린도 방문 계획을 실행에 옮기지 못했기 때문이다(고후 1:15-17). 바울 서신과 사도행전에서 바울의 행로는 뜻하지 않게 흘러간 적이 더욱 많았다(예. 행 16:6-7; 롬 15:22). 디모데전서 3장 14-15절에서 바울은 이 서신의 집필 동기를 이렇게 말한다. "내가 속히 네게 가기를 바라나 이것을 네게 쓰는 것은 만일 내가 지체하면 너로 하여금 하나님의 집에서 어떻게 행하여야 할지를 알게 하려 함이니." 바울에게 있어서 여행계획 변경은 변수가 아니라 오히려 상수에 가까웠다.

로마서를 쓰면서 바울은 집필의 한 동기를 이렇게 말한다. "이제는 이 지방에 일할 곳이 없고 또 여러 해 전부터 언제든지 서바나로 갈 때에 너희에게 가기를 바라고 있었으니, 이는 지나가는 길에 너희를 보고 먼저 너희와 사귐으로 얼마간 기쁨을 가진 후에 너희가 그리로 보내 주기를(프로펨포) 바람이라"(롬 15:23-24). 여기서 쓰인 동사 '프로펨포'는 재정을 포함한 지원을 하며 파송한다는 뜻으로 쓰였다. 한 선교사가 편지로 자신을 어떤 교회에 소개하고, 자신을 파송해 줄 것을 요청하는 내용이라 할 수 있겠다. 그렇다면 우리는 바울이 로마 교회의 스페인 선교 지원을 희망했다는 사실과 실지로 로마 교회가 흔쾌히 지원을 결정했다는 사실을 구분할 수 있어야 한다. 사실 로마서를 쓸 당시 바울은 자신이 예루살렘을 거쳐서 무사히 로마에 당도할 수 있을 지조차 자신할 수 없는 상황이었다(롬 15:30-33; 참조 행 21장과 이후에 이어지는 사건들).

로마 교회가 바울의 스페인 선교 지원을 결정했다는 근거는 없다. 그러나 그 반대의 정황증거는 충분하다. 빌립보서 2장 19-21절에서 바울은 이렇게 말한다. "내가 디모데를 속히 너희에게 보내기를 주 안에서 바람은 너희의 사정을 앎으로 안위를 받으려 함이니, 이는 뜻을 같이하여 너희 사정을 진실히 생각할 자가 이밖에 내게 없음이라 그들이 다 자기 일을 구하고 그리스도 예수의 일을 구하지 아니하되." 바울이 투옥되어 있는 도시에서 바울의 사역을 적극 지원하는 이들이 거의 없었다는 말이다. 빌립보 교인들이 그 멀리서 바울의 감옥생활 지원금을 보내와야 했다는 사실 또한 로마 교회의 바울에 대한 지원이 시원치 않았다는 방증이 될 것이다. 그런 상황이었다면 스페인이라는 먼 길까지 가는 경비는 더욱 기대하기 어려웠을 것이다.

디모데후서 4장에 나타난 바울 생애 마지막 상황에 대한 묘사 역시 로마 교회가 바울을 든든하게 지원했으리라는 가능성을 희박하게 한다. 바울 주위의 대다수의 동역자들이 바울을 버리고 떠나갔고, 바울은 외로운 상태에 있다(딤후 4:6-18). 바울은 스페인으로 가고 싶어도 못 가는 상황에 놓여 있었던 것 같다. 로마에 있는 그리스도인들과 교제하고 그들의 지원으로 스페인으로 가겠다는, 로마서를 쓸 때의 바울의 계획은 아무래도 실패로 돌아간 듯하다.

물론 경제적인 이유가 바울이 스페인 선교를 포기 혹은 연기한 이유의 전부는 아닐 수 있다. 바울의 선교 계획은 로마를 기준으로 동방 지역, 특히 마케도니아, 아가야, 소아시아 등의 선교를 공고히 한 다음에 이 지역을 기반으로, 로마를 새로운 센터로 하여, 스페인까지 포괄하는 큰 그림이었다. 이 큰 프로젝트의 중요한 기반은 동방의 교회들의 안정과 바울에 대한 지지, 그리고 예루살렘 교회와의 협력관계였다. 그러나 로마서를 쓴 이후, 예루살렘에서의 적대적 세력에 의한 반대와 가이사랴에서의 긴 투옥을 거쳤고, 로마에서의 반응도 그렇게 호의적이지만은 않았던 상태였다. 그 와중에 동방에서 자신이 개척한 교회들의 기반도 그렇게 공고하지 않음을 깨닫게 된 것 같다. 빌립보 교회는 동방의 교회들 중에서 예외적으로 바울의 투옥생활을 위한 지원을 보내온 교회였는데, 그마저도 긴 무관심의 시기, 바울과 관계가 소원했던 시기가 있었다(4장 10절에 대한 해설 참조). 다른 교회들과 바울의 관계는 더욱 소원해졌던 것으로 보인다. 빌립보 교회는 바울에게 가장 호의적인 교회였음에도 그들도 내적 분쟁에 시달리고 있었고, "십자가의 원수로 행하는 이들" 때문에 바울이 눈물을 흘리며 권면해야 하는(3:18), 여러 모로 심각한 상태에 놓여 있었던 것으로 보인다. 빌립보 교회의 상태에 대해서는 2장 주해에서 자세히 살펴볼 것이다. 어쨌거나 바울은 스페인 쪽으로 서방선교를 확장하는 것보다, 다시 동방으로 돌아가서 기반을 공고히 하는 것이 필요하다고 파악했던 것 같다.

그렇다면 바울은 빌립보서를 쓰면서 쓰라린 실패를 경험하고 있으며 이에 따라 자신의 원대한 계획을 근본부터 수정해야 했던, 고통스러운 시간을 보내고 있었을 것이다. 그럼에도 이 편지가 기쁨에 넘치며, 자신이 당한 일이 복음의 진보가 되었음을 고백하고 있는 것은 놀랍다. 빌립보 재방문 계획은 바울로서는 필생의 선교계획을 대폭 수정해야 했던 뼈아픈 결정이었다. 그러나 하나님은 이 간절한 바람조차 허용하지 않으셨고, 바울은 로마에서 순교해야 했다. 인간 바울의 계획은 이렇게 처절히 어긋났지만, 하나님은 그 바울을 가장 긴요하게 쓰는 방법을 알고 계셨다. 스페인으로 가지 못한 바울, 로마 교회의 압도적 지지를 얻는 데 실패한 바울, 빌립보 재방문의 소박한 꿈조차 이루지 못한 바울이지만, 하나님은 바울의 어떤 계획이나 그림보다 더 크게 바울을 쓰셨다. 그가 마침내 기독 교회의 신학적 기초를 놓은 위대한 사도가 된 것을 보면서 우리는 하나님의 지혜 앞에 고개를 숙이며 찬양하지 않을 수 없다.

묵상과 나눔을 위한 질문

1. 12절은 인사와 감사 기도가 끝난 뒤 본격적으로 시작되는 본문의 첫 문장입니다. 바울이 당했던 고난과 어려운 처지가 오히려 복음의 진보가 되었다는 사실을 알리는 것이 빌립보서를 쓴 중요한 이유라는 말입니다. 우리의 삶은 단순히 우리에게 일어난 일로 구성되어 있지 않습니다. 나에게 일어난 일을 내가 어떻게 해석하고, 어떻게 반응하는가가 진정한 나의 삶입니다. 이런 점에서 오늘 바울로부터 배울 점은 무엇이라고 생각합니까?

2. "시위대"(13절)는 로마 제국의 최고 엘리트 군대였고, 로마의 권력의 중추였습니다. 바로 그곳에서 예수를 위해 사는 바울의 삶이 "나타났다"는 것은 바울이란 한 사람을 매개로 드러나는 복음의 능력을 증명해 주는 것입니다. 우리는 바울처럼 옥중에 있지 않지만, 복음에 적대적인 문화에 둘러싸여 살아간다는 점에서 비슷한 점이 있습니다. 어떻게 하면 우리의 삶을 통하여 그리스도가 드러날 수 있을지 묵상해 봅시다.

3. 편지는 쓰는 이와 받는 이의 상호작용입니다. 그러나 바울의 편지에서는 하나님이 전 과정에 개입되어 있는 것이 확연히 나타납니다. 기도하고 쓰고, 쓰면서 기도하고, 상대방 때문에 하나님께 감사하고, 떠오르는 문제와 고민을 하나님께 의탁하는 과정이었습니다. "쉬지 말고 기도하라"(살전 5:17)고 말한 바울에게 주님의 이름으로 편지를 쓰는 과정은 그 자체가 기도였을 것입니다. 이러한 통찰은 오늘 성경을 읽는 우리에게 어떤 도전을 줍니까?

4. 죽음을 앞에 두고도 담담한 바울의 모습은 소크라테스의 예와 비슷한 면이 있습니다. 그러나 다른 점도 분명합니다. 죽어 가는 모습 자체를 영웅적 투쟁의 모범으로 보는 그리스-로마의 견해와 바울의 입장은 어떻게 다릅니까?

5. 시기와 분쟁을 일삼는 사역자들의 문제는 바울 시대에도 큰 어려움이었습니다. 그들의 그릇된 동기에도 불구하고 하나님이 그들을 사용하시기도 한다는 것은 사실입니다. 오늘날에도 여러 가지로 부적절한 교회 지도자들의 모습이 많이 보이는 것은 안타까운 일입니다. 그러나 그런 사람들의 존재가 바울의 기쁨을 빼앗지는 못했습니다. 우리는 현실교회의 일그러진 모습을 보고 마음 아파하면서, 우리의 마음이 황폐화되고 매사에 부정적이고 비판적이 되는 경험을 하기도 합니다. 이런 우리에게 바울의 "기뻐하고 또 기뻐하리라"(18절)는 말은 이런 문제로 고민하고 있는 우리에게 어떤 교훈을 줍니까?

6. 로마 감옥에 있는 바울은 자신이 석방되면 다시 빌립보로 가서 성도들을 만날 소망을 드러냅니다. 스페인 선교는 포기해야 했던 상황으로 보입니다. 바울이 로마에서 순교했다는 사실을 감안하면, 석방되어 빌립보로 가서 그 지역 교회들을 든든히 세우겠다는 소박한 소망도 이루어지지 못한 것으로 보입니다. 자신의 뜻대로 되지 않은 바울의 삶은 하나님의 섭리라는 점에서 어떤 지혜를 전해 줍니까?

4

복음의 시민으로 살라

빌 1:27-2:18

27 오직 너희는 그리스도의 복음에 합당하게 생활하라 이는 내가 너희에게 가 보나 떠나 있으나 너희가 한마음으로 서서 한 뜻으로 복음의 신앙을 위하여 협력하는 것과 28 무슨 일에든지 대적하는 자들 때문에 두려워하지 아니하는 이 일을 듣고자 함이라 이것이 그들에게는 멸망의 증거요 너희에게는 구원의 증거니 이는 하나님께로부터 난 것이라 29 그리스도를 위하여 너희에게 은혜를 주신 것은 다만 그를 믿을 뿐 아니라 또한 그를 위하여 고난도 받게 하려 하심이라 30 너희에게도 그와 같은 싸움이 있으니 너희가 내 안에서 본 바요 이제도 내 안에서 듣는 바니라 1 그러므로 그리스도 안에 무슨 권면이나 사랑의 무슨 위로나 성령의 무슨 교제나 긍휼이나 자비가 있거든 2 마음을 같이하여 같은 사랑을 가지고 뜻을 합하며 한마음을 품어 3 아무 일에든지 다툼이나 허영으로 하지 말고 오직 겸손한 마음으로 각각 자기보다 남을 낫게 여기고 4 각각 자기 일을 돌볼뿐더러 또한 각각 다른 사람들의 일을 돌보아 나의 기쁨을 충만하게 하라 5 너희 안에 이 마음을 품으라 곧 그

리스도 예수의 마음이니 6그는 근본 하나님의 본체시나 하나님과
동등됨을 취할 것으로 여기지 아니하시고 7오히려 자기를 비워 종
의 형체를 가지사 사람들과 같이 되셨고 8사람의 모양으로 나타나
사 자기를 낮추시고 죽기까지 복종하셨으니 곧 십자가에 죽으심이
라 9이러므로 하나님이 그를 지극히 높여 모든 이름 위에 뛰어난
이름을 주사 10하늘에 있는 자들과 땅에 있는 자들과 땅 아래에
있는 자들로 모든 무릎을 예수의 이름에 꿇게 하시고 11모든 입으
로 예수 그리스도를 주라 시인하여 하나님 아버지께 영광을 돌리
게 하셨느니라 12그러므로 나의 사랑하는 자들아 너희가 나 있을
때뿐 아니라 더욱 지금 나 없을 때에도 항상 복종하여 두렵고 떨림
으로 너희 구원을 이루라 13너희 안에서 행하시는 이는 하나님이
시니 자기의 기쁘신 뜻을 위하여 너희에게 소원을 두고 행하게 하
시나니 14모든 일을 원망과 시비가 없이 하라 15이는 너희가 흠이
없고 순전하여 어그러지고 거스르는 세대 가운데서 하나님의 흠
없는 자녀로 세상에서 그들 가운데 빛들로 나타내며 16생명의 말
씀을 밝혀 나의 달음질이 헛되지 아니하고 수고도 헛되지 아니함
으로 그리스도의 날에 내가 자랑할 것이 있게 하려 함이라 17만일
너희 믿음의 제물과 섬김 위에 내가 나를 전제로 드릴지라도 나는
기뻐하고 너희 무리와 함께 기뻐하리니 18이와 같이 너희도 기뻐
하고 나와 함께 기뻐하라

1. 대적에 맞서 같은 생각으로 굳세게 설 것을 권함(1:27-30)

27오직 너희는 그리스도의 복음에 합당하게 생활하라 이는 내가
너희에게 가 보나 떠나 있으나 너희가 한마음으로 서서 한 뜻으로
복음의 신앙을 위하여 협력하는 것과

빌립보서 전체의 주제라고 할 수 있는 대목이다. 바울은 복음이라

는 폴리스의 시민에 걸맞은 생활을 독자들에게 주문하고 있다(1:27). 본 대목은 군사적 용어들로 강한 긴장을 창출하고 있다. 믿음은 투쟁이기 때문이다. 바울은 26절까지 말해 온 자신의 신앙의 투쟁과 독자들의 투쟁이 본질상 같은 것임을 천명한다(1:30). 이어서 공동체 내에서 일치를 권면하고(2:1-4), 이는 그리스도를 본받음으로써 가능함을 역설한다(2:5-11). 이어서 공동체를 향한 구체적인 권면과 자신의 헌신을 연결하여 독자들과 자신을 하나로 묶어 세운다(2:12-17).

　　"오직"(27절)이라는 말은 지금까지 바울이 말한바 자신의 재판이 어떻게 되는가와 별개로, 곧 '석방이 되어서 그들의 신앙을 눈으로 보든지, 혹은 함께하지 못하는 상태에서 그들의 신앙에 대해서 귀로 듣게 되든지 그것과 상관없이'라는 말이다. 바울이 함께 하든 못하든 바울이 바라는 바, 그들이 행해야 하는 바는 동일하다는 것이다.

　　"생활하라"가 단지 '행한다', '행동한다'는 뜻이라면 바울이 자주 쓰는 용어인 '페리파테오'(행하다. 3:17, 18. 이 단어의 용례에 대해서는 해당 절의 주해를 참조)를 기대하는 것이 자연스럽다. 그러나 여기서는 '폴리튜오마이'라는 특별한 단어를 쓰고 있다. 고대 그리스의 도시국가를 의미하는 단어 폴리스에서 파생된 동사로 '폴리스의 일원으로 살다', '정치에 참여하다' 등의 의미를 갖는다. 시민들의 결사체인 에클레시아의 일원으로 정치참여를 말하는 것이 고전적인 예이다. 에클레시아는 기독교 교회를 가리키는 단어로 채택되었기 때문에, 이 단어가 초기 그리스도인들의 교회 이해와 갖는 관련성 또한 흥미로운 주제이다. 빌립보서 3장 20절에서 "우리의 시민권은 하늘에"있다고 할 때 폴리튜마라는 단어를 쓰고 있는데, 이 역시 폴리스에서 파생된 단어이다.

　　그리스도인들의 참 정부(폴리튜마), 국적은 하늘에 있다는 3장 20절과 본 절의 시민으로 살라(폴리튜오마이)를 연결해서 해석하면, 이 땅 로마의 식민지인 빌립보에 살지만 하늘의 식민지에 살아가는 것처럼 그렇게 살라는 말이다.

핸선은 그의 주석에서 이를 "as citizens of heaven live in a manner worthy of the gospel of Christ"로 번역한다. 오브라이언의 주석도 같은 번역을 내놓고 있다. 27절 원문에는 하늘이라는 말은 없지만 3장 20절과 빌립보서의 신학적 구도를 감안하면 좋은 번역이다. 우리말로는 '천국 시민으로 복음에 합당하게 살라' 정도로 옮길 수 있겠다.

이 말의 의미는 구체적으로 무엇일까? 그리스도인들이 로마제국의 식민지인 빌립보의 법과 생활양식을 모범적으로 따라야 한다는 말이라는 보수적 견해에서부터[1] 로마와는 완전히 다른 폴리스에 대한 충성 곧 반로마적 태도를 선동하고 있다는 급진적 견해까지[2] 다양한 해석이 있어 왔다. 핸선은 그의 주석에서 브루스 윈터의 주장을 그대로 수용하여 바울이 "빌립보의 좋은 시민으로서, 그리고 하늘의 좋은 시민으로서"의 삶을 일치시키는 "이중 국적"(dual citizenship) 이해를 가지고 있다고 주장한다(Hansen, 95). 그러나 3장 20절에서 "그러나 우리의 폴리튜마는 하늘에 있는지라 거기로부터 구원하는 자 곧 주 예수 그리스도를 기다리노니"라는 말은, 군사적으로 포위되어 있는 한 폴리스가 본국에서 구원자(소테르)인 장군이 오기를 기다린다는 군사적 이미지로 읽을 수 있다. 그럴 경우 하늘과 이 땅의 교회라는 폴리스의 강력한 연대가 종말론적인 비전에 의해서 규정되는 구도가 된다. 이때 교회라는 폴리스는 이 땅의 폴리스, 구체적으로는 로마의 식민지인 빌립보와는 날카로운 대립을 이루게 된다. "어그러지고 거스르는 세대 가운데서 하나님의 흠 없는 자녀로 세상에서 그들 가운데 빛들로 나타내며"(2:15) 역시 바깥 사회와 날카로운 대조를 보이고 있다.

바울이 말하는 로마의 시민권과 하늘의 시민권을 부담 없는 연속성에서 파악하기는 어렵다. 물론 이런 대립의 구도를 바울이 반로마적 저항을 부추기고 있는 것으로 성급하게 해석해서도 안 된다. 김세윤은 이 구절을 "교회 안의 정치가 복음에 합당하게 꾸려져야 한다"(김세윤, 68)고 해석한다. 중요한 적용이기는 하나, 충분하지는 않다. 본 절은 교회 안의 정치를 포함하여 신자의 삶의 전 영역이 그리스도의 통치권, 2장 4-11절에 나타나는 대로 그리스도 앞에 무릎을 꿇으며, 그를 주로 고백하는 새창조의 현실에 걸맞게 살아가야 함을 나타내는, 우주론적 이해를 정치적 용어로 표현한 것이라 볼 수 있다.

빌립보서 1장 1절에서부터 "그리스도 안"이라는 존재 규정이 중요하게 등장했다. 그리스도 안이라는 의미를 세속 폴리스와 제국이라는 유비를 통해서 본다면, 신앙생활이란 그리스도께서 주권자가 되신, 하늘과 땅을 함께 통괄하는 그 나라의 백성으로 살아가는 것이다. 폴리스마다 그에 맞는 삶의 양식이 있듯이 복음으로 인해 생긴 폴리스의 시민들은 하늘에 속한 삶의 양식으로 이 땅을 살아가야 한다. 이러한 삶을 가능하게 하는 것은 강력한 종말론적 소망이다. 이 삶은 내적으로는 그리스도에 대한 충성으로, 공동체 내의 강한 연대감으로, 외적으로는 윤리적 차별성으로 드러난다. 이러한 차별성을 뒷받침하는 증거는 본문에 나타난 강력한 군사적 용어들이다.

"한마음으로 서서"에서 "서서"는 '스테케테'이다. '히스테미'의 완료시제 명령형으로서 '굳게 서서'라는 의미이다. 흔들리는 상황에서 선 자리를 굳건하게 유지한다는 의미, 요동하거나 밀릴 수 있는 상황에 적극적으로 저항한다는 의미가 강하다. 군사적으로 대오를 지켜 낸다는 맥락에서 자주 사용되는 단어이다. 30절의 "같은 싸움", 28절의 "대적하는 자로 두려워하지 아니하는" 등의 표현은 이 단락이 강력한 전투 혹은 투쟁의 분위기를 강조하고 있음을 분명히 보여 준다.

이러한 전투 용어들은 본 단락의 폴리스의 이미지를 다시 돌아보게 만든다. 호머 시대 이래로 폴리스의 가장 중요한 기능은 전쟁이었고, 시민의 첫 번째 임무도 전쟁에 나가는 것이었고, 가장 높은 영예는 늘 전사의 것이었다. 영화 〈300〉에 나오는 스파르타를 생각하면 폴리스의 정치구조와 문화가 얼마나 전쟁 중심으로 형성되어 왔는가 알 수 있다. 시민의 정치결사체인 에클레시아는 본래 폴리스를 지키는 전사들의 회합에서 시작되었다. 물론 현실정치에서 폴리스의 군사적 기능은 로마 제국 시대에 들어오면서 현저히 약화되었지만, 폴리스라는 단어에 부착된 군사적 이미지는 해체되지 않고 있었다. 폴리스는 추상적인 언어로 고담준론을 펴는 곳이 아니라, 전사들이 목숨을 걸고 자신들의 폴리스를 지키고자 하는 정신을 모으고 벼리는 곳이었다. 한마음으로 단일대오를 형성할 수 있어야 한다는 점에서 그리스의 폴리스에 내재되어 있는 문화적 유전자와 바울이 강조하는 교회의 군사적 이미지는 상통하고 있다.

> 28 무슨 일에든지 대적하는 자들 때문에 두려워하지 아니하는 이 일을 듣고자 함이라 이것이 그들에게는 멸망의 증거요 너희에게 는 구원의 증거니 이는 하나님께로부터 난 것이라

"대적하는 자들"이 누구인가 또한 많은 논란이 있었던 문제이다. 크게는 기독교회 내부의 대적인가, 외부의 대적인가 하는 점에서 의견이 나뉜다. 3장에 나타난 그리스도인 공동체 내에서의 "원수"(3:18)를 3장 초반부에 나타난 대로 유대주의자들의 핍박으로 보는 견해가 있으나, 당시 빌립보 지역에 주목할 만한 유대인 인구가 없었던 것으로 보이기 때문에 가능성이 높지 않다고 보아야 한다. 황제숭배 때문에 생긴 갈등을 강조하는 의견도 있으나, 당시에 황제숭배가 그렇게 조직적으로 강요되었다는 증거 역시 부족하다. 어떤 이유든 이 시점에서 정부가 공식적으로 그리스도인을 탄압한 것 같지는 않다. 가장 유력한 견해는 같은 마케도니아 지역인 데살로니가 교회가 당한 고난에서 유추해 보는 것이다. "형제들아 너희가 그리스도 예수 안에서 유대에 있는 하나님의 교회들을 본받은 자 되었으니 그들이 유대인들에게 고난을 받음과 같이 너희도 너희 동족에게서 동일한 고난을 받았느니라"(살전 2:14). 정부 차원의 조직적이고 공적인 박해라기보다는, 그리스도인들이 형성한 새로운 그룹이 사

회적으로 주목을 받고, 기존의 사회적 관계와 긴장을 일으키는 것으로 여겨져, 민간차원에서 소외되고 괴롭힘을 당했을 가능성이 크다(참조 벧전 4:3-4). 이 소외는 무엇보다 경제적인 손해도 함께 감수해야 하는 압력으로 그리스도인들에게 작용했다. 교회 내부에 대적이 있었다면 이런 외적인 핍박자들과 타협하는 사람들이었을 수 있다. 3장 18절에 나오는 "십자가의 원수들"이 그런 이들이었음을 아래에서 보게 될 것이다. 결국 본 절의 "대적하는 자들"은 외적인 대적, 내적인 대적을 연결하여 하나로 묶어 공격하는 바울의 구도 속에서 이해할 수 있다.

바울서신에는 로마권력은 물론, 민간의 박해자에 대해서도 대항하라는 암시가 없다. 중요한 것은 대적자와 관계없이 우리에게 주어진 길을 가는 것이다. 대적자가 가공할 힘을 갖고 있고, 그 힘의 작용이 빌립보 교인들의 삶에 실질적인 영향을 끼치는 것처럼 보인다고 해도, 두려워하지 않아야 한다(28절). 바울은 그들이 대적들을 두려워하지 않는다는 사실을 듣기를 원한다고 말한다. 그리고 30절에서는 바울 자신과 빌립보 교인들에게 본질적으로 같은 "싸움"이 있다고 강조한다. 바울은 지금 감옥에 있으면서 재판을 기다리고 있는 상태이지만, 사형을 두려워하지 않고 자신의 삶으로 그리스도를 높이는 일에만 마음을 쏟고 있다. 빌립보 교인들이 같은 마음을 가진다면 그들 역시 대적하는 자들을 두려워하지 않게 될 것이다. 서로가 대적을 두려워하지 않고 그리스도인다운 삶을 살고 있다는 소식을 전해 '듣는 것'이 서로의 확신을 강화하고, 격려하여 세워 줄 것이다.

모든 그리스도인들은 이렇게 신비한 방식으로 서로 연결되어 있다. 우리가 교회에 모여서 예배할 때 후원하는 선교사님들이 극도로 어려운 상황 속에서도 인내하며 주의 일을 하는 것을 '들을 때' 마음의 감동을 받을 뿐 아니라, 우리 삶에서 처한 도전을 이겨 낼 힘을 얻는 것도 같은 이치이다. 극도의 좌절감으로 드러누워 있던 엘리야에게 하나님은 "아직 바알에게 무릎 꿇지 않은 칠천"이 있음을 상기시켜 주셨다(왕상 19:18). 나는 낙심하여 드러누울지라도 하나님은 여전히 누군가를 통해서 일하고 계신다.

28절 하반절에서는 "이것이 그들에게는 멸망의 증거요 너희에게는 구원의 증거"라고 한다. "이것"은 27절 하반절과 28절 상반절의 내용, 즉 빌립보 교인들이 한마음 한뜻으로 복음의 신앙을 위하여 협력하는 것과, 대적들을 두려워하지 않는 것을 말한다. 그들이 이렇게 할 수 있는 것은 "하나님께로부터 난 것", 곧 하나님이 은혜를 주셔서 가능해진 일이다. 빌립보 교인들의 협력과 두려워하지 않음은 하나님이 그들을 위하여 일하고 계시다는 증거이다. 그러므로 염려할 필요가 없다. "만일 하나님이 우리를 위하시면 누가 우리를 대적하리요"(롬 8:31). 하나님의 일하심이 지금은 희미하게 보이나, 머지않아 밝히 드러날 것이다. 그런 면에서 "증거"라고 번역된 단어 '엔데익시스'는 징조, 혹은 전조(omen, 참조 Fee, 169)라고 번역하는 것이 옳다. 증거는 실증적·논리적으로 명확한 근거라는 어감이 강하지만, 징조는 앞으로 다가올 일을 보여 주는 실마리로서 때로 지혜와 상상력이 요구된다는 점에서 다르다.

동일한 사건이 어떤 사람에게는 멸망의 징조가, 다른 이에게는 구원의 징조가 된다는 논리는 고린도후서에서도 비슷하게 등장한다. "이 사람에게는 사망으로부터 사망에 이르는 냄새요 저 사람에게는 생명으로부터 생명에 이르는 냄새라"(고후 2:16).

29그리스도를 위하여 너희에게 은혜를 주신 것은 다만 그를 믿을 뿐 아니라 또한 그를 위하여 고난도 받게 하려 하심이라

29절은 '왜냐하면 그리스도를 위하여 여러분에게 은혜로 주어진 것에는 그를 믿는 것뿐만이 아니라, 그를 위해서 고난받는 것도 있기 때문입니다'라는 뜻이다. 믿음은 하나님이 주신 선물이다. 그렇다면 그를 위해서 고난받는 것도 내 뜻대로, 내 능력으로 할 수 있는 것이 아니라 하나님께서 은혜로 주셨기 때문에 가능한 일이라

는 말이다.

> 30 너희에게도 그와 같은 싸움이 있으니 너희가 내 안에서 본 바요
> 이제도 내 안에서 듣는 바니라

30절에서 같은 "싸움"이 있다고 할 때 '싸움'은 일차적으로 운동경기 내 경쟁을 말하지만, 일반적인 의미에서 투쟁, 분투 등에 쓰이기도 하는 단어이다. 빌립보 교인들이 당했던 고난, 분투해야 했던 어려움은 무엇이었을까? 전술한 바와 같이(28절) 정부의 조직적인 박해는 아니었다. 주위 사람들로부터 시기를 받고 소외당하는 사회적 갈등이 주요인이었을 것이다. 물론 그중에는 폭력을 행사하는 경우도 있었을 것이고, 재판정으로 끌고 가는 일도 있었을 것이다(참조 행 18:12-17; 19:23-41). 피터 오크스는 빌립보 교인들이 당한 고난을 주로 경제적인 측면에서 찾는다. 당시 사회는 경제활동을 위한 동종 조합 네트워크 중심으로 이루어졌는데, 그 대부분이 특정 신을 섬기는 종교 조합이기도 했다. 그리스도인이 된 이들에게는 당연히 참여하기 힘든 우상숭배였다. 또 당시의 가게나 공장 등 사업체에는 의례히 신들의 형상을 안치해 놓았는데, 그리스도를 믿는 이들은 이전에 섬기던 우상을 제거했을 것이다. 이런 행위들은 이웃들에게 불쾌감을 주었을 것이고, 사업에 적잖은 지장을 초래했을 것이다.[3] 사도행전은 기독교의 선교가 지중해 세계 도시들의 종교세계뿐 아니라, 경제계와 상당한 갈등을 유발했음을 보여 준다. 바울이 빌립보에서 감옥에 간힌 것도 점치는 노예 소녀에게서 귀신을 쫓아내었기 때문에, 그 경제적인 손실을 이유로 고소당한 건이었다(행 16:19-24; 참조 김덕기, 150). 이 사건은 경제적인 동기가 주요인이 된 사회적 갈등이 빌립보 교회가 당면해야 했던 싸움의 성격을 보여 준다는 대표적 삽화로서 이해될 수 있다. 사도바울은 마케도니아 교회들이 극심한 가난 상태에 있었다고 말한다(고후 8:2). 그리스도교 신앙을 갖게 되면서, 그들이 기존의 사회관계와 거리를 두었기 때문

에 경제적인 상황은 더 악화되었을 것이다. 그러는 가운데 바울을 위해서 헌금을 보내 왔다면, 그들의 빠듯한 살림에서는 감당하기 쉽지 않은 출혈이었을 것이다. 바울은 이 헌금을 받고 "나의 매임과 복음을 변명함과 확정함에 너희가 다 나와 함께 참여한 자가" 되었다고 해석했다(1:7). 이렇게 보면 그리스도를 믿기 때문에 감내해야 했던 사회적 소외와 경제적 손실이 그들의 고난이었으며, 바울에게 헌금을 보내기 위해서 더 허리띠를 졸라 매야 했던 것은 그들이 구체적으로 바울과 같은 싸움을 하고 있다는 표식이었다.

지금 바울은 그리스도를 위하여 긴 투옥을 경험하고 있으며, 순교할지도 모르는 상황에 있다. 고린도후서 11장에서 말한바 "사십에서 하나 감한 매를 다섯 번" 맞는 등의, 말로 다할 수 없는 고난을 감안하면 빌립보 교인들이 경험하는 어려움과는 차원이 다르다고 말하는 것이 옳을 것이다. 그러나 바울은 "같은 싸움"이라고 한다. 이 표현은 한편으로는 바울의 겸손이며, 또 한편으로는 빌립보 교인들의 헌신을 바울과 같은 급으로 격상시키려는 시도이다. 할 수만 있으면 성도들의 헌신을 격려하고 칭찬하고, 최대한의 의미를 부여해서 영적 발돋움을 도우는 바울의 목회전략이다. 2장 17절에서도 "너희 믿음의 제물과 섬김 위에 내가 나를 전제로 드릴지라도"라며 자신의 순교와 헌금을 보내온 빌립보 교인들의 헌신을 하나의 제물로 묶어 놓고 있다. 이러한 고난의 연대가 빌립보서 전체에 수사적 전략을 결정하는 심층적 논리구조이며, 바울 목회의 본질이 여실히 드러나는 대목이다.

"너희가 내 안에서 본 바요"(과거시제)는 바울이 빌립보에서 사역할 때 보였던 모범을 말하며, "이제도 내 안에서 듣는 바니라"(현재시제)는 말은 편지가 당도하여 빌립보 교인들 앞에서 읽히는 장면을 상상하면서 그 시점을 기준으로 현재형으로 쓰고 있는 말이다. 이 현재는 바울의 관점에서는 미래일 수도 있다. 바울의 삶이 일관되게 그리스도를 위하여 헌신되어 있다는 자긍심이 묻어나기도 하고, 미래에도 그럴 것이라는 다짐이 보이기도 한다. 빌립보 교인들을 위해서도 바울은 올곧은 삶을 살아야 한다. 이런 말이 있다. "부모 된 사람들의 가장 큰 어리석음은 자식을 자랑거리로 만들고자 함이다. 부모 된 사람들의 가장 큰 지혜로움은 자신들의 삶이 자식들의 자랑거리가 되게 하는 것이다." 신앙적인 관계에서도 마찬가지이다. 말씀을 전하는 이들, 먼저 믿은 이들은 예수 믿는 것이 무엇인지를 자신의 삶으로 후배들에게 보여 주어야 한다. 바울은 이를 위해 최선을 다했다. 그리고 이렇게 말할 수 있었다. "형제들아 너희는 함께 나를 본받으라 그리고 너희가 우리를 본받은 것처럼 그와 같이 행하는 자들을 눈여겨보라"(3:17).

2. 겸손하게 같은 생각으로 (2:1-4)

1 그러므로 그리스도 안에 무슨 권면이나 사랑의 무슨 위로나 성령의 무슨 교제나 긍휼이나 자비가 있거든 2 마음을 같이하여 같은 사랑을 가지고 뜻을 합하며 한마음을 품어 3 아무 일에든지 다툼이나 허영으로 하지 말고 오직 겸손한 마음으로 각각 자기보다 남을 낫게 여기고 4 각각 자기 일을 돌볼뿐더러 또한 각각 다른 사람들의 일을 돌보아 나의 기쁨을 충만하게 하라

2장 1-4절은 전체가 한 문장이다. 중심구는 "나의 기쁨을 충만하게 하라"이다. 이 표현이 개역개정에서는 4절에 나오는데, 원문에서는 2절에 등장한다. 이 문장은 우리말 어순과 원어의 어순이 완전히 다른, 복잡한 문장이다. 아래와 같이 도해해 볼 수 있다.

조건절
1) 그리스도 안에 무슨 권면이나
2) 사랑의 무슨 위로나
3) 성령의 무슨 교제나
4) 긍휼이나 자비가 있거든

귀결절(명령문)
1) 나의 기쁨을 충만하게 하라
2) 어떻게? 마음을 같이하여

부가설명
1) 같은 사랑을 가지고 뜻을 합하며 한마음을 품어
2) 부정적: 아무 일에든지 다툼이나 허영으로 하지 말고
   긍정적: 오직 겸손한 마음으로 각각 자기보다 남을 낫
   게 여기고
3) 각각 자기 일을 돌볼뿐더러 또한 각각 다른 사람들의 일
   을 돌봄으로

    고든 피는 앞의 세 조건절을 고린도후서 13장 13절의 축도
와 비교한다(Fee, 179). "주 예수 그리스도의 은혜와 하나님의 사랑과
성령의 교제(코이노니아)가"와 세 조건절이 상응한다는 것이다. 첫 번
째 조건절에는 그리스도가 나오고, 두 번째 조건절에서 하나님은
나오지 않지만 고린도후서의 축도에서 하나님과 연결되어 있던 사
랑이 나온다. 세 번째에는 축도문과 똑같이 "성령의 코이노니아"가
등장한다. 네 번째 조건절은 긍휼과 자비라는 두 속성이 이어서 등
장하고, 소유격에 해당하는 "~의"라는 수식어가 없다는 점에서 앞
의 세 조건절과는 다른 자격으로, 부가적으로 쓰인 것으로 본다. 따
라서 이 조건절이 삼위일체라는 내적구조를 갖고 있다는 피의 견해
는 상당한 설득력이 있다. 이는 바울서신들 아래에 있는 신학적 심
층구조를 추정가능하게 하며, 얼핏 보면 상이해 보이는 진술들이
그 저변에는 상당한 신학적 통일성을 갖추고 있다는 이해를 가능하
게 하는 일례이다.
    "그리스도 안에 무슨 권면"에서 "권면"이라 번역된 단어는
파라클레시스이다. 요한문서에서 보혜사를 뜻하는 파라클레이토
스(요한 14:16 외 다수)와 같은 어원의 단어이다. 권면이나 권고의 뜻으

로도 쓰이지만, 여기서는 '위로'나 '격려'로 보는 것이 옳다. 바울에게 있어서 그리스도는 권면보다는 위로의 주체이다. "그리스도의 고난이 우리에게 넘친 것같이 우리가 받는 위로(파라클레시스)도 그리스도로 말미암아 넘치는도다"(고후 1:5).

"사랑의 무슨 위로"(파라무시온)에서 파라무시온은 파라클레시스와 거의 동의어로 쓰인 것 같다(참조. Stahlim, TDNT 5:821). 성령의 교제, '코이노니아'는 위에서 살펴본 바와 같이 '교제'뿐 아니라, 존재론적인 합치, 구체적인 물질을 나누는 일, 서로의 삶과 공동의 사역에 참여하는 일 모두를 가리키는 포괄적이면서도 구체적인 행동을 내포하는 단어이다. 빌립보 교인들이 서로 삶을 나누고 경제적으로 가난한 이를 돕는 일, 바울을 위해서 헌금을 보내온 것까지를 포괄하는 단어이다. 1장 5절에서 바울이 빌립보 교인들의 코이노니아에 감사했고, 이 코이노니아는 편지를 쓰는 지금 기뻐하고 있는 이유이기도 하다(1:4). 그리스도를 통해서 받는 은혜, 하나님과의 교제, 하나님과의 친밀함 그리고 그 친밀함을 바탕으로 사람들 사이도 가까워지고, 서로 존중하며 하나 되는 역사가 일어나는 것 모두가 코이노니아이며, 이것이 성령에 의해서 가능했다는 것이 바울의 인식이다.

"긍휼"(스플랑크나) 역시 1장 8절에 "예수 그리스도의 심장으로"라고 할 때 '심장'으로 번역된, 가장 깊은 공감을 말하는 단어이며 '내장', 좁게는 대장 부분을 말한다. 복음서는 목자 없는 양들을 보신 예수님의 반응을 '스플랑크니조마이'라는 말로 표현하는데, '장이 끊어지는 아픔을 느끼셨다'는 생생한 표현이다. 바울의 이 어휘 사용이 예수 전승에 닿아 있음을 짐작하게 하는 대목이다.

"자비"(오이크티르모스)는 구약성경에서 하나님의 성품으로 자주 등장하는 단어이다. 바울의 어휘 사용과 신학은 자신의 것이 아닌, 구약성경과 예수전승을 충실히 이어받고 있음을 알 수 있다. 히브리어에서는 이 단어가 '레헴'인데, 여성의 자궁을 어원으로 한다. 태아를 품고 있는 엄마의 자궁, 그 근원적인 감정을 하나님의 성품으로 이해한 것이다. 성경이 하나님을 아버지라 부르지만, 이런 여성성이 강한 묘사를 자유롭게 사용함으로써, 어느 한 성(gender)에 국한되지 않는 분으로 이해하고 있다는 점 또한 중요하다.

긍휼과 자비는 골로새서 3장 12절에도 나란히 등장한다. "그러므로 너희는 하나님이 택하사 거룩하고 사랑받는 자처럼 긍휼과 자비와 겸손과 온유와 오래 참음을 옷 입고." 앞의 세 조건절과 이어서 생각해 보면, 삼위일체 하나님과 함께하는 은혜가 임한다면, 무엇보다 먼저 다른 사람들을 긍휼히 여기는 마음, 자비한 마음이 생긴다는 말이 된다. 골로새서에서 긍휼과 자비에 이어 겸손(타페이노프로쉬네)이 나오는데, 3절에서 "겸손한 마음"이라고 번역된 단어이다. 8절에서 그리스도께서 자신을 "낮추시고"라고 할 때의 동사가 '타페이노오'로 바울이 2장 1-11절 전체를 이끌어 가는 핵심개념이라 볼 수 있다.

이 조건절은 문법적으로는 현실적인 가정으로 보아야 한다. '만약에, 있다면'이 아니라, '있기 때문에'라는 의미에 가깝다. 그들 가운데 삼위일체 하나님이 함께하시는 위로와 나눔이 존재하고, 그 결과 긍휼이나 자비 같은 아름다운 삶의 모습이 나타나고 있다는 것을 바울이 인정한 상태에서 논리를 전개하는 것이다. 간략히 요약하자면, 이 조건절을 신앙의 1단계로 보고, 귀결절인 명령문에서 요구하는 사항은 2단계로, 은혜 가운데 아름답게 움직이는 공동체가 더욱 견실해지기 위해 갖추어야 할 덕목들이라 볼 수 있다.

논리적으로 그렇다. 이미 바울은 빌립보 교인들 때문에 기뻐하고 있다. 그러나 그 기쁨이 충만하지는 않다. 그들의 헌신은 칭찬받을 만한 것이나 부족함이 없지는 않다(2:30). C. S. 루이스가 한 말이다. "하나님을 기쁘게 하기는 쉽다. 그러나 그를 만족하게 하기는 매우 어렵다(God is easy to please, but hard to satisfy).[4] 부모가 아이를 낳아 기르면서 걸음마를 시작할 때 말할 수 없는 기쁨을 느낀다. 그러나 기뻐한다는 것이 지금 이대로가 좋다, 혹은 성장이 필요하지 않다는 말은 아니다. 하나님 역시 우리의 현 상태를 기뻐하시지만, 만족하시지는 않는다. 바울의 목회는 하나님의 이런 마음을 잘 반영하는 목회였다. 쉽게 만족하지 않는 것이 바울의 목회였다. 우리는 그리스도의 장성한 분량까지 자라야 한다. 바울은 빌립보 교인들의 헌신에 기뻐하지만, 칭찬만으로 서신을 다 채우지 않는다. 자신의 기쁨을 표현하면서도, 그것이 더 충만하게 되기 위해 빌립보 교인들이 해야 할 일들을 구체적으로 요구한다. 물론 이런 요구는 바울 자신도 아직 완성되지 않은, 부족한 면이 많은 상태임을 고백하는 것을 전제로 한다(3:12-16). 이미 완성된 사람으로서 훈계하는 것이 아니라, 함께 그 길을 가는 사람으로 초청하고 권면하는 것이다.

"아무 일에든지 다툼이나 허영으로 하지 말고"에서 다툼은 '에리쎄이아'로 로마서 2장 8절 등에서 최악의 죄로 거명되고 있으며, 빌립보서 1장 17절에서 잘못된 동기로 바울의 투옥에 고통을 더하게 하려고 사역하는 이들을 가리키는 맥락에서 사용되었다. 이런 강력한 단어의 등장은 빌립보 교인들을 긴장시켰을 것이다. 바울은 빌립보서에서 독자들의 신앙을 모범적인 상태로 규정하거나 그들을 안전지대에 두고 칭찬으로 일관하지 않는다. 지금까지 빌립보서 연구는 선물에 대한 감사의 전달, 기쁨이라는 주제의 강조, 혹은 우정이라는 동기의 강조 등으로 바울과 독자들의 관계에 있어서 긍정적인 면에만 초점을 맞추는 경향이 강했다. 그러나 이 서신을 주의 깊게 읽어 보면, 독자들에 대한 바울의 평가가 그렇게 높지 않다는 사실을 여러 대목에서 감지할 수 있다.

바울은 빌립보 교인들에게 "그리스도의 십자가의 원수로"(3:18) 행하는 이들이 있으니, "멸망"(3:19)할 편에 서지 말라고 예전에도 여러 번 말하였고, 지금 빌립보서를 쓰면서도 "눈물을 흘리며" 말하여야 했다. 그들은 안전지대에 있지 않다. 이렇게 볼 때 앞서 나온 "구원의 징조", "멸망의 징조"(1:28) 역시 이 편지의 독자들도 멸망하는 쪽으로 갈 수 있다는 경고를 넌지시 전달하는 수사로 보아야 한다.

2절에서 "마음을 같이하여", "한 마음을 품어"는 '프로네오'라는 단어가 두 번이나 반복해서 나타난다. 프로네오는 '생각하다'라는 동사이지만, 바울은 여기서 삶의 전반적인 태도를 말하는 의미로 쓰고 있다. 빌립보서의 중요한 대목에서 반복해서 등장하는 핵심단어이다(1:7, 2:2, 5; 3:15, 19; 4:2, 10). 이 단어는 5절에서 "너희 안에 이 마음을 품으라"는 대목에서 다시 등장하여, 1-4장의 권면과 5절 이하에 나오는 그리스도의 모범을 연결시키는 기능을 하고 있다.

　　3절의 다툼과 허영은 위에서 말한 대로 심각한 단어들이다. 허영(케노독시아)은 텅 빈 영광을 말한다. "헛된 영광을 구하여 서로 격동하고 서로 투기하지 말찌니라"(갈 5:26)라고 할 때 '케노독소스'라는 같은 어근의 단어가 나온다. 서로에게 상처를 줘가면서 경쟁하며 다투어서 이긴다고 한들, 그 결과를 막상 손에 쥐어 보면 아무것도 없는 텅 빈 껍데기일 뿐이라는 말이다.

　　"겸손한 마음"은 '타페이노프로쉬네'로서 비천/겸손을 뜻하는 타페오노스와 생각/마음을 뜻하는 프로쉬네가 합성된 단어이다. 이는 "너희 안에 이 마음을 품으라"(프로네이테, 문자적으로 풀면 '생각하라')는 그리스도찬가 도입구와(5절) 그리스도찬가의 핵심어구인 "낮추시고"(타페이노오, 8절)를 한 단어로 연결시킨 표현이다. 타페이노프로쉬네, 이 한 단어에 그리스도 찬가 전체의 주제가 집약되어 있다고 볼 수 있다. 대부분의 영어성경이 'humility'라고 단순하게 번역하는 데 반해, 개역개정은 "겸손한 마음"이라고 하여 두 개념을 함께 살리고 있다. 좋은 번역이다.

　　본래 '타페이노스'는 겸손보다는 '수치', '굴욕'의 의미가 강하다. 언제나 부정적인 의미로 쓰이는 단어였다. 3장 21절에서 "그는 만물을 자기에게 복종하게 하실 수 있는 자의 역사로 우리의 낮은 몸을 자기 영광의 몸의 형체와 같이 변하게 하시리라"라는 표현에서 "낮은 몸"이 타페이노시스의 몸, 곧 비천한 몸이라는 말로, 그리스도의 영광의 몸과 대조되는 의미이다. 수치와 비천의 상태를 말하는 그레코-로만의 의미를 그대로 보여 주는 용례이다. 타페이노시스는 극복되어야 할 수치의 상태이다.

　　그런데 이 타페이노시스가 하나의 모범으로, 본받아야 할 미덕으로서 "겸손"으로 제시되는 경우는 그리스도 이전의 그리스나 로마 문헌 어디를 뒤져 보아도 없다. 서양의 정신사에서 겸손이 미덕 중의 하나로 등장하게 된 것은 전적으로 그리스도교의 공헌이다.[5] 그리스도에 의해서 남을 딛고 위에 서려 하던 역사 속에 아래로 내려가며, 자신을 낮추려 하는 겸손의 역사가 시작되었다.

3절에서 이어지는 "각각 자기보다 남을 낫게 여기고"라는 권면은 참으로 실천하기 어려운 말씀이다. 우리는 사람을 판단하는 데 빠르다. 쉽게 판단하고, 쉽게 무시한다. 아무리 보아도 존중할 구석이 없다는 느낌이 드는데 어떻게 낫게 여길 수 있을까? 그리스도를 본받는 것만이 해답이다. 이 말은 저 사람이 나보다 우월한 사람이라고 판단하라는 말이 아니다. 가급적이면 그런 판단은 유보하는 것이 좋다(고전 4:5). 사람을 평가하고 판단하는 것 자체가 습관이다. 어떤 사람에 대해서 최종적인 판단은 유보하고, 일상생활에서 그 사람이 나보다 나은 대우를 받아야 할 사람으로 여기라는 말이다. 창세기에 나오는 가인의 경우가 좋은 예가 될 것이다. 인류 최초의 살인을 몰고 온 범죄는 동생이 자신보다 하나님께 더 인정받는 것을 견디지 못한 결과이다. "자기보다 남을 낫게" 여기는 것은, 공동체 내에서 다른 사람들이 나보다 더 많은 관심의 대상이 되고, 인정과 존경을 받을 수 있도록 하라는 말이다.

위에서 1절의 조건절에 나오는 덕목들이 신앙의 1단계라고 한다면, 2-4절의 귀결절에 나오는 권면은 한 단계 더 영적으로 발돋움하라는 권면이라고 해석했다. 1단계인 긍휼이나 자비가 내가 위에 서서 베풀어 줄 수 있는 것이라고 한다면, 2단계인 겸손은 남을 나보다 낫게 여기는 것으로 아래에 서야만 할 수 있는 일이다. 남에게 베푸는 것보다 남을 존귀하게 여기는 것이 더 중요하고, 내가 도움을 주는 것보다 타인의 의견을 존중하는 것이 더 중요하다.

4절에서 "돌보라"로 번역된 동사는 '스코페오'이다. 작은 것을 본다는 의미에서 현미경을 'microscope', 멀리 본다는 의미에서 망원경을 'telescope'라 말할 때 쓰이는 '스코프'의 어원이다. 시야(視

野)에 자신만이 보이는 사람이 아니라, 다른 사람의 일도 볼 줄 아는 사람이 되라는 말이다. "우리가 주목하는(스코페오) 것은 보이는 것이 아니요 보이지 않는 것이니 보이는 것은 잠깐이요 보이지 않는 것은 영원함이라"(고후 4:18)에서 보듯이 단순히 눈에 보이는 것, 경험적으로 확인 가능한 것만이 아닌 그 이상의 것을 시야에 확보할 수 있는 것이 신앙이다. 자신의 일에만 온통 관심이 압도된다면, 이웃의 웃음과 울음, 소망과 고민을 알 수 있는 여유가 없다. 개인주의의 시대를 사는 현대인들에게는 특별히 심각한 문제이다. 심지어 한 가족 안에서도 서로가 무슨 고민을 하는지 감지하지 못한 채 살아간다. 그 고민이 쌓이고 쌓여 심각한 지경에 이르러서야 우리는 인지하게 된다. 영원한 것을 보는 눈과 이웃의 처지를 헤아리는 눈은 다르지 않다. 우리의 관심은 한정된 자원이다. 돈과 시간을 잘 관리해야 하는 이유는, 그것이 한정된 자원이기 때문에 낭비하지 않고 소중한 일에 쓰기 위함이다. 관심도 마찬가지이다. 어떤 일에 지나치게 마음을 빼앗기면 다른 일에 소홀해지기 마련이다. 관심을 잘 관리하는 것도 영성훈련의 중요한 부분이다. 잘 관리된 관심은 나로 하여금 중요한 일에 집중할 수 있게 해주며, 마음의 평화도 가져다줄 것이다. 내 관심을 필요로 하는 이들에게 축복이 되기도 한다.

영성훈련은 감수성 훈련이기도 하다. 그리스도를 닮아 간다는 것은 함께 살아가는 사람들의 고민에 민감한 사람이 된다는 뜻이기도 하다. 그리스도인들의 공동체는 서로 사랑하고 섬기는 삶을 통해, 이러한 감수성을 개발해 나가고, 그렇게 성숙한 인격으로 세상을 돌보고 섬기는 것이다.

"자신의 일", "다른 사람의 일"을 대부분의 현대 영어 성경은 자신의 이익(interests), 타인의 이익이라는 말로 의역하고 있다. KJV는 개역개정과 같이 'his own things'로 직역하고 있다. 원문에 'interests'가 없다는 점을 강조하면서, 이를 다른 사람의 장점, 신앙적으로 본받을 점들을 눈여겨보라는 말로 해석하는 학자들도 있다.[6] 이들은 스코페오라는 헬라어가 윤리적으로 따라야 할 모범, 혹은 경계해야 할 대상(bad model)을 가리킨다는 용례에 주목한다. 바울은 "형제들아 내가 너희를 권하노니 너희가 배운 교훈을 거슬러 분쟁을 일으키거나 거치게 하는 자들을 살피고(스코페오) 그들에게서 떠나라"(롬 16:17)라고 할 때 이 단어를 쓴다. 빌립보서 3장 14절에서 "푯대(스코프스)를 향하여 그리스도 예수 안에서 하나님이 위에서 부르신 부름의 상을 위하여 달려가노라"라고 할 때, 신앙의 경주의 목표가 '스코페오'의 명사형인 '스코프스'로 등장하기도 한다. 이 절에 이어 5절에서 그리스도의 모범이 등장한다는 점에서, 그리고 3절에서 "자기보다 남을 낫게 여기라"는 명령이 이어진다는 의미에서 매력적인 해석이다.

그러나 그럴 경우 "자기 자신만을 모범으로 삼지 말고, 다른 사람도 모범으로 삼아라"(not only, but also 구문)라고 해석해야 한다는 점에서 어려움이 있다. 따라서 "자기 자신의 이해만 관심 갖지 말고, 다른 사람들의 이해에도 관심 가져라"는 말로 보는 것이 옳다. 본 절의 스코페오도 '주의 깊게 관심을 기울이다'라는 평이한 의미로 보아야 한다.

3. 그리스도를 본받아 같은 생각으로 (2:5-11)

5 너희 안에 이 마음을 품으라 곧 그리스도 예수의 마음이니

그리스도 찬가 도입구(2:5)

1-4절에서 권면한 내용의 모범으로서 그리스도를 제시한다. 5절에서 "너희 안에"로 번역된 말이 '너'가 아닌 '너희'라는 복수임에 주목해야 한다. "among yourselves(ESV)", "among you(Fee)"는 좋은 번역이다. "너희의 공동체 안에서"라는 말이다. 물론 이 말을 실천하자면 한 사람 한 사람의 마음속의 변화가 필수적이겠으나, 이 절의 일차적인 의미는 "너희 공동체 생활에서 그리스도의 태도를 본받는 삶을 위하여 함께 노력하라"는 데 있다.

5절은 2절과 거의 같은 단어를 쓰고 있다. 4장 2절은 빌립보서의 구체적인 권면의 핵심을 이루는 대목이다. "내가 유오디아를 권하고 순두게를 권하노니 주 안에서 같은 마음을 품으라"는 권면에서 역시 같은 단어를 쓰고 있다. "같은 마음을 품으라"(2장 2절, 4장 2절)는 명령에 대한 구체적인 방법 제시가 5절 이하의 말씀이다.

같은 마음을 품는 것은 어떻게 가능할까? '우리끼리 마음을 합해 보자, 그렇게 노력하자'는 걸로 안 된다. 조직폭력배들의 문신으로 가장 많이 발견되는 말이 '일심'(一心)이라는 보도를 본 적이 있다. 타락한 정치인들이 모여서 '우리가 남이가!'라는 구호로 하나 되자고 소리를 외친다는 얘기는 잘 알려져 있다. 군인들은 "단결"이라고 인사하는 예가 많다. 누구나 한마음 갖자고 외치고, 단결해야 산다고 하지만, 실제로 한마음 되는 것은 쉽지 않다. 결혼식에서 모든 부부들이 한마음 이루어 잘 살기를 다짐하면서 시작하지만, 실제로 얼마나 어려운지 많은 결혼 생활이 증명하는 바이다. 교회의 일치도 그렇게 쉽지 않다! 바울은 이런 현실에 눈감고 있지 않다. 빌립보 교회도 한마음을 이루지 못하는 상태이다. 바울의 처방은 그리스도이다.

바퀴의 예를 생각해 보자. 각자가 서 있는 위치는 바퀴살의 바깥이다. 서로 만나기 원한다. 어떻게 만날 수 있는가? 사람들의 방법은 내 자리로 네가 와야 한다는 것이다. 서로 자신의 기준으로 하나 되기를 원한다. 이 바퀴살들이 하나로 만날 수 있는 방법은 중심을 향해 가는 것이다. 중심에 가까워질수록, 서로 가까워지게 된다. 그리스도를 닮을수록 우리는 나와는 생각이 다른 사람들과 마음을 같이할 수 있다. 바울의 신학은 그리스도 중심이다.

5-11절은 매우 유명한 단락이다. 설교 강단에서 많은 사랑을 받을 뿐 아니라, 이 본문을 다룬 진지한 연구서만으로도 책장 하나는 족히 채울 것이다. 많은 연구가 있지만 기본적인 쟁점은 이 본문의 성격이다. 첫째, 운문으로 된 찬송인가 산문인가이고, 둘째, 바울이 쓴 것인가 바울 이전부터 있던 내용인가이다. 가장 많은 학자

【같은 마음을 품으라】 바퀴살들이 만나는 방법은 중심을 향해 가는 것이다.

들이 지지하는 견해는 바울 이전의 교회의 찬송(운문)에 바울이 가필한 결과가 오늘의 빌립보서의 본문이라는 견해이다. 그래서 이 본문은 흔히 '그리스도 찬가'(Christ Hymn)라고 불린다. 이 다수의견을 결정적으로 뒤집을 반증은 많지 않다.

　　바울 이전의 초대교회 그리스도 이해의 핵심이 담긴 찬송이라는 의견은 그 기원을 두고 다양한 추측이 있는데, 스데반이 이 찬송의 저자라는 등 다양한 견해들이 있다. 빌립보 교인들이 바울이 자신들에게 전해 준 복음을 이해한 대로 작성해서 에바브로디도 편에 바울에게 보내 온 찬송이라는 견해도 있다(Reuman, 365). 재미있는 추측들이기는 하나, 결정적인 근거는 없다. 이 찬송의 내용이 빌립보서 전체의 내용과 긴밀하게 연결되어 있다는 점을 들어 바울이 직접 작성했다고 주장하는 논자들 또한 많다(대표적으로 N. T. 라이트). 어떤 경우든 이 문단이 초대교회 신앙의 핵심을 담고 있으며, 이 내용이 바울신학의 핵심과도 닿아 있다는 사실, 빌립보서 전체의 전개에 핵심적인 역할을 한다는 사실은 부인하기 어렵다. 빌립보서에서 이 문단의 중심성은 바울신학 전체의 그리스도 중심성을

보여 주는 중요한 근거 중의 하나이다. 또한 이 본문이 그리스도 이
야기를 중심으로 전개되기 때문에, 바울신학의 근본적인 성격이 내
러티브적임을 보여 주는 중요한 근거이기도 하다.

> 6 그는 근본 하나님의 본체시나 하나님과 동등됨을 취할 것으로
> 여기지 아니하시고

그리스도의 낮추심(2:5-8)

"하나님의 본체"에서 "본체"는 '모르페'이다. 신약성서 중
이 단락에서만 나오는 단어이다. 모르페는 영어 단어 'anthropo-
morphism'의 어근이 된다. 신인동형론이라 번역하는 이 단어는 하
나님을 생각하거나 묘사하는 데 인간의 '모양'을 빌려서 묘사하는
경향을 가리킨다. 모르페는 'form', 'shape' 등으로 번역되는, 외적
인 모양을 가리키는 단어이기 때문에, 이 단어의 내포에 집착할 경
우 심각한 교리적 문제가 발생한다. 왜냐하면 예수님이 본질에 있어
서가 아니라 모양만 하나님을 닮았다는 논리가 가능하기 때문이다.
그래서 모양이되, 사실상 본질(essence)과 본성(nature)를 나타내는 모
양이라는 주장들이 있다. 아리스토텔레스 철학의 형상과 질료의 개
념이 이런 설명에 이용되곤 했다. 영어성경 중에서도 이 단어를 모
양을 뜻하는 'form'으로 번역한 것이 있고, 본질이라는 말에 가까
운 'nature'로 번역한 것이 있다. 'nature'라는 번역은 그리스도께서
"신의 본성을 가졌으나"로 해석할 수 있다. 개역개정은 6절에서 하
나님의 모르페를 "본체"로 번역하고, 이어 7절에 등장하는 종의 모
르페는 "형체"로 번역한다. 앞의 모르페는 'nature' 혹은 'essence'
의 의미로, 뒤의 것은 'form'의 의미로 파격적인 번역을 한 것이다.
같은 단어를 한 절 차이에서 다른 단어로 옮긴 것이다. 공동번역은
앞의 모르페는 "하나님과 본질이 같은 분"으로 뒤의 것은 "종의 신
분"으로 번역한다. 새번역은 둘 다 "모양"으로 번역하고 있다. 개역개
정과 공동번역의 파격은 이 단어와 관련된 신학적 고민을 보여 주

며, 나아가 바울이 이 단어를 선택한 이유에 대한 실마리를 준다.

그리스도가 본래 하나님의 모르페였다고 하면서, 그가 자신을 포기하여 종의 모르페를 가졌다고 말할 대목을 준비하기 때문이다. 바울은 같은 단어로 두 경우를 모두 포괄할 수 있는, 그리스도의 자기 포기를 강조하는 수사적인 구도 속에서 모르페라는 단어를 선택한 것이다. 모르페라는 말에서 그리스도의 신성 교리를 이끌어 내거나, 혹은 이 단어 때문에 신성의 교리가 훼손될까 봐 방어할 의무를 느끼는 주석가들은 이 본문을 과도하게 신학적으로 읽는 것이다.

모르페와 관련된 또 하나의 쟁점은 이 단어와 창세기 1장 27절에서 "하나님이 자기 형상 곧 하나님의 형상대로 사람을 창조하시되 남자와 여자를 창조하시고"(KRV)라고 했을 때 형상(에이콘)과의 관계이다. 위에서 말한 대로, 바울이 모르페라는 단어를 선택한 것이 '노예의 모르페'라는 표현과 단어를 일치시켜 그리스도의 하강을 강조하기 위한 의도였다면, 모르페라는 단어를 선택하면서도 실제로는 에이콘이라는 단어를 염두에 두었을 가능성이 높다. 그렇다면 우리는 본문에서 그리스도를 아담에 빗대어 설명하는 '아담-그리스도 유형론'을 읽어 낼 수 있다. 아담-그리스도 유형론은 바울신학의 중요한 주제이다. 로마서 5장 14절에서 "아담은 오실 자의 모형(typos)이라"에서 분명히 볼 수 있듯이 바울은 아담을 그리스도의 사역을 이해시키는 해석학적 도구로 삼는다. 대표적으로 "한 사람이 순종하지 아니함으로 많은 사람이 죄인 된 것 같이 한 사람이 순종하심으로 많은 사람이 의인이 되리라"(롬 5:19)라는 설명을 들 수 있다. 고린도전서 15장 45-48절에서도 아담-그리스도 유형론이 확연히 드러난다. "그리스도는 하나님의 형상(에이콘)"이라는 말이 고린도후서 4장 4절에, 같은 개념이 로마서 8장 29절, 골로새서 3장 10절에서 발견되기 때문에 본문이 아담과 그리스도를 나란히 제시하여 대비시키는 바울의 평소의 사고를 저변에 깔고 있을 확률은 대단히 높다. 라이트는 여기서 시편 8편 5-6절 "그를 하나

님보다 조금 못하게 하시고 영화와 존귀로 관을 씌우셨나이다 주의
손으로 만드신 것을 다스리게 하시고 만물을 그의 발아래 두셨으
니"의 반향을 발견할 수 있다고 한다.[7] 이 역시 아담으로 대표되는
인류의 곤경을 해결하신 분이 그리스도라는 인식을 내포하고 있다.

　　흥미 있는 해석은 "취할 것"(하르파그몬)이라는 단어에 '탈취'
의 뜻이 있으며, 이를 아담에게 적용하면 창세기에 나오는 아담의
범죄를 가리키는 것으로 볼 수 있다는 점이다. 피조물인 아담이 "하
나님 같이 되려 한"(창 3:5), 곧 하나님의 영광을 탈취하려는 죄를 지
었음에 반해, 하나님의 본체셨지만 하나님과 동등함을 취할 것을
포기하신 그리스도를 대비시키는 의도로 볼 수 있다.

　　이 대목에서 반로마적 주제를 발견하는 학자들이 있다. 로
마 황제를 신성화하고 숭배의 대상으로 삼으려는, 바울 당시에 일
어나고 있던 경향을 겨냥한 비판으로 볼 수 있다는 것이다. 황제는
하나님과의 동등 됨을 탈취하려는 자이다! 이러한 문학적·역사적
분석을 우리들의 삶에 적용해 보면 자신을 우상으로 삼는 모든 경
향, 아담에게 발견되었으며 모든 인류에게서 계속되는 경향성이라
고도 볼 수 있다. 공동체 안에서 나보다 남을 낮게 여길 수 없는 인
간의 근본문제는 자신의 것이 아닌데도 취하려는, 탈취해서라도 가
지려는 경향, 곧 교만이다. 이러한 경향성, 각각 자신의 일만 돌아보
는(4절) 인간의 경향성에 역행하는 것이 그리스도의 모범이다. 아담
에 의해서 대표되는 인간성, 그리고 로마제국에 와서 최고조에 달
한 그 교만과 헛된 영광의 추구와 정반대의 길을 선택한 그리스도
의 모범을 강조하는 것으로 볼 수 있다.

　　7 오히려 자기를 비워 종의 형체를 가지사 사람들과 같이 되셨고

그리스도의 선택의 핵심을 이루는 단어가 "비우다", "케노오"이다.
이 동사의 명사는 케노시스(비움)이다. 이 단어 해석의 역사에 신학
적인 논의가 두텁게 쌓여 있다. 여러 쟁점이 있지만, 주요한 것은 비

우셨다고 했을 때 그리스도께서 신성을 포기 혹은 상실하셨는가 아닌가 하는 문제이다. 케노시스 그룹이라 명명되는 신학자들은 이 본문에서 그리스도의 영원한 인성에 초점을 맞춘 기독론을 끌어내기도 하였고, 진화의 과학적 증거들을 신학적으로 설명하려는 노력에 활용하기도 하였다.[8] 빌립보서 본문에 대한 엄밀한 읽기보다는 성경에 나오는 한 단어를 빌려 와서 신학적 상상력으로 발전시킨 예라고 볼 수 있다.

제임스 던은 그리스도께서 아담과는 다른 선택을 했다는 것을 본문이 강조하고 있지만, 이 본문에서 특별히 그리스도 선재 (preexistence) 교리가 전제되고 있지는 않다고 말한다.[9] 그러나 본문의 논리적 구조를 보면, 성육신 이전에 그리스도께서 자발적으로 자신을 비우는 선택을 했다는 점에서 본문이 그리스도의 선재를 전제하고 있다고 보는 것은 옳다. 그리스도의 선재사상은 후대에 나타나는 신학적 발전이라는 주장들이 많다. 예를 들면 마가복음에는 없는데, 요한복음에 가서야 볼 수 있다는 것이다. 그러나 본문은 바울 이전에 이미 그리스도의 선재 인식이 공유되고 있었음을 분명히 보여 준다는 점에서 중요하다.

칼뱅은 "비우셨다"는 말을 주석하면서, 그의 신성을 포기하신 것이 아니라, 일시적으로 감추셨다고 했다. 그리스도께서 그의 영광을 인간의 시각으로서는 볼 수 없게 감추셨으며, 비움에 의해서 그의 신성이 약화된 것이 아니라고 설명한다. 예수는 기적들과 능력들로 그의 하나님의 아들 되심을 증명하셨으며, 하나님의 아들의 영광이 보였다는 점(요1:14)을 상기시키면서, 그는 예수님의 신적 영광이 베일로 가리어져 있었을 뿐이라고 했다(Calvin, 248). 바르트는 숨기셨다는 생각을 칼뱅과 공유하면서 좀더 상세한 설명을 한다. 예수께서 자신을 하나님이 그를 아시는 방식으로, 그 자신만이 알 수 있는 위치에 자신을 가져다 놓으셨다고 본다. 예수님께서 자신을 '알 수 없는 상태'(incognito)에 가져다 놓으셨기 때문에, 우리는 예수님의 신성과 인성이 어떤 관계를 맺고 있는지 온전히 파악

134

하려고 시도해서는 안 된다는 것이다(Barth, 63-64). 바르트의 해석은 추상적인 용어를 동원하면서도, 이 논의가 사변으로 흐르는 것을 경계한다는 점에서 주목할 만하다.

빌립보서의 이 본문은 예수님의 신성과 인성에 대한 체계적인 이해의 단서를 제공하기보다, "그리스도께서 자신을 쏟아부으시고, 사람들의 처분에 전적으로 자신을 내어 주신 사실을 시적인 찬송가의 형태로 표현한 것"(O'Brien)으로 보는 것이 옳다. 박수암 역시 "여기서 '비운다'는 말은 자신을 전적으로 다른 사람들의 자유 처분에 내맡김을 뜻한다"고 하면서 요한일서 3장 16절을 참조로 그 의미를 헤아릴 수 있다고 한다. "그가 우리를 위하여 목숨을 버리셨으니 우리가 이로써 사랑을 알고 우리도 형제들을 위하여 목숨을 버리는 것이 마땅하니라."

"종, 노예"(둘로스)라는 말로 바울이 무엇을 말하고 있는가? 역사적 예수는 노예 신분이 아니었다. 그러나 당시 사회에서 노예 됨은 '사회적 죽음'(social death)을 의미했다. 노예는 자신의 결정권이라고는 전혀 없는 수동적인 존재이며, 자유인의 입장에서 노예가 되는 것은 어떤 다른 것보다 수치스러운 경험이라고 한다면, 하나님의 본체이신 예수가 인간이 되는 것 자체를 비유적으로 노예 됨으로 표현한 것으로 볼 수 있다. 특별히 자기 결정권을 전적으로 하나님께 양도함으로써 순종하셨다는 맥락이 강조되고 있다(8절).

이런 점에서 이사야 52장 13절-53장 12절의 "야웨의 종의 노래"를 반향하고 있다고 보는 해석이 가능하다. "보라 내 종이 형통하리니 받들어 높이 들려서 지극히 존귀하게 되리라"(사 52:13)로 시작하는 이 노래는 "그가 자기 영혼을 버려 사망에 이르게 하며 범죄자 중 하나로 헤아림을 받았음이니라 그러나 그가 많은 사람의 죄를 담당하며"에서 절정에 이른다. 초기 그리스도인들은 이 구약의 말씀을 안경으로 의로운 이의 자발적 고난으로서의 그리스도의 대속 사역을 이해했다(참조. 행 8:32-33).

종과 같이 섬기는 예수님의 낮아지심은 복음서에서 자주

만날 수 있는 이미지이다. 많은 학자들이 요한복음 13장 3-17절에서 예수님이 제자들의 발을 씻기는 장면과 빌립보서 2장 6-11절에서 예수님의 행동이 밀접하게 병행되고 있음을 발견한다(Hawthorne, 184-185).

요한복음 13장 3-17절	빌립보서 2장 6-11절
예수께서 식탁에서 일어나 그의 겉옷을 벗으신다.	자기를 비운다(7절)는 말은 "벗으신다"는 말로로 번역될 수 있다.
예수께서 수건을 가져다가 허리에 두르시고(디에조센 헤아우톤), 대야에 물을 담아 제자들의 발을 씻기기 시작하신다. 스스로 노예의 일을 하신 것이다.	종의 형체를 가져 사람들과 같이 되었고, 사람의 모양으로 나타나셨으며 자기를 낮추시고(에타페이노센 헤아우톤).
예수께서는 제자들의 발을 씻기신 후 겉옷을 다시 입으시고, 이전에 앉으셨던 자리에 다시 앉으신다.	이러므로 하나님이 그를 지극히 높여 모든 이름 위에 뛰어난 이름을 주사(9절).
마지막으로 예수께서는 다음과 같이 말씀하신다. "너희가 나를 선생이라 또는 주(퀴리오스)라 하니 너희 말이 옳도다. 내가 그러하다"(13절).	모든 입으로 예수 그리스도를 주(퀴리오스)라 시인하여(11절).

이런 유사성은 직접적인 전승사적 연결이라기보다는 스스로 낮추시는 그리스도의 이미지가 신약성서 전반에 걸쳐 중요한 신학적 핵으로 기능하고 있다는 사실을 보여 주는 예로 보는 것이 좋을 것이다. 초기 기독교인들에게는 예수의 삶과 죽음, 부활의 이야기가 복음이었다(참조. 행 10:36-43). 바울의 서신들은 공동체의 구체적인 상황에 대한 권면의 성격으로 기록되었기 때문에 예수님의 이야기가 길게 기록되어 있지는 않지만 바울이 교회를 개척하면서 전했던 복음 역시 예수님의 이야기를 핵심으로 했다는 것은 의심의 여지가 없다(고전 15:1절 이하). 따라서 바울신학을 바울서신에 나타난 언급을 중심으로 신학적 명제를 추출해 내는 식으로 탐구하는 것은 패착이다. 바울의 사고와 선포 이면에 있는 예수님의 이야기와 바울 서신

의 언급들을 연결해 볼 수 있어야 한다. 그런 점에서 이 그리스도 찬가는 바울 신학의 심층구조에 예수의 이야기가 핵심적으로 자리하고 있음을 보여 준다고 하겠다.[10] 예수께서 자신을 낮추시고 섬김의 모범을 보여 주신 이야기와 그의 대속적 죽음의 선포는 십자가를 정점으로 하는 예수의 이야기에서는 떼려야 뗄 수 없는 하나였다. 마가복음 10장 45절에서 예수님이 자신이 세상에 오신 목적을 밝히시는 구절에서도 섬김과 대속적 죽음은 긴밀하게 연결되어 있다. "인자가 온 것은 섬김을 받으려 함이 아니라 도리어 섬기려 하고 자기 목숨을 많은 사람의 대속물로 주려 함이니라!"

자신을 낮추시고 십자가에서 죽으셨으며, 마침내 높아지신 예수의 이야기와 그 이미지가 워낙 강렬했으며, 기독교의 선포의 핵심에 견고하게 자리 잡고 있었기 때문에, 그 이미지가 여기저기 다른 맥락에서 드러나고 있다는 것이다. 그렇다면 빌립보서 2장의 그리스도 찬가는 초기 그리스도인들이 전해 온 복음 이야기의 원형에 가장 가까운, 가장 오래되고 가장 중요한 핵심이라고 할 수 있을 것이다.

누가복음 22장 27절에서 예수께서는 "앉아서 먹는 자가 크냐? 섬기는 자가 크냐? 앉아서 먹는 자가 아니냐? 그러나 나는 섬기는 자로 너희 중에 있노라"라고 하시면서 친히 자신의 사역을 섬기는 위치로 규정한다. 누가복음의 이 말씀이 위치하고 있는 단락과 병행 본문인 마태복음에는 이런 말씀이 나온다. "너희 중에는(엔 휘민) 그렇지 않아야 하나니 너희 중에(엔 휘민) 누구든지 크고자 하는 자는 너희를 섬기는 자가 되고 너희 중에(엔 휘민) 누구든지 으뜸이 되고자 하는 자는 너희의 종이 되어야 하리라"(마 20:26-27). 섬김의 삶이 요청되는 자리는 "너희 중에"(엔 휘민), 곧 그리스도인 공동체 안에서이다. "이방인의 집권자들이"(마 20:25), 이기적인 동기로 권한을 행사하는 방식에 대항하여, 큰 자가 작은 자를 섬기는 대안적 질서, 섬김의 정치가 작동하는 공동체를 만들라는 명령이다. 빌립보서 2장에서 바울이 그리스도를 모범으로 제시하면서 "너희 안에(엔 휘민)

이 마음을 품으라"고 말하는 것 역시 같은 맥락이다. "마음"이라는 단어가 개인의 내면적 자아의 태도라는 느낌을 주기 때문에 이 명령에 대한 오해가 많다. 개인의 마음의 태도를 말하는 것이 아니라, "너희 안에"(엔 휘민, among you) 곧 너희들의 공동체 안에서 그리스도의 태도를 따라 살라는 말로 이해해야 한다.

마태복음의 이 말씀은 "인자가 온 것은 섬김을 받으려 함이 아니라 도리어 섬기려 하고 자기 목숨을 많은 사람의 대속물로 주려 함이니라"로 연결되면서 그리스도의 삶과 죽음이 공동체의 섬김의 표준으로 제시되고 있다. 빌립보서 2장 1-11절과 똑같은 신학적인 구조로 되어 있다. 바울의 신학과 윤리가 그리스도 중심이라는 점은 중요하다. 바르트가 말한 대로 빌립보서 2장 1-4절은 바울 윤리의 핵심이라고 할 수 있다(Barth, 49). 이 윤리가 5-11절의 그리스도의 모범에 깊이 뿌리박고 있다는 사실이 바울의 신학과 윤리가 밀접한 관계를 맺고 있다는 점을 보여 준다.

바울은 그리스도의 자기 비움, 권리의 자발적 포기를 자신의 목회의 주요 원리로 삼고 있다. 바울이 고린도 교회의 선교비 지원을 거부하여 문제가 되었을 때 자신의 원리를 이렇게 제시한다. "그런즉 내 상이 무엇이냐 내가 복음을 전할 때에 값없이 전하고 복음으로 말미암아 내게 있는 권리를 다 쓰지 아니하는 이것이로다. 내가 모든 사람에게서 자유로우나 스스로 모든 사람에게 종(둘로스)이 된 것은 더 많은 사람을 얻고자 함이라"(고전 9:8-19).

자신이 응당 누릴 수 있는 권리를 포기하는 것은 하나님의 본체시나 하나님과 동등 됨을 취할 것으로 여기지 아니하신 그리스도의 모범을 본받는 것이다. 바울은 이러한 자신의 사역의 태도를 종 된 것으로 표현한다. 역시 빌립보서 2장 7절과 같은 모티프이다. 사역을 일구어 가고, 그리스도인으로서 살아가는 바울의 머릿속에 늘 그리스도의 모범이 기준으로 작용했다는 것을 보여 준다.

자신이 당연히 주장할 수 있는 권리를 자발적으로 포기하는 것은 성경이 말하는 아름다운 공동체 세우기의 핵심이다. 우리는 저마다 권리가 있다. 목사의 권리, 장로의 권리, 사역자로서의 권리가 있다. 그러나 모두가 자신의 권리를 백 퍼센트 주장할 때 그 공동체는 숨 막히는 집단이 되고 만다. 한 교회가 평화롭게 성장할 때는 반드시 그 뒤에 자신의 권리(의 일부)를 포기하고 섬긴 사람이 있게 마련이다. 한 회사, 한 나라, 한 가정의 평화 또한 마찬가지이다. 부모는 부모로서 받아야 할 권리와 대우가 있고, 자녀 역시 자녀로서 요구할 수 있는 권리가 있을 것이다. 배우자 간의 관계, 시어머니와 며느리 관계 또한 마찬가지이다. 그러나 모두가 자신의 권리를 한 치의 양보도 없이 주장한다면 그 가정은 늘 긴장과 갈등 가운데 살아야 할 것이다. 누군가가 권리를 포기하는 것이 필요하다.

그리스도께서 그 권리를 자발적으로 내려놓으셨다는 사실에 복음의 핵심이 있다. 다른 사람의 권리를 제한하려는 것이 아닌 자신의 권리를 내려놓는 것이 그리스도의 모범을 따르는 길이다. 본문에서는 자발적 선택이 강조되고 있다. 요한복음 10장 18절은 이렇게 말한다. "이를 내게서 빼앗는 자가 있는 것이 아니라 내가 스스로 버리노라 나는 버릴 권세도 있고 다시 얻을 권세도 있으니 이 계명은 내 아버지에게서 받았노라 하시니라." 십자가가 성부 하나님의 뜻이기는 하지만, 하나님은 그것을 예수님께 강조하지 않고 자발적 선택에 맡기셨다. 공동체의 선을 위해 누군가의 권리 포기가 필요하지만, 그것은 강요되지 않은 자발적 선택에 의한 것이어야 한다.

"사람의 모양으로"(엔 호모이오마티)에서 '호모이오마'는 '비슷한 것, 이미지, 흉내 낸 것, 닮은 것, 동일한 것' 등의 다양한 의미를 가진다. 이 단어에서 그리스도께서 진짜 사람이 되셨나, 아니면 사람의 모양처럼 보이기만 하신 것인가 하는 문제를 끄집어내려는 것은 잘못이다. 최소한 인간의 시각에서 사람의 모양으로 보이신 것만을 말할 수 있다. 로마서 8장 3절은 "율법이 육신으로 말미암아 연약하여 할 수 없는 그것을 하나님은 하시나니 곧 죄로 말미암아 자기 아들을 죄 있는 육신의 모양으로(엔 호모이오마티) 보내어 육신에

죄를 정하사"라고 말한다. 여기서도 그리스도께서 죄인이 되셨다는 말이 아니라, 죄인들과 같은 모양으로 인간들의 눈에 보이게 오셨다는 것이다. 로마서 6장 5절에서는 세례를 통하여 그리스도와 그리스도인의 연합이 확인되는 방식을 이 단어를 통하여 표현한다. "만일 우리가 그의 죽으심과 같은 모양으로(호모이오마티) 연합한 자가 되었으면 또한 그의 부활과 같은 모양으로 연합한 자도 되리라." 이 말이 그리스도께서 죽으신 방식으로 우리가 죽었다는 말은 아닌 것은 분명하다. 하나님의 시각에서 우리가 죽은 것처럼 인정해 주시는 것이다. 우리가 하나님처럼 되게 하시기 위해서 그리스도께서는 우리처럼 되셨다.

"사람의 모양으로 나타나사"에서 '스케마'는 '감각적으로 인식할 수 있는 외적인 형태나 구조'를 의미한다. 그러나 단지 외모만 사람이 되셨다는 의미를 담고 있는 것은 아니다.[11] 앞의 "사람의 모양이 되셨으며"와 다른 점은 "나타나사"라는 동사에 있다. '발견되었다'는 의미의 수동분사이다. 누가 보아도 알 수 있는 경험적 실체로 나타나셨다는 의미이다.

> 8 사람의 모양으로 나타나사 자기를 낮추시고 죽기까지 복종하셨으니 곧 십자가에 죽으심이라

"자기를 낮추시고"(타페이노오)는 "비하시키다, 비굴하게 만들다"라는 뜻이다. 같은 어원인 형용사 타페이노스, 명사 타페노시스 등의 의미와 이 단어가 서양의 정신사에서 하나의 미덕으로 등장하는 의의에 대하여 3절에서 논한 바 있다. 이사야 53장 8절에서 "그는 곤욕과 심문을 당하고 끌려갔으나"에서 "곤욕"이라는 단어가 칠십인역에는 타페이노시스로 나온다.

"죽기까지 복종하셨으니"는 십자가를 선명히 상기시킨다. 예수님께서 겟세마네에서 "아빠 아버지여 아버지께는 모든 것이 가능하오니 이 잔을 내게서 옮기시옵소서 그러나 나의 원대로 마시옵

고 아버지의 원대로 하옵소서"(막 14:36) 기도하신 대로, 아버지의 뜻
을 받아들이고 순종하는 그 지난한 과정이 본 절에 압축적으로 표
현되어 있다. 히브리서 10장 7절도 "이에 내가 말하기를 '하나님이
여 보시옵소서 두루마리 책에 나를 가리켜 기록된 것과 같이 하나
님의 뜻을 행하러 왔나이다' 하셨느니라"라는 말로 예수님의 삶 전
체가 순종을 위한 것이었음을 표현한다. 로마서 5장에서는 "한 사
람이 순종하지 아니함으로 많은 사람이 죄인 된 것같이 한 사람이
순종하심으로 많은 사람이 의인이 되리라"(롬 5:19)는 말로 아담의
불순종과 대비되면서, 온 인류를 구원하신 그리스도의 사역이 순
종이라는 측면에서 강조되고 있다.

　　"죽기까지"는 '메크리 사나투'로 그리스도의 복종이 죽음
이라는 지점까지 계속되었다는 생생한 표현이다. 바울은 2장 27절
에서 에바브로디도의 헌신을 묘사하면서 "죽기에 이르러도"라고 비
슷한 표현을 사용함으로써 에바브로디도와 그리스도의 순종과 헌
신을 병치시키고 있다. 이는 그리스도의 삶과 죽음을 본받는 중요
한 모범으로서 에바브로디도를 제시하는, 빌립보서 전체의 수사적
전략의 핵심을 차지하는 대목이다. 아래의 25절 이하의 주해에서
이 부분을 자세히 다룰 것이다. 아울러 메크리 사나투는 "죽도록
충성하라"는 말로 흔히 번역되는 요한계시록 2장 10절에 거의 똑같
은 표현으로 등장하고 있다. 이 말은 '죽음에 이른다 할지라도(아크리
사나투) 신실하라'라고 번역하는 것이 좋다. "충성하라"는 말은 우리
에게 어떤 일을 열심히 하라(doing)를 상기시키지만, 원어의 의미는
'be loyal' 혹은 'be faithful'이라는 의미로 그리스도에 대한 신실
함을 포기하지 말라는, 신실한 관계에 머물러 있으라는(being) 명령
이다. 그리스도에게 신실함은 요한계시록의 독자들에게는 순교까지
도 각오하는 결단으로 요구되고 있다. 바울과 에바브로디도를 통해
서 빌립보 교인들에게 주어진 결단도 다르지 않다.

　　"곧 십자가에 죽으심이라"를 원래의 운율을 벗어난 구로,
바울의 가필로 보는 학자들이 있다. 어떤 경우든 십자가라는 말에

바울의 고난신학의 핵심이 있는 것은 사실이다. 로마의 정치가이자 문필가인 키케로에 의하면 "십자가는 가장 잔인하고 혐오스러운 형벌"(Against Verres, 2.5.64)이었다. 이는 국가에 대한 반역 혹은 그에 준하는 중범죄를 처벌하는 수단이었는데, 극악한 범죄를 저지른 이들이라 해도 로마 시민들은 결코 십자가형을 받지 않았다. 십자가형은 노예와 외국인들에게만 해당되었다. 키케로는 십자가형은 "노예에게 가해지는 고문 중에서 극악한 고문"(Verres, 2.5.66)이라고 했다. 자신을 낮추시고 인간들과 같이 되셨고, 종이 되셨고, 죽으셨다는 이 모든 자기 비하의 과정에서 십자가는 최저점을 이루고 있다. 하나님이신 예수님이 친히 인간이 되셨다는 사실 자체가 엄청난 비하이지만, 그중에서도 십자가는 인간이 상상할 수 있는 가장 낮은 자리이다. 보다 구체적으로 그리스도께서 로마 시민이 아니었다는 사실을 의도적으로 부각시키는 단어이기도 하다. 이는 본서의 주제가 "복음에 합당하게 시민 노릇하라"(1:27)이며, 바울이 그리스도인들을 그 시민권이 하늘에 있는 자들(3:20)로 묘사한다는 점과 함께 이해되어야 한다. 로마 시민의 특권을 갖지 못한 그리스도, 또 그분과 자신들을 동일시하는 그리스도인 공동체의 자기이해 역시 이 대목에서 정점에 이른다. 그리스도인의 정체성은 십자가로부터 규정된 정체성이다.

하나님께서 그리스도를 높이심(2:9-11)

9 이러므로 하나님이 그를 지극히 높여 모든 이름 위에 뛰어난 이름을 주사

이 찬송에서 성부 하나님이 주도적으로 개입하는 대목이 시작된다. 마치 지금까지는 뭣하고 계셨느냐는 질문이 나올 법한 분위기를 읽을 수 있어야 한다. 성자 예수님이 종의 형체를 취하고, 수치를 당하고, 십자가에 죽으실 때까지 하나님의 행동은 전혀 눈에 띄지 않는다. 우리는 종종 "그때 하나님은 어디에 계셨나?"라는 질문을 한

다. 아우슈비츠가 그랬고, 세월호 참사 때가 그랬다. 그 답은 알 수 없다. 성경을 통해서 알 수 있는 것은 예수님도 하나님의 침묵을 경험했다는 것이다. "나의 하나님 나의 하나님 어찌하여 나를 버리셨나이까?"(막 15:34)라고 애타게 부르짖으셨을 때, 하나님은 답이 없으셨다.

이 찬송에서 압축적으로 전해지고 있는 예수님의 이야기가 마가복음이라는 긴 이야기로 펼쳐졌을 때, 하나님의 침묵이라는 심각한 상황이 조명될 수밖에 없었다. 우리 역시 종종 하나님의 부재를 경험한다. 하나님이 간절히 필요한 상황에서 하나님의 임재가 느껴지지 않는 것이다. 욥은 이런 경험을 토로했다. "그런데 내가 앞으로 가도 그가 아니 계시고 뒤로 가도 보이지 아니하며 그가 왼쪽에서 일하시나 내가 만날 수 없고 그가 오른쪽으로 돌이키시나 뵈올 수 없구나"(욥 23:8-9). 온통 어두움밖에 보이지 않을 때가 있다(시 88:18). 영성 신학자 마르바 던은 《나는 언제까지 외롭습니까?》(Lord, I am lonely. How long?)라는 책을 썼다.[12] 시편 묵상집이다. 극심한 고통을 당하면서 시편을 묵상할 때, 저자의 심상에 계속해서 새겨진 말씀은 "언제까지입니까?"라는 시편 기자들의 탄식이었다. 이 외로운 시간, 사람들로부터 버림받은 느낌뿐만 아니라, 하나님의 부재를 감당해야 하는 시간들, "언제까지입니까?"라는 탄식만이 가능한 때가 그리스도인의 삶에 있다.

그리스도의 경우, 마침내 하나님께서 개입하셨다. 종말론적 개입이다. 낮아지고 낮아지신 예수님을 하나님이 최상으로 높여주신 것이다. 이로써 우리는 하나님의 침묵은 영원하지 않을 것을 알 수 있다. "높이셨다"는 동사는 '휘페르휩소오'이다. '높이다, 들리다'는 의미의 동사 '휩소오'에 '위에' 혹은 강조형의 접두어인 '휘페르'가 붙어서 '최고로 높이다'라는 뜻이 된다. 휩소오는 요한복음에서 예수님의 십자가 사건을 설명하는 독특한 단어이다. "모세가 광야에서 뱀을 든 것 같이 인자도 들려야 하리니, 이는 그를 믿는 자마다 영생을 얻게 하려 하심이니라"(요 3:14-15)에서 이 단어는 그리스도께서 십자가에 달리시는 장면을 생생하게 예언하는 데 사용되었다. 민수기 21장 9절에서 모세가 놋뱀을 높이 든 장면이 그리스도께서 십자가에 높이 들리시는 장면에 대한 유비로 제공되고 있다.

휩소오는 요한복음 8장 28절, 12장 32, 34절에서도 십자가 사건 묘사에 사용된다. 12장 32절에서는 "인자가 땅에서 들리면 모든 사람을 내게로 이끌겠노라" 하시면서 들리는 사건을 언약의 결정적인 성취로 규정한다. "인자가 영광을 얻을 때가 왔도다"(12:24)라고 말씀하시는 맥락인데, 십자가에 들리는 물리적 동작의 이미지를 활용하여, 자신의 영예와 지위가 올라간다는 의미를 표현하고 있다. 십자가 사건 자체를 예수께서 높임을 받으시는 사건으로 이해하는 것이 요한신학의 독특한 관점이지만, 휩소오라는 단어로서 그리스도의 높아지심을 표현한 것은 바울과 요한이 공히 전해 받은 초대교회의 전승에 속했을 확률이 높다. 그리스도의 높아지심의 시점으로 보면 바울과 요한이 차이가 있다. 요한은 십자가 사건 자체를 높아지심으로 본 반면에, 본 절에서는 십자가 사건 이후의 어느 시점에—아마도 부활과 승천—하나님이 예수님을 높이셨다는 관점을 보인다는 것이다. 바울의 이해는 십자가 사건에서 하나님은 침묵하고 계시는 마가복음의 구도에 가깝다.

하나님께서 예수를 높이신 행위는 "이름"을 주신 사건에 집약되고 있다. 이 이름은 "주"(퀴리오스)라는 칭호를 말하는 것으로 보인다. 명예 중심의 고대 지중해 세계에서 칭호의 부여는 특별한 중요성을 갖는다. 옥타비아누스는 로마 전역의 권력을 장악하고 최고의 통치권자가 되는 과정을 스스로 이렇게 묘사하고 있다.

> 나의 집정관 임기 6년과 7년차에, 내가 내전을 종식시키고 나서, 그리고 내가 모든 정무의 완전한 관장을 모두의 동의에 의해 부여받았을 때, 나는 나의 공화국을 나의 권력에서 로마 원로원과 백성들의 지배로 이양하였다. 이러한 나의 봉사로 인해 나는 원로원의 결의에 의해 아우구스투스(최고존엄)라는 칭호를 부여받았고, 내 집의 현관에는 월계수관으로 공식적인 장식이 부여되었다. 로마시의 면류관이

내 문 위에 부착되었고, 쿠리아 율리아(시이저 가문의 이름을 딴 원로원 회의장)에는
황금 방패가 놓였다(Res Gestae 34).

위의 인용은 옥타비아누스가 실질적인 권력 장악보다 권위의 확보
를 얼마나 중요하게 생각했는지를 잘 보여 준다. 옥타비아누스는 권
력(potestas)을 놓아 버렸지만, 더 높은 권위(auctoritas)를 확보함으로
써 결과적으로 더 큰 권력을 쥐게 되었다. 그리고 그 권위의 핵심은
호칭의 부여였다. 이런 점에서 본문이 그리스도의 높아지심을 '퀴리
오스'라는 호칭의 부여로 표현하고 있는 대목은 주목할 만하다. 당
시에 황제 역시 퀴리오스로 불리기도 했다는 점에서 그리스도와 황
제의 등극은 밀접한 병행을 이룬다고 볼 수 있다.

명예를 중심으로 한 로마의 권력지향의 문화는 'cursus
honorum'(course of honor)에 집중되어 있다. 명예의 코스, 명예의 사
다리라 할 수 있는 이 체계는 공화국 시절 관직의 체계였다. 로마의
귀족 청년들은 평생을 계획하면서 30세쯤에 재무관(quaestor), 36세
쯤에 조영관(造營官, aedile)에 오르는 등 도식화된 출세의 단계를 목
표로 삼았다. 관직의 층계가 곧 명예의 층계와 동일시되었다. 시민사
회의 관직과 군대에서의 직위, 이 두 가지가 명예의 가장 중요한 지
표였다. 이 명예의 사다리는 사회를 구성하는 뼈대였다. 상향이동을
위한 경쟁은 어느 사회에나 있지만, 그 경쟁이 가장 체계화, 객관화
된 사회가 로마였다. 로마가 세계 제국으로 발돋움할 수 있었던 이
유를 경쟁을 극대화하는 체제에서 찾는 학자들이 많다. 특별히 군
사적 명예를 향한 귀족 청년들, 장군들의 경쟁은 로마의 군사적 확
장에 결정적인 동인으로 작용했다.

상향이동을 위한 경쟁이 강력했던 로마사회에서 그리스도
께서는 정반대의 길, 스스로를 비우시고 낮추시는 하향이동의 삶
을 선택하셨다. 헬러만(Hellerman)은 그리스도께서 'cursus hono-
rum'의 사회에 'cursus pudorum'(비천함의 코스)을 지향하셨으며, 이
런 삶의 지향이 그리스도 찬가의 중심주제라고 주장한다.[13]

오늘 그리스도를 따른다고 하는 우리들은 어떤 삶의 지향을 갖고 있는가? 어떤 인생을 꿈꾸며, 어떤 삶을 동경하고 존경하는가? 세상적인 기준에서 내세울 것 없어도 그 삶이 그리스도를 닮았다면, 적어도 그리스도인들 내에서는 최고로 존경받아야 할 사람이 아닌가? 그러나 교회 안에서도 세상과 같은 기준으로 사람들을 평가한다면, 복음의 핵심을 잃어버렸다고 보아야 한다.

> 10하늘에 있는 자들과 땅에 있는 자들과 땅 아래에 있는 자들로 모든 무릎을 예수의 이름에 꿇게 하시고 11모든 입으로 예수 그리스도를 주라 시인하여 하나님 아버지께 영광을 돌리게 하셨느니라

10-11절에서는 하나님께서 그리스도를 높이신 결과를 기술한 문장이 이어진다. "하늘 위"는 천사를 포함한 영적인 존재(악한 영도 포함될 수 있다. 참조 엡 2:2), "땅 위"는 지상에 있는 모든 피조물의 공간이다. "땅 아래"는 유대전통(스올)과 그리스 전통(하데스)에서 공히 죽은 자들의 세계로 묘사된 영역이다. 본문에서는 구체적으로 지하에 있는 존재들과 그들의 행위를 적시하기보다는 그리스도에 대한 온 우주 만물의 보편적인 경배를 강조하기 위한 묘사라고 볼 수 있다. 위에서 말한 권위와 권력의 현현(顯顯), 그리고 그에 대한 경의나 숭배의 표현은 불가피하게 정치적일 수밖에 없다. 동방에서는 오랫동안 왕들을 신으로 보고 숭앙해 왔다. 로마에서는 그런 전통이 약했지만, 로마 황제는 역사상 유례없이 강력한 권력을 장악했기 때문에 황제에 대한 경의는 빠르게 신적인 숭배 방향으로 움직이고 있었다. 특히 인간이 거주 가능한 지역 전체(오이쿠메네)가 황제의 통치 아래 들어왔기 때문에, 황제는 지상의 모든 존재를 포괄하는 보편적인 경배의 주인공으로 자리매김되기 충분했다. 타 지역의 왕들이 이 보편적인 경배의 일원이 되는 것은 로마 권력의 중요한 과정이었으며, 로마 제국 이전 시대에 이 왕들이 자신을 신격화했던 문화가 있었기 때문에, 황제의 권력이 신격화되는 것은 자연스러운 현상이기도 했다.

그러한 상황에서 그리스도에 대한 보편적인 경배를 주장하는 것은 당연히 황제 중심의 세계관과 충돌할 수밖에 없었다. 그리스도인들이 황제의 권력에 정치적으로 반항하거나 타도하겠다는 의도를 가진 것으로는 보이지 않는다. 그러나 모일 때마다 그리스도를 만유의 주로 경배하는 신앙은 스스로를 만유의 주로 자리매김하고자 하는 제국의 이데올로기와 충돌할 수밖에 없었다.

구약과 제2성전 시대 유대 문헌들에 나타나는 종말론적인 기대도 하나님이 왕이 되셔서 다스리는 것에 초점이 맞추어 있었다 (예. 사 52:7). 따라서 하나님의 통치라는 종말론적 기대의 성취가 그리스도라는 신앙은 정치적 차원을 가질 수밖에 없었다. 골로새서는 그리스도의 구원 사역을 이렇게 표현한다. "우리를 거스르고 불리하게 하는 법조문으로 쓴 증서를 지우시고 제하여 버리사 십자가에 못 박으시고 통치자들과 권세들을 무력화하여 드러내어 구경거리로 삼으시고 십자가로 그들을 이기셨느니라"(골 2:14-15). 이 통치자들과 권세들은 죄와 사망이라는 영적인 존재를 핵심으로 하면서, 그 하수인인 세상의 정치권력까지를 포괄하는, 두 초점을 가진 표현이라고 보아야 한다. 또한 굳이 부활까지 언급하지 않더라도, 십자가 자체가 승리라고 하는 관점에도 주목할 필요가 있다. 폭력으로 작동하는 세상의 권력을 십자가라고 하는 세상의 관점에서 보면 무력한 방법으로 정복하신 것이다. 빌립보서의 그리스도 찬가의 용어로 표현하자면 상향이동을 위한 경쟁의 마당에 오셔서, 극도로 낮아지심으로써 세상의 구도 전체를 바꾸신 것이다.

이러한 점을 감안하면 예수 그리스도의 승리를 '영적인 존재'들에 대한 것만으로 한정하는 것은 잘못이다. 그 영적인 존재들은 세상의 권력을 통해서, 물질주의를 통해서, 타락한 문화와 가치관을 통해서 힘을 발휘하고 있다. 세상의 권력이 악의 숙주(宿主) 노릇을 하는 경우도 많다. 특별히 바울이 속해 있는 제2성전기 유대교의 맥락에서 하나님의 통치는 이방 왕들과의 대결에서의 승리라는 측면을 배제할 수 없었다. 세상 왕들을 심판하시고 무릎을 꿇리시는 하나님의 승리는 구약성경의 핵심인 출애굽에서 명확하게 드러나고 있으며, 바울신학에서 역시 출애굽은 구원의 표상으로 중요한 기능을 담당하고 있다(고전 10:1-5).

10-11절은 구체적으로 이사야 45장 22-23절을 배경으로 하고 있다. "땅의 모든 끝이여 내게로 돌이켜 구원을 받으라 나는 하나님이라 다른 이가 없느니라 내가 나를 두고 맹세하기를 내 입에서 공의로운 말이 나갔은즉 돌아오지 아니하나니 내게 모든 무릎이 꿇겠고 모든 혀가 맹세하리라 하였노라." 이 말씀은 이스라엘의 야웨 하나님이 온 세상의 경배를 받을 것이라는 종말론적 언약의 성취를 내용으로 하고 있다. 10-11절이 이 예언의 성취를 말하는 것이 분명한 만큼, 그리스도 찬가에 나타난 초대 교회의 신앙은 그리스도를 야웨 하나님 자신과 같은 분으로 이해했다는 증거로 보아야 할 것이다. "나는 하나님이라 다른 이가 없느니라"라고 하는 강력한 유일신론의 맥락에서 이런 사고가 이루어졌다는 데 중요한 의미가 있다.

고난의 역사 가운데 야웨 하나님이 돌아오실 것을 기다리는 것이 포로기 이후 이스라엘의 소망의 핵심이었다면, 그리스도의 십자가 부활을 통해서 드디어 하나님이 이스라엘 가운데 돌아오셨다는, 구약의 그 길고 고통스러운 기다림의 때가 끝났고, 그리스도 안에서 그 언약이 성취되었다는 선언으로 볼 수 있다. 이사야에서 이 예언은 미래의 어느 시점에 일어날 일이었다. 그러나 빌립보서는 하나님이 그리스도를 이미 높이셨고 이미 최고의 이름을 주셨다고 표현한다(9절). 두 동사가 다 과거형이다. 그 종말론적 성취는 이미 일어났다. 그런데 10-11절의 내용, 하나님이 그리스도를 높이셨는데, 그리스도에게 모든 무릎이 꿇고, 그를 주라 시인한다는 말은 목적을 의미하는 절(헬. 히나, 영어의 in order that에 해당)로 표현되었기 때문에, 그리스도에 대한 우주적 복종은 이미 성취되었을 수도 있고, 아직 아닐 수도 있다. 이런 모호한 표현은 "이미-아직 아니"라고 하는 바울의 종말론적인 구도에서 나온, 의도적인 것일 수 있다.

148

이 땅에서는 짐승(이방의 통치자)이 맹위를 떨치고 있고, 그리스도인들은 장차 다가올 환난을 겪어야 하는 상황이지만, 하늘에서 하나님이 여전히 예배를 받고 계시는 현실을 말하는 요한계시록 4-5장의 이해와 맥이 닿아 있다. 하나님이 높임을 받으시고, 그리스도의 주권이 힘을 발휘하는 현실은 하늘에만 있는 것도 아니며, 미래의 일만도 아니다. "나의 매임이 그리스도 안에서 모든 시위대 안과 그 밖의 모든 사람에게 나타났으니"(1:12)라는 말은 위에서 살펴본 대로, 황제의 권력이 가장 강하게 작동할 것 같은 영역에서조차 그리스도의 주권이 나타나고 있다는 증언이다. 그래서 바울이 "당한 일이 도리어 복음 전파에 진전이" 되는 일이 가능한 것이다. 바울은 투옥되었지만 그것이 복음의 진전을 방해하지 못했고, 오히려 로마제국의 심장부에 그리스도가 드러나는 것으로 이어진 것은 우연도 아니었고, 하나의 고립적인 사건도 아니었다. 그리스도가 이미 세상의 권세를 장악하셨음을 보여 주는 사건이다. 가장 반복음적일 것 같은 상황, 가장 절망적인 상황에서도 그리스도의 권세는 드러나고 있다.

"시인하여"(엑스호몰로게오)는 '공적으로 인정한다, 증언한다'는 의미의 단어이다. 이 단어에 나타난 공적 성격에 주목해야 한다. 일차적으로 정치의 맥락에서 상대방의 권력을 인정한다는 의미를 떠올릴 수 있다. 전쟁에서의 항복선언이나 권력자 앞에서 머리를 조아리는 행위, 현대적 상황이라면 선거에서 진 후보가 상대방이 대통령이 되었음을 공적으로 인정하는 패배인정 연설과 비슷한 맥락에서 이해할 수 있을 것이다.

그런데 이 단어가 칠십인역에서는 찬양과 감사의 의미로 많이 쓰인다(삼상 22:50; 왕상 8:33, 35; 대상 16:4, 8, 34 등). 이 편지의 수신자인 빌립보 교인들에게 이 단어는 무엇보다도 공동체의 예배를 연상시켰을 것이다. 앞에서 살펴본 대로, 그들이 바울과 함께 드린 예배에서 이 찬송을 불렀을 수도 있다. 그 예배의 경험이 그들을 하나로 묶는다. 바울은 지금 감옥에서 예배의 삶을 살고 있으며, 같은 하나님을 빌립보 교인들도 예배하고 있을 것임을 알고 있다. 바울의 이 편지가 전달되어 낭독되는 그 순간도, 바울을 통해서 하나님의 음성을 듣는 예배의 현장이 될 것이다. 이 편지를 읽으면서 하나님의 임재를 함께 경험하면서 예배하는 것이다.

이 찬송의 마지막은 "하나님 아버지의 영광을 위하여"이다. 그리스도께서는 애초에 지니신 마음의 태도, "하나님과 동등됨을 취할 것으로 여기지 아니하시고 자신을 비우시고 낮추신" 태도를 높임을 받으신 후에도 견지하시는 것이다. 성부 하나님은 성자 예수님을 지극히 영광스럽게 하시지만, 그 모든 영광을 궁극적으로 아버지께 돌리시는 성자의 태도가 강조된다. 요한계시록 4장의 천상예배에서 이십사 장로들이 "자기의 관을 보좌 앞에 드리는" 장면에서 같은 주제가 보인다. 구약과 신약의 성도들의 대표인 이십사 장로들에게 하나님께서 부여하시는 영광을 도로 하나님께 돌려 드리는 것이다.

본 절에서 하나님 뒤에 굳이 "아버지"를 붙인 이유는 성자의 하나님 되심이 강조되는 맥락이기 때문에 구별의 필요를 느꼈던 것 같다. 그리스도께서는 지극히 높아지셨음에도 불구하고, 여전히 자발적으로 하나님께 영광을 돌리시고, 스스로 영광을 취하지 않으신다.

바울은 로마 교회의 공동체 생활에 대해 권면하면서 "그러므로 그리스도께서 우리를 받아 하나님께 영광을 돌리심과 같이 너희도 서로 받으라"(롬 15:7) 한다. 원어로 보면 이 구는 "아버지"라는 말을 빼고는 똑같은 구문 "하나님의 영광을 위하여"(에이스 독산 테우)로 마치는, 유사성을 놓치기 힘든 병행구이다. 신학적 사고도 유사하다. '그리스도의 구속 사역 전체는 하나님의 영광을 위한 것이었고, 우리가 그런 그리스도를 본받아 하나님께 영광 돌리는 길은 서로를 받아들이는 삶이다. 그리스도께서 받아들이기 힘든 죄인을 받아들이셨듯이, 우리 또한 탐탁지 않은 이들을 형제자매로 받아들일 때 하나님이 영광받으신다. 그것이 우리 삶의 십자가이다.'

빌립보서에서는 그것이 "나보다 남을 낫게 여기는" 삶으로 표현된다. 이런 태도를 가지려 한다면, 그리스도를 본받는 길밖에 없을 것이다. 로마서 14장 11절에 "기록되었으되 주께서 이르시되 내가 살았노니 모든 무릎이 내게 꿇을 것이요 모든 혀가 하나님께 자백하리라 하였느니라"라며 빌립보서 2장 11절과 같은 인용이 나오는 것으로 보아서 두 본문이 같은 신학적인 사고, 예수 그리스도의 구속사역을 공동체의 구체적인 삶에 적용하는 맥락을 공유하고 있다는 것이 분명해진다.

심층연구―그리스도 찬가의 신학

이 지도를 처음 보여 주면, 처음에는 "어, 왜 거꾸로 걸어 놓았지?" 하는 반응이 나온다. 그러나 이런 식으로 출판되는 지도를 보면 거꾸로 걸린 게 아니라, 처음부터 의도적으로 '거꾸로' 만든 것이다. 지구는 둥글다. 그 자체로는 위도 아래도 없다. 그런데 인류가 관습적으로 북쪽을 위에 위치시키는 지도를 만들어 왔고, 그러한 관습에 익숙한 우리의 눈이 이런 지도는 거꾸로 건 것이라고 인식하는 것이다. 왜 북쪽이 위로 갔을까? 유럽을 비롯한 세계 문명의 주도 세력이 북쪽에 있었기 때문에 그들 중심의 세계관이 반영된 것이다. 모든 지도는 권력의 반영이다. 세상의 언어, 예술, 문화 등 모두가 일정한 권력의 반영이다.

스스로 종의 모습으로 세상에 나타난, 그리고 십자가라고 하는 가장 수치스러운 모습으로 생을 마감한 예수가 마침내 주와 그리스도가 되었다는 전언은 듣는 사람들의 세계관에 큰 충격을 주었다. 그 이전의 세계관에서는 로마 황제가 가장 위에 있었고, 이런 권력의 구조를 따라 저마다 더 높은 곳에 서는 것이 삶의 목표였다. 그러나 그 권력의 지도 자체가 바뀌었다. 스스로 종의 모습으로 자신을 낮추시고 섬김의 삶을 사신 그리스도를 하나님께서 주(퀴리오스)로 삼으셨다. 그 앞에 모든 영적 세력, 정치적 권력이 무릎을 꿇게 될 것이다. 이 그리스도 찬가는 더 이상 황제가 아니라 그리스도가 세계의 주권자라는 근본적으로 다른 권력의 지도를 제시한다. 예수를 믿는 것은 그들의 머릿속 지도를 바꾸는 일이었다.[14]

이에 따라 삶의 목표, 그것을 추구하는 방법과 태도가 달라질 수밖에 없다. 그리스도의 삶과 죽음이 우리에게 주는 도전은 돈과 권력이 맨 위에 있는 지도는 틀렸다는 것이다. 그 지도에서 조금이라도 위에 오르기 위해 수단과 방법을 가리지 않고 노력하는 삶의 방식은 잘못이다. 멸망이 그들을 기다리고 있을 뿐 아니라(1:28), 현실의 삶에서도 진정한 기쁨은 없다! 그리스도를 주로 부르고 섬기는 신앙은 세계 전체를 다른 시각으로 볼 것을 우리에게 요구한다. 그 삶의 한 예로 바울은 자신을 제시해 보이고 있는 것이다. 빌립보서뿐 아니라, 바울서신 전체에서 바울 자신의 삶의 고백이 중요한 이유이다. 빌립보서를 기쁨의 서신이라 하는데, 그 기쁨은 우리 마음의 태도 변화만을 의미하는 것이 아니다. 누구든지 그리스도 안에 있으면 그에게는 만물이 새롭다(고후 5:17). 보라 새것이 되었도다!

고린도후서에서 새로운 피조세계에서 살아가라는 말을 바울은 빌립보서에서 "복음에 합당하게", "천국의 시민으로" 살아가라고 표현하고 있는 것이다. 새로운 세계를 살아가기 때문에 그 마음의 반응도 바뀔 수밖에 없다. 그것이 빌립보서가 전하는 기쁨이다. 세계의 변화에 대한 인식 없이, 마음의 태도만 바꾸라는 말이 아니다.

4. 바울과 빌립보 교인들의 헌신이 동일함을 역설함 (2:12-18)

12그러므로 나의 사랑하는 자들아 너희가 나 있을 때뿐 아니라 더욱 지금 나 없을 때에도 항상 복종하여 두렵고 떨림으로 너희 구원을 이루라 찬송을 인용한 바울은 다시 현실적인 권면으로 돌아온다. "그러므로"는 위의 사실들과 지금의 권면이 연결되어 있음을 밝힌다. 그리스도께서 보이신 모범, 그리고 그로 인한 세계의 변화가 우리에게 다른 삶을 요구한다는 것이다. "너희가 나 있을 때뿐 아니라 더욱 지금 나 없을 때에도"는 예전에 바울이 그들과 함께 있었을 때와 지금의 부재상황을 말한다고 이해되기도 한다. 그러나 그보다는 자신이 풀려나서 빌립보 교인들과 함께할 경우이든 그렇지 못한 경우이든 똑같이 행동하라고 말한다고 보아야 한다. 바울이 석방된 후 그들을 방문해서 얼굴과 얼굴을 맞대고 권면할 그 말을 지금 편지로 하는 것이다. 1장 25절에서 "내가 살 것과 너희 믿음의 진보와 기쁨을 위하여 너희 무리와 함께 거할 이것을 확실히 아노니"라고 확신의 어조로 말했지만, 여기서는 다시 객관적이고 냉정한 대비를 하고 있다. 한편으로는 빌립보 교인들을 보고 싶은 마음이 간절하고, 그런 마음으로 하나님께 구하는 것과 다른 한편으로 다시 그들을 만나지 못할 가능성도 염두에 두고 있는 것이다. 우리는 여기서 강렬한 바람을 가진 한 사람이, 궁극적으로 자신의 미래를 온전히 하나님께 맡기고 있는 모습을 발견한다.

"두렵고 떨림으로"라는 말도 바울의 방문계획과 관련해서 이해해야 한다. 시편 2편 11절에서 "여호와를 경외함으로(두려워함으로) 섬기고 떨며 즐거워할지어다" 하는 등 구약에서 이 어구는 하나님 앞에서의 인간의 합당한 태도를 말하는 것으로 주로 쓰였다. 바울은 이런 용례를 조금 다른 방식으로 응용한다. 예를 들어 고린도 교회가 디도를 영접한 사실을 이렇게 묘사한다. "그가 너희 모든 사람들이 두려움과 떪으로("떨림으로"와 같은 말) 자기를 영접하여 순종한 것을 생각하고"(고후 7:15). 고린도 교인들이 사역자 디도를 대했던 태도를 말한다. 빌립보서 2장에서와 같이 여기서도 사역자에 대한 두렵고 떨림의 자세는 순종과 관련되어 있다. 바울은 데살로니가 교인들이 "하나님의 말씀을 받을 때에 사람의 말로 받지 아니하고 하나님의 말씀으로"(살전 2:13) 받았다고 말하고, 갈라디아 교인들이

153

"하나님의 천사와 같이 또는 그리스도 예수와 같이 영접하였도다" (갈 4:14)라고 말한다. 한 사역자가 지역 공동체에서 사역할 때, 그를 통하여 역사하시는 하나님의 임재를 인정하고 (혹은 감지하고) 하나님 앞에서 갖추어야 할 경건의 태도를 사역자 앞에서 갖추었다는 말이다. 고린도 교인들이 디도에게 보였던 그 태도를 자신이 빌립보를 다시 방문하게 될 때 교인들이 보여 주기를 바라고, 혹 방문하지 못하게 되더라도 똑같은 태도로 바울의 당부를 이행해 주기를 바라는 것이다. 자신의 현존 혹은 부재와 관계없이 "너희 구원을 이루라"라며 바울은 당부하고 있다.

"너희 구원을 이루라"라는 말의 의미에 대해서 살펴볼 필요가 있다. 1장 19절에서 바울이 "나를 구원에 이르게 할 줄"이라는 말을 주석하면서, 이 말이 바울의 구출(석방)을 말하는 것이냐, 종말론적 구원을 말하느냐는 논쟁이 있음을 살펴보았다. 본 절의 구원은 종말론적인 구원을 의미하느냐 혹은 사회적 구원을 의미하느냐는 논쟁이 있다. 빌립보 교회의 가장 큰 문제는 공동체 내의 분열이며, 이 분열을 극복하고 화합된 공동체를 이루는 것을 사회적 구원이라고 부른다. 필자는 1장 19절의 "구원"과 2장 12절의 "구원"을 같은 맥락에서 보는 것이 본서를 기록한 바울의 의도의 핵심과 관련 있다고 본다.

1장 19절과 2장 12절의 구원, 바울이 바라던 자신의 구원과 빌립보 교인의 구원이 같은 의미라면 '종말론적 구원'일 수밖에 없다. 그러나 그것은 신자 개인이 종말론적 심판대에서 무죄 평결을 받는다는, 즉 천국에 들어갈 자격을 얻는다는 좁은 의미에서의 구원이 아니다. 한 사람이 자신의 신앙 여정 전체를 '그리스도의 날'에 내어놓고 감사와 영광의 자리에 설 수 있도록, 끝까지 달음질하여 신앙의 경주를 완성하는 것을 말한다. 단지 천국 갈 것인가, 못 갈 것인가가 아니라 어떤 삶의 열매를 갖고 주님 앞에 설 것인가를 말하는 것이다. "내가 이미 얻었다 함도 아니요 온전히 이루었다 함도 아니라 오직 내가 그리스도 예수께 잡힌바 된 그것을 잡으려고 달려가노라"(3:12). 그런데 바울은 자신의 신앙의 경주가 자신에게만 달려 있지 않고 빌립보 교인들이 어떻게 신앙의 경주를 하는가와 연관되어 있다고 말한다. 바울은 혼자 잘 달려서 혼자만 상 받는 것은 불가능하다고 본다. 빌립보 교인들이 신앙의 경주에서 실패한다면, 바울도 실패하는 것이다. "나의 달음질이 헛되지 아니하고 수고도 헛되지 아니함으로 그리스도의 날에 내가 자랑할 것이 있게 하려 함이라"(2:16).

동시에 "사회적 구원"이라는 말로 학자들이 표현하려는 개념은 중요하다. "너희 구원"은 개인의 구원이 아니라 공동체의 구원이다. "너희 안에(엔 휘민) 행하시는 이는 하나님이시니"는 "너희의 공동체 안에" 행하시는 것이며, 각 사람의 마음속에서 행하시는 것이 아니다. 2장 4절에서 "너희 안에 이 마음을 품으라"와 똑같은 말 "엔 휘민", "너희 공동체 안에"라는 말이다. 결국 우리 안에서 그리스도의 마음을 품고(그리스도와 같은 생각을 하고) 그를 본받게 하시는 이가 우리 공동체 안에 계시는 하나님이신 것이다. 바울이 "그리스도의 날에" 빌립보 교인들로 인하여 "자랑할 것이" 있게 하는 것, 그들의 믿음의 완성이 바로 "구원"이다. 이는 무엇보다 종말론적 구원인데, 그 속에 사회적 구원, 곧 빌립보 교인들이 하나 되어, 한마음으로 그리스도의 샬롬을 이루는 것을 포함할 수밖에 없다. 요약하자면 "공동체의 종말론적 구원"이다. 이 구원은 궁극적으로 미래적이면서, 현재에 이루어지고 있으며, 현재의 삶에서 그 양상을 볼 수 있는 구원이다. 우리 안에서 "착한 일을 시작하신" 하나님이 그 일을 완성해 가는 과정에 순종하고 동참하는 것이다. 그 착한 일은 우리 개인의 구원일 뿐 아니라, 창조부터 최후의 완성까지의 큰 구원이다. 이 구원의 현실을 생생하게 살아가게 하는 것이 복음의 공동체이다.

이 포괄적인 구원을 이루어 가는 데 있어서 구체적인 전선, 주로 노력해야 할 부분은 시대마다, 사람마다, 처한 상황마다 다를 수 있다. 바울에게 있어서 구원은 순교를 앞두고도 끝까지 복음을 변명하는 자리에서 승리하는 것이다. 빌립보 교인들에게 있어서 구원은 "원망과 시비가 없이" 서로 사랑하고 존중하는 공동체로서 서는 것이다. 이 모든 일이 결국에는 바울과 빌립보 교인들이 "그리스도의 날에 자랑할 것이 있게 하는 것"을 이룰 것이다. 바울이 빌립보 교인들은 "나의 면류관"이라고 하는 것도 같은 이유에서이다. 믿음의 경주에 있어서 그들의 승리가 바울의 면류관이 될 것이다. 이러한 구도로 아래와 같은 말의 의미를 우리는 더 잘 이해할 수 있다.

"너희 안에도 그와 같은 싸움이 있으니"(1:30) : 동일한 종류의 싸움이 아니라, 같은 편으로 함께 싸운다. 우리는 승패의 결과를 공유할 것이라는 말이다.

바울의 구원 : "이것이 너희의 간구와 예수 그리스도의 성령의 도우심으로 나를 구원에 이르게 할 줄 아는 고로"(1:19)라는 말로 바울의 구원을 위해서 빌립보 교인들이 기도로 동참해서 함께 싸워야 한다고 한다.

빌립보 교인들의 구원(1:12) : "나 있을 때 뿐 아니라 더욱 지금 나 없을 때에도"라고 하면서 그 싸움에 바울이 함께 있는 것이 당연히 전제되어 있다는 인식을 보인다.

"너희 제물 위에 나를 관제로 드릴지라도"(2:17) : 빌립보 교인들의 헌신과 바울의 순교는 하나님 앞에서 하나의 제사로 드려지게 될 것이다.

"구원을 이루라"에서 "이루라"는 '카테르가조마이'이다. 13절에 두 번 나오는 "행하다"(에르가조마이)의 강조형이다. 이 단어를 중심으로 12절의 "이루라"는 개념과 13절의 두 가지 "행함", 하나님과 인간의 행함이 긴밀히 연결된다. 에네르게오는 영어 'energy'의 어원으로 '엔'(안에서), '에르고스'(일하는)가 합쳐졌다. 에르고스는 바울이 거듭 믿음과 반대항에 놓고 말하는 '율법의 행위'(에르가 노무)와 같은 개념을 담고 있기 때문에 구원에 대한 교리적 이해와 충돌할 수 있다. 그러나 바울은 첫 편지인 데살로니가전서 서두에 데살로니가 교인들의 "믿음의 행위"(에르곤 피스테오스, 개역개정에서는 '믿음의 역사'로 번역)를 칭찬한다. 바울에게 있어서 믿음과 행위는 날카롭게 대립하는 개념이 아니라, 이렇게 나란히 쓸 수 있는, 믿음의 결과로 자연스럽게 행위를 기대할 수 있는 관계였다. 에네르게오와 믿음은 갈라디아서 5장 6절에서 "사랑으로써 역사하는 믿음"(피스티스 디 아가페스 에네르구메네)에서 다시 쌍으로 등장한다. 여기서 '역사하는' 역시 '행하게 하는', '행하는'으로 번역할 수 있다. 바울이 자신의 행위를 의지하는 태도에 대하여 비판하는 맥락에서 "믿음"(faith)과 "행위"(work)를 강하게 대립시키고 있는 것처럼 보이지만, 사실 바울의 사고에서 믿음과 행위의 거리는 그렇게 멀지 않다.

"구원을 이루라"는 말이 어색하게 들릴 사람이 많을 것이다. '구원을 받았다'는 말이 익숙하기 때문이다. 여기에서 우리에게 익숙한 용례와 두 가지 차이점이 있는데, 구원은 우리가 이루는 것인가 아니면 받는 것인가, 또 이미 받은 것인가 아니면 이루어 가야 하는 미래적인 것인가의 문제이다. 김세윤은 하나님의 주도권을 강조하는 칼빈주의와 인간의 책임과 응답을 강조하는 알미니안주의가 여기서 절묘한 균형을 이루고 있다고 설명한다.

> …12절은 독자들에게 성화를 통한 교회의 일치와 안녕을 이루어 가라고 권면하는 알미니안적 강조를, 13절은 하나님께서 독자들에게 바로 그것을 이루려는 의지와 능력을 주시기 때문에 그들이 그것을 이룰 수 있다고 말함으로써 칼빈주의적 강조를 하고 있다고 말할 수 있습니다. 그러니까 12절과 13절은 얼핏 서로 모순되는 것 같은 두 관점들이 온전한 균형을 이루며 조합되어 있는 것입니다(김세윤, 102). 그러니까 하나님의 은혜에 대한 칼빈주의적 관점이 없는 알미니안주의는 인본주의에 불과하고, 성화를 위한 알미니안적 강조가 없는 칼빈주의 역시 하나님의 은혜를 헛되게 하는 것입니다(김세윤, 103).

여기서 어디까지가 우리의 일이고 하나님의 일인지는 알 수 없다. 다만 아는 것은 구원은 하나님이 시작하신 일이고 그 성취도 전적으로 하나님께 달려 있다는 것, 그와 동시에 우리의 노력도 요구받는다는 사실이다. 한센은 "여호와께서 집을 세우지 아니하시면 세우는 자의 수고가 헛되며 여호와께서 성을 지키지 아니하시면 파수꾼의 깨어 있음이 헛되도다"라는 설명을 덧붙인다. 우리가 집을 지어야 하지만 하나님의 도우심이 없으면 아무 소용이 없다. 우리는 열심히 일을 하면서, "우리의 손이 행한 일을 우리에게 견고하게 하소서"(시 90:17)라고 간구해야 한다.

> 13 너희 안에서 행하시는 이는 하나님이시니 자기의 기쁘신 뜻을 위하여 너희에게 소원을 두고 행하게 하시나니

하나님이 일하시는 방식은 오묘하다. 무엇보다 우리 가운데 "소원"을 두시는 방식으로 일하신다. 그 소원은 "기쁘신 뜻"이다. 로마서 12장 2절에서 바울은 "하나님의 선하시고 기뻐하시고 온전하신 뜻이 무엇인지 분별하도록 하라" 한다. 우리는 하나님의 뜻을 생각할 때, 무엇을 허락하시는가 관심을 가질 때가 많다. 하나님의 뜻이 아닌 쪽으로 갈 때에 벌을 받게 되거나, 뭔가 좋지 않은 일이 생길 거라는 생각을 하기도 한다. 그러나 하나님은 자유 가운데서 우리를 부르셨고, 폭넓은 자유를 허락하셨다. 어디까지 허락하실까, 무엇을 하면 벌받는가가 아니라 허락된 많은 일 중에서 무엇을 하나님이 기뻐하실까에 초점을 맞추어야 한다. 하나님께서 기뻐하시는 일을 선택하며 살다 보면, 그것이 나에게 좋은 일이라는 것을 알게 되며, 기쁨으로 하나님의 뜻을 스스로 선택하는 일이 늘어나게 된다. 신앙의 성장이란 결국 하나님이 기뻐하시는 것을 나도 기쁘게 되는 것이다. "나의 품은 뜻 주의 뜻같이 되게 하여 주소서"라는 찬송처럼!

이런 성장은 오랜 기간의 순종을 통해서만 가능하다. 특별히 공동체 내의 생활에서, 기쁨과 슬픔을 함께하는 공동체에서, 또 죄인 된 모습 때문에 서로 부대끼기도 하는 과정을 통해서 구원이 이루어져 가는 것이다.

14모든 일을 원망과 시비가 없이 하라

"원망"은 '공구스모스'로 의성어이다. 우리말의 '구시렁구시렁' 정도
의 느낌으로 보면 된다. 우리말로는 "수군거린다"(요 6:41 등)로 많이
번역되어 있다. 사도행전 6장 1절에는 초대교회에서 과부들을 구제
하는 일 때문에 "원망"(공구스모스)이 생겼다고 한다. 초대교회가 성
령의 인도하심을 따른 역동적인 교회였지만, 이상적인 공동체는 아
니었다. 구시렁거리며 원망하는 행위가 공동체에 큰 위협이 되었다.
바울은 고린도전서 10장 10절에서 "그들 가운데 어떤 사람들이 원
망하다가 멸망시키는 자에게 멸망하였나니 너희는 그들과 같이 원
망하지 말라" 하며 강력하게 경고한다. 이는 출애굽기 15-17장, 민
14-17장에 집중적으로 나타나는, 이스라엘 백성들이 광야에서 원
망한 사건을 상기시킨다. 야고보 역시 "형제들아 서로 원망하지(스
테나조) 말라 그리하여야 심판을 면하리라" 했다. 바울과 야고보 모
두 신앙 공동체 내에서 서로 원망하는 것을 멸망당할 수 있는 중대
한 죄라고 한다.

　　"시비"는 '디아로기스모스'로 기본적으로 생각, 다른 생각
을 의미하지만 의심, 다른 말, 논쟁 등 다양한 용례에 나타난다. 로
마서 1장 21절에서는 허망한 "생각"을, 야고보서 2장 14절에서는 서
로 구별하는 악한 "생각"을 말하는 부정적인 맥락에서 등장한다. 디
모데전서 2장 8절에는 "그러므로 각처에서 남자들이 분노와 다툼
(디아로기스모스)이 없이 거룩한 손을 들어 기도하기를 원하노라"라는
맥락에서 분노와 나란히 등장한다. 중보기도의 중요한 조건은 분노
와 다툼이 없는 것이다. 교회들에 분쟁이 있을 때, 그룹별로 모여서
자기편이 이기게 해달라고 기도하는 모습을 목격한다. 그것은 기도
의 기본 요건도 갖추지 못한 것이다. 그런 기도는 안 하느니만 못하
다. 빌립보서 4장 6-7절의 약속 "아무 것도 염려하지 말고" 맡기고
기도하면 "하나님의 평강"이 너희('너'가 아니다!) 마음과 생각을 지키
시리라는 말을 개인적인 마음 안에서 일어나는 일로만 착각하면 곧

란하다. 가정이나, 교회, 국가 공동체의 상황과 개인의 영성은 밀접
하다. 빌립보서에서는 교회의 샬롬이 특히 강조되는데, 교회의 연합
과 일치를 깨면서 하는 기도에 하나님이 평강으로 대답할 것이라
는 기대를 해서는 안 된다. 우리의 기도는 공동체의 화합을 위해 애
쓰는, 헌신하고 양보하며 희생하는 가운데서만 평강으로 응답될 수
있다. 제단에 제물을 드리다가 형제에게 원망 들을 만한 일이 생각
나거든, 예배를 중단하고라도 그 관계를 회복하라는 예수님의 말도
같은 강조점을 갖고 있다(마 5:23-24).

디아로기스모스가 "의심"(롬 14:1)이라는 말로 쓰이는 것도
의미심장하다. 한 인격 안에서 상반된 두 생각이 충돌하는 것이 의
심이며, 한 집단이 그런 상태라면 "시비" 혹은 "다툼"의 상태가 되
는 것이다. 성경의 세계에서 개인의 영성에 관한 원리와 공동체의
신앙에 관한 원리는 놀랍도록 흡사하다.

성경은 교회 내의 분열에 대해서 종말의 심판을 면할 수 없
을 것을 경고하며, 그런 분열을 일으키는 자에게서 기도할 자격을
박탈할 정도로 단호하다. 에베소서 4장 3절에서 바울은 "평안의 매
는 줄로 성령이 하나 되게 하신 것을 힘써 지키라" 했다. "교회의 일
치를 유지하기 위해 모든 노력을 다하라"(making every effort to maintain
the unity, NRSV)는 일치를 최우선의 가치로 두라는 말이다. 교회 안에
서 다양한 의견들이 나누어지고 교환되는 역동적인 과정을 부인하
는 말이 결코 아니다. 이기적인 의도로 하는 비난, 뒤에서 수군거리
는 소위 뒷 담화, 자신의 의견을 관철하려는 고집이 공동체를 파괴
한다. 교회의 구체적인 사역에서 내 의견이 중요하게 느껴질 때가 많
다. 그러나 그것이 교회의 연합을 깰 만큼 중요한가 숙고해야 한다.

15 이는 너희가 흠이 없고 순전하여 어그러지고 거스르는 세대 가
운데서 하나님의 흠 없는 자녀로 세상에서 그들 가운데 빛들로 나
타내며

"어그러지고 거스르는 세대"라는 말은 신명기 32장 5절에서 나오는 말로, 14절에서 "원망"의 주제와 마찬가지로 광야에서의 이스라엘 백성의 불순종을 그 배경으로 하고 있다. 그렇다고 해서 이를 반유대적 논박의 맥락에서 볼 필요는 없다. 제2성전기 유대교에서는 이방 땅에 흩어진 디아스포라 유대인들이 불순종의 세계에서 하나님께 순종하는 참 하나님의 백성이라는 의식이 강했다. 비슷한 맥락에서 바울은 빌립보 교인들이 속한 이교 세계의 타락상과 그리스도인들의 삶을 대조하고 있다.

3장 19-20절에서 바울은 "그들의 마침은 멸망이요 그들의 신은 배요 그 영광은 그들의 부끄러움에 있고 땅의 일을 생각하는 자라 그러나 우리의 시민권은 하늘에 있는지라 거기로부터 구원하는 자 곧 주 예수 그리스도를 기다리노니"라고 한다. 여기서 "그들"이 일차적으로는 그리스도인들 중에 어떤 이들을 가리키지만 이방인들과 다를 바 없는 윤리적 경향을 말하는 데 초점이 있다. 시민권이 하늘에 있는 사람들, 하늘의 식민지로서 이 땅을 살아가는 이들이 구원자(소테르)를 기다린다는 말은, 전쟁 중에 적대적인 세력에 포위되어 있는 성(폴리스)의 이미지를 활용하고 있는 것이다. 비윤리적인 세상에 포위되어 있는 폴리스로서의 그리스도인 존재 양태의 종말론적인 성격을 보여 준다.

3장에 나타나는 이런 이미지는 본 절의 해석에 도움을 준다. 그리스도인들은 "어그러지고 거스르는 세대(게네아)" 가운데 포위되어 있다. 그들이 삶에서 어려움을 당하는 이유는 윤리적으로 차별된 삶을 살기 때문이다. 베드로전서에서는 소아시아 지역의 성도들이 당하는 고난의 이유를 윤리적으로 차별화된 삶에서 찾고 있다. "너희가 음란과 정욕과 술취함과 방탕과 향락과 무법한 우상 숭배를 하여 이방인의 뜻을 따라 행한 것은 지나간 때로 족하도다 이러므로 너희가 그들과 함께 그런 극한 방탕에 달음질하지 아니하는 것을 그들이 이상히 여겨 비방하나"(벧전 4:3-4). 예전에는 함께 방탕하고 타락한 행동을 일삼던 이들이 그리스도인이 되어 그런 행동을 버리고 깨끗한 삶을 살기 시작할 때 세상은 그냥 두지 않는다. 그리스도인의 윤리적 삶이 도리어 비방과 핍박의 원인이 된 것이다. 그리스도인들의 공동체는 윤리적으로 포위되어 공격을 받고 있다.

바울은 2장 6-11절에서 그리스도가 세상의 주권자가 되었음을 선포했다. 그러나 아직 세상의 복종은 완전하지 않다. 그리스도인의 삶에 고난이 있는 이유이다. 그리스도의 통치는 "이미" 이루어졌지만, "아직 아니"의 차원에서 그리스도인들은 문화적·윤리적·세계관적 소수파로 살아가야 한다. 이러한 상황하에서 "하늘의 시민으로 복음에 합당하게 살아가라"는 것이 빌립보서 교훈의 핵심이다. 그렇게 살아갈 때에 하나님의 자녀로 세상의 빛으로 나타날(파이노) 것이다. 나타난다(파이노)의 형용사형인 파네로스가 "이러므로 나의 매임이 그리스도 안에서 온 시위대 안과 기타 모든 사람에게 나타났으니(파네로스)"(1:13)에서 쓰이고 있다. 바울은 빌립보 교인들의 삶의 지난한 투쟁 가운데서 그리스도를 주권자로 모신 신앙이 밖으로 나타나야 함을 주문하는데, 그 삶의 한 모범으로서 자신의 '옥중 투쟁'이 제시되고 있는 것이다. 소수파이지만 하나님의 기쁘신 뜻이 자신들과 함께 있는 데서 온다는 확신이 이 투쟁을 계속하게 하는 동력이다. 예수님도 말씀하셨다. "적은 무리여 무서워 말라 너희 아버지께서 그 나라를 너희에게 주시기를 기뻐하시느니라"(눅 12:32).

"빛들로 나타내며"가 포위된 폴리스의 이미지를 담고 있다면, 이 이미지는 산상수훈에서 예수께서 제자들을 세상의 빛이라 선포하시고 "산 위의 동네가 숨기우지 못할 것이요"(마 5:14)라고 말씀하신 이미지와도 연결된다. 이는 세상에 교회의 우월성을 선전하고, 어떤 프로그램으로 세상을 변화시키겠다는 의도적 운동을 펼치라는 말이 아니다. 그리스도를 주님으로 모시고, (영적·정치적·경제적으로) 다른 어떤 우상을 숭배하지 않고 서로 원망과 시비 없이, 남을 나보다 낫게 여기며, 다른 사람들의 일을 돌아보는 공동체로 살다 보면 자연스럽게 세상의 빛으로 드러나게 될 것이라는 말이다.

16 생명의 말씀을 밝혀 나의 달음질이 헛되지 아니하고 수고도 헛되지 아니함으로 그리스도의 날에 내가 자랑할 것이 있게 하려 함이라

"생명의 말씀을 밝혀"는 '생명의 말씀을 굳게 붙잡아'라는 의미이다. 15절에 빛으로 나타난다는 말에는 다니엘 12장 3절의 반향이 있다. "지혜 있는 자는 궁창의 빛과 같이 빛날 것이요 많은 사람을 옳은 데로 돌아오게 한 자는 별과 같이 영원토록 빛나리라." 히브리 성경에 "많은 사람을 옳은 데로 돌아오게 한 자"가 칠십인역에는 "나의 말을 강하게 붙잡은 자들"이라고 번역되어 있다. 히브리어 본문에는 타인에 대한 영향력이 중심이지만, 칠십인역의 번역에서는 타인에게 복음을 전한다는 의미보다는, 적대적인 환경 속에서 말씀을 굳게 붙잡는, 신실한 신앙에 머무는 자세를 말한다.

바울은 자신의 신앙의 여정 전체를 달리기 경주에 비유한다(빌 3:12-16; 고전 9:23-27). 이 경주는 혼자 빠르게 달린다고 이길 수 있는 경주가 아니다. 빌립보 교인들과 함께 발을 묶고, 넘어지든 기어가든 함께 결승선에 들어와야 하는 경주이다. "나의 달음질이 헛되지 아니하고 수고도 헛되지 아니함으로"는 그런 말이다. "그리스도의 날에 내가 자랑할 것이 있게"의 의미를 가장 잘 설명해 주는 구절은 데살로니가전서 2장 19-20절이다. "우리의 소망이나 기쁨이나 자랑의 면류관이 무엇이냐 그가 강림하실 때 우리 주 예수 앞에 너희가 아니냐? 너희는 우리의 영광이요 기쁨이니라." 한 그리스도인이 복음을 전하며, 말씀으로 양육하며, 그리스도의 사람으로 세운 이들은 주님 앞에 설 때 그 삶 전체를 평가받는 면류관이 될 것이다. 우리는 대개 사역의 성공을 큰 조직을 이끌거나, 큰 건물을 세우거나, 좋은 책을 쓰는 것 등으로 평가한다. 그러나 그 어떤 것도 그 자체로는 별것 아니다. 하나님의 목적은 천하보다 귀한, 사람이다. 교회를 세우고, 조직을 이끌고, 건물을 짓는 일이 중요하지 않다는 말이 아니다. 하나님의 사람을 세우는 한에서만 의의가

있다. 결국 사람이 면류관이다. 빌립보서 4장 1절에서도 바울은 빌립보 교인들을 "나의 기쁨이요, 나의 면류관"이라고 부른다. 이 면류관은 그럴듯한 장식품이 아니다. 바울의 인생의 의미를 결정하는 중요한 열매이다. 만약 빌립보 교인들이 그들의 구원을 "이루어 내는 데"(2:12) 실패한다면 바울의 인생도 실패일 수밖에 없다(참조 히 13:17).

> 17만일 너희 믿음의 제물과 섬김 위에 내가 나를 전제로 드릴지라도 나는 기뻐하고 너희 무리와 함께 기뻐하리니 18 이와 같이 너희도 기뻐하고 나와 함께 기뻐하라

17절에서 바울은 1장에서 집중적으로 다루었던 주제, 그리고 12절에서 암시했던 주제, 자신의 순교 가능성으로 다시 돌아온다. "전제"는 민수기 28장 7절 등에 등장한다. "또 그 전제는 어린 양 한 마리에 사분의 일힌을 드리되 거룩한 곳에서 여호와께 독주의 전제를 부어 드릴 것이며"라는 규정이다. 그리스 문화에서도 이 단어는 제물 위에 뿌리는 포도주나 올리브기름 등을 가리키는 말이었다. 이 말로 바울은 하나님 앞에 드리는 특별한 헌신, 아마도 피를 뿌리는 순교의 생생한 이미지를 표현한 것 같다.

바울은 고린도후서에서 마케도니아 교인들의(사실 빌립보 교인들이 주도한) 헌금을 아래와 같이 표현한다. "이 은혜와 성도 섬기는 일에 참여함에 대하여 우리에게 간절히 구하니, 우리가 바라던 것뿐 아니라 그들이 먼저 자신을 주께 드리고 또 하나님의 뜻을 따라 우리에게 주었도다"(고후 8:4-5). 본래 구약 제사의 제물의 의미는 자신을 드린다는 의미였다. 자신을 대신하여 짐승 제사를 드리는 상징적 헌신의 뜻은 신약성경에서 그대로 이어진다. 그리스도인 공동체에서 하나님께 드리는 헌금, 형제자매를 위해 구제하는 일은 자신을 하나님께 드리는 행위이다. 바울은 로마서에서 "이 은혜는 곧 나로 이방인을 위하여 그리스도 예수의 일꾼이 되어 하나님의 복

음의 제사장 직분을 하게 하사 이방인을 제물로 드리는 것이 성령 안에서 거룩하게 되어 받으실 만하게 하려 하심이라"(롬 15:16) 했다. 이방인의 헌금을 그 자신들을 제물로 드리는 것이라 표현하고, 이 사역에 자신이 제사장 직분을 맡았다고 했다.

　　"내가 나를 전제로 드릴지라도"라는 빌립보서의 표현에도 제사를 주관하는 이로서의 제사장적 자의식이 유지되고 있다. 그러면서 스스로 제물의 일부가 되는 구도를 그리고 있다. 바울은 이미 로마서 12장 1절에서 "너희 몸을 하나님이 기뻐하시는 거룩한 산 제물로" 드리라고 권한 바 있다. 이는 하나님을 향한 헌신, 하나님께서 기뻐하시는 뜻대로 살기 위하여 지불해야 할 대가와 겪어야 할 고난(빌 2:15) 전체가 하나님께 거룩한 산 제물이 된다는 말이다. 바울은 성도들에게 제물이 되라고 요구하고, 자신은 제사장의 직위에만 머물러 있는 사람이 아니다. 역사적으로 제사 종교의 비극은 제사장과 제물의 분리에서 왔다. 백성들의 피와 땀을 제물로 제사장들이 자신의 경제적·정치적 기득권을 유지하는 것이다. 그리스도는 이런 성전 체제에 정면으로 맞섰으며, 스스로 제물이 되셨다. 그는 스스로 이 제사의 제사장이 되기도 하셨다. 제사장과 제물이 일치되는 것이다. 바울의 삶은 그리스도의 죽음을 짊어지는 사역이었다(고후 4:10). 산 제물의 삶, 스스로 죽음을 감내함으로써 그리스도의 생명에 참여하는 삶은 바울에게 생소한 개념이 아니었다. 그 자신의 삶의 원리였다.

　　여기서 중요한 것은 "빌립보 교인들의 믿음의 제물과 섬김 위에" 바울이 자신을 전제로 드리겠다는, 그래서 전체가 하나의 제사로 하나님께서 받으시도록 하겠다는 대목이다. 본 단락에서 계속 견지해 온 구도, 구원을 이루어 가는 과정에서 자신과 빌립보 교인들을 하나로 묶는 바울의 수사적 전략으로 이해해야 한다.

　　빌립보 교인들의 믿음의 제물과 섬김은 그들의 신앙적 헌신, 특별히 바울의 사역을 위한 헌금을 말한다. 가난 가운데(고후 8:2) 헌금을 마련하기 위해 그들은 고통을 감내해야 했을 것이다. 이 헌금을 바울은 하나님께 자신을 드리는 헌신으로 해석했다(위의 고후 8:4-5 참조). 그들 나름대로 대단한 헌신이었겠지만 바울이 보기에 충분한 헌신은 아니었다. 2장 30절에서 바울은 에바브로디도가 "그리스도의 일을 위하여 죽기에 이르러도 자기 목숨을 돌보지 아니한 것은 나를 섬기는 너희의 일에 부족함을 채우려 함이니라" 한다. 뒤에서 살펴보겠지만, 이 "부족함"은 그리스도와 함께 죽는 것을 각오함으로써만 채울 수 있는 헌신의 수준을 전제한다.

그런 "부족한" 헌신 위에 바울은 자신의 헌신을 더해서 하나로 묶어 '충분한' 헌신으로 만들고자 한다. 바울로 말하면 그리스도를 위하여 극한의 고난을 감내하고, 지금 투옥되어 있으며, "전제"라는 말대로 된다면 그의 헌신은 순교자의 헌신이다. 쉽게 말하면 초보적인 빌립보 교인들의 헌신을 바울 자신의 순교자급 헌신과 하나로 묶는 것이다. 바울은 주를 위해 많은 일을 했지만, 빌립보 교회가 제대로 서지 못하면 자신의 사역 전체가 헛된 것으로 규정되는 것으로 보아도 좋다고 이미 하나님 앞에서 고백한 바 있다(16절). 노벨상 받은 교수의 연구에 학부생이 조교로 참여해서 약간의 도움을 제공했는데 교수가 조교를 논문의 공동저자로 세계적인 저널에 이름을 올리는 상황이다. 필자가 이 주석을 집필하는 동안 전주 지역 어느 교회 여름 수련회에 참여한 적이 있다. 그 교회는 해마다 여름 수련회 마지막 날 밤에 자녀들이 음악회를 하는 전통이 있었다. 유치원 아이들, 초등학교 저학년 아이들부터 제법 수준 있는 중고등학생, 대학생들도 있었다. 그중에 세계적 콩쿠르에서 입상한 유학생 첼리스트가 있었다. 세계적인 연주자와 뻑뻑거리는 초등학생들이 함께 드라마 〈하얀거탑〉의 주제음악을 연주하는 순간의 감동은 잊지 않는다. 전체의 수준을 세계적인 연주 수준으로 느끼게 만드는 묘한 감흥이었다. 빌립보 교인들이 나름대로 대단한 헌신을 했지만 겨우 걸음마를 벗어난 정도였다고 볼 수 있다. 바울은 자신이 순교한다면 그들의 헌신과 자신의 헌신을 합하여 하나의 제사로 받아 달라고 하나님께 요청하고 있었던 것은 아닐까?

  사실 이 원리는 예수님이 친히 제정하신 것이다. "선지자의 이름으로 선지자를 영접하는 자는 선지자의 상을 받을 것이요 의인의 이름으로 의인을 영접하는 자는 의인의 상을 받을 것이요"(마 10:41). 선지자를 대접하는 것만으로 선지자의 헌신으로 여겨 주시겠다는 주님의 말씀이다. 바울을 대접한 이들이 바울과 같은 상을 받는 것은 예수님이 친히 약속하신 바가 아닌가! 이 원리를 알기 때문에 바울은 자신을 위한 빌립보 교인들의 헌금을 그렇게 기뻐했던 것이다. 전제라는 이미지는 디모데후서 4장 6-8절에서 다시 등장한다. 본문과 관련하여 묵상해 볼 필요가 있다. "전제와 같이 내가 벌써 부어지고 나의 떠날 시각이 가까웠도다 나는 선한 싸움을 싸우고 나의 달려갈 길을 마치고 믿음을 지켰으니, 이제 후로는 나를 위하여 의의 면류관이 예비 되었으므로 주 곧 의로우신 재판장이 그 날에 내게 주실 것이며 내게만 아니라 주의 나타나심을 사모하는 모든 자에게도니라."

  이 고백이 바울의 믿음의 아들 디모데에게 전해졌는데, 빌립보서에서도 바로 이 고백에 뒤이어 디모데의 이름이 언급되는 것이 흥미롭다.

묵상과 나눔을 위한 질문

1. 영성과 감수성: 영성훈련은 감수성 훈련이기도 합니다. 똑같은 길을 지나가도 우리는 각자 다른 것을 봅니다. 비슷한 인생을 살아도 전혀 다른 경험을 합니다. 4절에서 자기 일만이 아니라 다른 사람의 일도 돌아보라는 말은 다른 사람의 삶에 관심을 가지라는 말입니다. 영적 감수성은 하나님께 민감해지는 것뿐 아니라, 이웃의 처지와 형편, 아픔과 기쁨까지 민감해지는 것입니다. 우리 삶에서 이웃을 돌아보는 훈련을 어떻게 시도할 수 있을까 생각해 봅시다.

2. 한마음: 같은 마음을 품는 것은 어떻게 가능할까? "'우리끼리 마음을 합해 보자, 그렇게 노력하자'라는 것으로는 안 된다"는 말과 관련한 경험을 나누어 봅시다. 성경은 어떤 길을 제시하고 있습니까?

3. 리매핑(Remapping): 로마제국은 명예의 사다리(cursus honorum)를 명확하게 제시해서 출세를 위한 개인적인 야망을 전 사회 에너지로 집중하는 데 성공했기에 세계를 제패할 수 있었습니다. 이 영광의 정점에 퀴리오스라 불리는 황제가 있었습니다. 빌립보서는 정반대의 방향을 말합니다. 가장 낮아지신 그리스도가 결국에는 가장 높은 분이 되셨다는 사실은 단지 그리스도 한 분의 이야기가 아니라, 그리스도를 주로 모신 이들의 세계관을 말하는 것입니다. 그리스도인들은 근본적으로 다른 세계를 살아가는 이들입니다. 이런 세계관의 변화를 머릿속 지도가 바뀌는 사건, '리매핑'으로 설명할 수 있습니다. 이해한 대로 나누어 보고, 우리 삶에 적용해 봅시다.

4. 구원: '구원'이라고 하면 무슨 생각이 떠오릅니까? 이상에서 살펴본 내용과 내 구원관은 어떻게 다릅니까?

5. 전제: 빌립보 교인들의 헌신이라는 제물 위에 자신을 전제로 드리고 싶다는 바울의 말을 어떻게 이해할 수 있습니까? 이 말을 "너희가 내 마음에 있음이여"(1:7)라는 고백과 빌립보 성도들이 신앙의 경주를 잘 마쳐야 바울 자신의 삶도 헛되지 않을 것이라는(2:16) 말과 연결시켜 생각해 봅시다.

5

디모데와 에바브로디도의 모범

빌 2:19-30

19 내가 디모데를 속히 너희에게 보내기를 주 안에서 바람은 너희의 사정을 앎으로 안위를 받으려 함이니 20 이는 뜻을 같이하여 너희 사정을 진실히 생각할 자가 이밖에 내게 없음이라 21 그들이 다 자기 일을 구하고 그리스도 예수의 일을 구하지 아니하되 22 디모데의 연단을 너희가 아나니 자식이 아버지에게 함같이 나와 함께 복음을 위하여 수고하였느니라 23 그러므로 내가 내 일이 어떻게 될지를 보아서 곧 이 사람을 보내기를 바라고 24 나도 속히 가게 될 것을 주 안에서 확신하노라 25 그러나 에바브로디도를 너희에게 보내는 것이 필요한 줄로 생각하노니 그는 나의 형제요 함께 수고하고 함께 군사 된 자요 너희 사자로 내가 쓸 것을 돕는 자라 26 그가 너희 무리를 간절히 사모하고 자기가 병든 것을 너희가 들은 줄을 알고 심히 근심한지라 27 그가 병들어 죽게 되었으나 하나님이 그를 긍휼히 여기셨고 그뿐 아니라 또 나를 긍휼히 여기사 내 근심 위에 근심을 면하게 하셨느니라 28 그러므로 내가 더욱 급히 그를 보낸 것은 너희로 그를 다시 보고 기뻐하게 하며 내 근심도 덜려

함이니라 29이러므로 너희가 주 안에서 모든 기쁨으로 그를 영접
하고 또 이와 같은 자들을 존귀히 여기라 30그가 그리스도의 일을
위하여 죽기에 이르러도 자기 목숨을 돌보지 아니한 것은 나를 섬
기는 너희의 일에 부족함을 채우려 함이니라

1. 디모데 (2:19-24)

19-24절은 두 개의 "바란다"는 동사가(19, 23절) 기본 구조를 이루고
있다. 디모데를 보내기를 원한다는 희망의 표현이다. "속히"라고 표
현하고 있지만, 실지로 바울이 편지를 주어서 보내는 사람은 에바
브로디도이다. 25-30절에 나타나는 에바브로디도의 파송에 서신
전체의 강조점이 있다. 19-24절의 디모데 단락은 다음에 나오는 에
바브로디도 단락의 도입 역할을 하고 있다.

　　디모데는 사도행전 16장 1-2절에서 "바울이 더베와 루스
드라에도 이르매 거기 디모데라 하는 제자가 있으니 그 어머니는
믿는 유대 여자요 아버지는 헬라인이라 디모데는 루스드라와 이고
니온에 있는 형제들에게 칭찬 받는 자니"라고 소개되는 인물이다.
바울은 디모데에게 할례를 받게 하고 선교의 대열에 합류시켰다(행
16:3). 이후로 디모데는 바울의 사역에서 중요한 역할을 했다. 바울
은 디모데를 "내 사랑하고 신실한 아들 디모데"(고전 4:27)라 불렀고,
고린도전후서, 데살로니가전후서, 빌립보서, 골로새서, 빌레몬서의
공동 발신인으로 이름을 올렸다. 바울이 그에게 보낸 두 편지, 디모
데전서, 디모데후서도 신약성경에 있다. 그만큼 중요한 동역자였고,
바울의 분신이라고 할 수 있는 존재였다. 그가 이방인 아버지와 유
대인 어머니 사이에서 태어났다는 것은 초대교회의 인종적·문화적
확장에 중요한 고리 역할을 한다. 예수운동은 팔레스타인에서 아
람어를 주로 사용하던 토착 유대인들에 의해서 시작되었다가, 후
에 스데반, 바울 같은 디아스포라 유대인들, 혈통적으로 유대인이
만 문화적으로 헬라문화에 익숙한 이들에 의해 계승된다. 후에 그

리스도교가 이방인 중심으로 가게 되는 길목에서 유대인과 이방인의 혼혈인 디모데는 상징적인 가교역할을 담당했던 것으로 보인다.

디모데를 보내는 목적은 "너희의 사정을 앎으로 안위를 받으려" 함이었다. 이 번역에는 주어가 생략되어 있지만, 원어에는 "나도"가 있다. 대부분의 영어성경에는 이 어구가 반영되어 있다. "so that I too may be cheered by news of you"(ESV)에는 디모데의 방문이 빌립보 교인들에게도 위로가 될 것이라는 말이 전제되어 있다. 그는 "너희 사정"(타 페리 휘몬), 곧 빌립보 교인들의 사정을 진실히 생각해 줄 수 있는 유일한 자이고, 또 "나의 사정"(타 페리 에메, 개역개정 "나의 일") 곧 바울의 사정도 진실히 돌볼 사람이었다. 빌립보 교인들의 사정, 바울의 사정이라는 두 축을 연결하는 기능을 디모데가 담당한다.

위에서 살펴본 대로 빌립보 교인들과 자신의 신앙을 하나로 묶어 내는 것이 바울의 중요한 목표였는데, 바울과 빌립보 교인들 사이에는 거리가 있다. 우선 물리적 거리가 있고, 생각 차이도 있었을 것이다. 그리고 서로가 연락이 안 되는 상황에서 서로의 삶에 생긴 일들, 그 일들에 어떻게 반응하는지, 어떻게 해석해야 하는지 등을 소통해야 한다. 예를 들면 "나의 당한 일"(1:12)이 어떻게 되어가며 바울이 어떻게 반응하고 있는지를 알리는 일이, 빌립보 교인들의 신앙을 위해서, 바울과 빌립보 교인들이 한마음으로 가는 데 있어서도 중요한 일이었다. 에바브로디도가 빌립보를 떠난 후에 어떤 일을 겪었고, 에바브로디도가 어떻게 반응했는지를 바울이 소상히 밝히고 있는 것도 이 때문이다(아래의 25-30절).

20절에서 "뜻을 같이하여"는 이어지는 "한 마음을 품으라"의 주제와 동일한데, 한뜻을 품는 것은 막연한 희망과 다짐만으로 되는 것이 아니라 적극적인 의사소통을 위한 노력을 요구하는 일이다. 그래서 바울은 편지를 쓰고, 사람을 보내고, 자신이 직접 방문하는 등의 소통의 노력을 사역의 최우선 순위로 삼았다. "알지 못하기를 원하지 아니하노니"라는 표현에 담긴 바울의 목회 원칙, 소통과 나눔을 중요하게 생각하는 태도를 볼 수 있다.

　　"안위를 받으려 함이니"라는 말을 할 때 바울의 심정에 대한 가장 좋은 주석은 고린도후서 7장에 있다. "우리가 마게도냐에 이르렀을 때에도 우리 육체가 편하지 못하였고 사방으로 환난을 당하여 밖으로는 다툼이요 안으로는 두려움이었노라. 그러나 낙심한 자들을 위로하시는 하나님이 디도가 옴으로 우리를 위로하셨으니, 그가 온 것뿐 아니요 오직 그가 너희에게서 받은 그 위로로 위로하고 너희의 사모함과 애통함과 나를 위하여 열심 있는 것을 우리에게 보고함으로 나를 더욱 기쁘게 하였느니라"(고후 7:5-7). 바울은 디도 편에 고린도 교회에 편지를 보내 놓고 마음을 졸이면서 기다렸다. 고린도 교회의 내부 분쟁, 해결되지 못한 범죄 문제가 심각했는데, 여기에 더하여 거짓 교사들의 선동으로 바울을 의심하고 대적하는 분위기까지 보였다. 극도의 염려에 빠져 있던 바울에게 디도가 고린도에서 가져온 소식은 큰 기쁨을 주었다. 바울이 디모데를 보내서 그가 빌립보를 다녀온다면, 그때 기대하는 것은 이런 기쁨일 것이다. 물론 지금 빌립보 교회가 고린도후서에 나오는 고린도 교회만큼 심각한 상태는 아니다. 그렇지만 20절에 "너희 사정을 진실히 생각할 자"라는 말은 원어로 '너희 사정을 진실히 염려할(메림나오) 자'라고 표현되어 있다는 사실에 주목해야 한다. 빌립보 교회 역시 그리 안심할 상황은 아니었다. 그래서 바울에게 안위(19절)가 필요했다.

　　중요한 일을 믿고 맡길 만한 사역자가 디모데밖에 없었다는(20절) 말은 자신의 딱한 처지에 대해서나, 혹은 디모데의 훌륭한 면에 대해 과장하는 것이 아니다. 지금 로마에서의 바울의 상황은 많은 동료들이 떠나고, 지역 교회로부터 적극적인 지지를 받지 못하는(1:14 주해 참조) 외로운 상황이었다. 디모데후서 4장에서 바울은 로마에서의 마지막 날들의 상황을 이렇게 전한다. "데마는 이 세상을 사랑하여 나를 버리고 데살로니가로 갔고 그레스게는 갈라디아로, 디도는 달마디아로 갔고, 누가만 나와 함께 있느니라 네가 올 때에 마가를 데리고 오라 그가 나의 일에 유익하니라 두기고는 에베

173

소로 보내었노라 … 내가 처음 변명할 때에 나와 함께 한 자가 하나 도 없고 다 나를 버렸으나 그들에게 허물을 돌리지 않기를 원하노 라"(딤후 4:10-16).

디모데후서 집필 당시에 디모데가 어디 있었는가 등 본문 을 둘러싼 의문들이 있기는 하지만, 바울의 외로운 마지막 날들에 대한 기억은 후대의 전승에서도 확실하다. 오히려 "형제 중 다수가" 자신의 투옥으로 말미암아 담대히 말씀을 전파했다는(빌 1:14) 등의 표현은 상황을 희망적으로 보고 그렇게 전달하려는 바울의 수사적 의도가 강하게 깔린 대목으로 보아야 한다. 빌립보서 전체에 넘치 는 '기쁨'의 주제가 바울과 빌립보 교인들이 당면한 문제의 심각성 을 가려서는 안 된다.

"그들이 다 자기 일을 구하고 그리스도 예수의 일을 구하 지 아니하되"(23절)는 일차적으로 로마 교회에서 바울이 믿고 일을 맡길 사람이 없었다는 말일 수 있지만, 바울 주위의 인적자원을 다 통틀어도 사람이 부족했다는 말로 보아야 한다. 정말 바울을 위한 다면 떠나지 않고 바울 곁을 지킬 수 있을 것이고, 바울이 필요로 한다면 먼 길을 마다하지 않고 와야 했다. 바울에게는 그런 동역자 가 아쉬웠다.

"자기 일을 구하고 그리스도 예수의 일을 구하지 않는다" 는 말은 "각각 자기 일을 돌볼뿐더러 또한 각각 다른 사람들의 일 을 돌보아"(2:4)라는 권면과 연결시켜야 한다. 4절에서 권면한 "다른 사람의 일을 돌보는" 모범으로 디모데를 제시하고 있는 것이다. 바 울의 사고 속에서 "다른 사람들의 일"과 "그리스도 예수의 일"은 다 르지 않다. 디모데는 빌립보 교인들의 사정(20절)을 진실 되게 염려 했고, 바울을 성심껏 섬겼다. 교회에서 하는 일의 대부분은 사람들 을 섬기는 것이다. 사회봉사나 선교도 마찬가지이다. 사람들의 필요 를 채우는 일의 비중이 크다. 우리는 사람들을 섬김으로써 하나님 을 섬긴다.

디모데가 바울을 위해 "수고했다"(둘로오, 22절)는 표현은 '종노릇하다', '노예로서 섬긴다'는 뜻이다. 이 역시 "자기를 비워 종(둘로스)의 형체를 가지신"(2:7) 그리스도의 모범을 연상시키는 의도적인 단어 선택이다. 바울은 "형제들아 너희가 자유를 위하여 부르심을 입었으나 그러나 그 자유로 육체의 기회를 삼지 말고 오직 사랑으로 서로 종노릇 하라(둘로오)"(갈 5:13)라고 권면한다. 그리스도인들은 진정한 자유인이다. 진정한 자유인이기 때문에 자발적으로 종노릇할 수 있다. 강요된 섬김은 노예적이다. 거기에는 기쁨이 있을 수 없다. 바울 스스로 성도들을 위하여 종과 같이 되었지만, 그 삶에서 큰 기쁨을 고백하고 있다(고전 9:19). 그것이 그리스도의 길임을 알기 때문이다. 그리스도를 따르는 이들에게 하나님은 기쁨을 채워 주신다. 그 기쁨이 그 길을 계속 갈 수 있게 만드는 원동력이 되는 것이다. 종처럼 섬기면서도 기쁠 수 있다면 그 기쁨은 우리가 자유인이라는 내적 확신이 된다. 종노릇으로서의 섬김은 하나님이 주신 자유를 제대로 누리는 길이다.

"디모데의 연단을 너희가 아나니"에서 연단은 '도키메'이다. 동전의 함량을 재어 판정한다는 뜻이다. 시련을 통하여 인격이 성숙되는 과정을 말할 수 있는데 이 단어가 당시의 에클레시아에서 공직자 후보를 검증한다는 의미로도 쓰였다. 오늘날의 인사 청문회를 상상해 볼 수 있다. 본문이 디모데에 대한 추천이라는 점, 특히 사적 추천이 아니라 에클레시아라는 공적기관에의 추천이라는 점에서 '이미 검증을 통과했다'는 의미로 볼 수 있다.

1장 10절에서 지극히 선한 것을 "분별하라" 할 때의 동사가 '도키마조'이다. 그렇게 볼 때 빌립보서 전체를 통해서 잘못된 사역자들에 대한 경고와 그들에 대한 분별력을 주문하는 주제는 중요하다. 디모데를 추천하면서 의도적으로 다른 이들이 함량 미달임을 되새기는 것이다. 함량 미달 지도자들의 잘못된 영향력으로부터 빌립보 교인들을 보호하려는 의도를 읽을 수 있다. 평범한 추천으로 보기에는 다른 이들에 대한 부정적 언급이 과도하다.

디모데의 진정성과 리더십에 대하여 빌립보 교인들이 의심했기 때문에 바울이 이런 추천사를 써야 했다고 많은 주석가들이 말하지만 그 근거는 빈약하다. "디모데가 이미 검증된 인물임을 여러분이 압니다"(2:22)라고 하는 바울의 말을 액면 그대로 받아들이지 못할 이유가 없다.

"그러나 에바브로디도를" 보내는 것이 필요하다는 말은 디모데 대신 에바브로디도를 보내는 것에 대해서 바울이 양해를 구하는 맥락으로 보아야 한다. 디모데는 이미 검증된 사람이고, 바울의 대리자로 인정받는 사람이며, 바울이 못 가더라도 디모데의 방문 자체로 빌립보 교인들이 위안을 받을 수 있는(1:19) 사람이었다. 바울이 디모데를 보내기를 "바란다. 희망하고 있다"라는 말을 두 번이나 쓴 것(19, 21절), 그것도 "속히"라는 말로 강조한 것은 디모데에 대한 빌립보 공동체의 인정을 보여 준다. 말하자면 디모데를 보낸다면 굳이 추천이 필요 없는 상황이었다. 오히려 그를 보내지 않거나, 보내는 것이 늦어진다면 양해가 필요한 사람이었다. 이 단락에는 디모데에 대한 추천이라는 익숙한 형태를 빌려서, 한편으로는 양해를 구하고, 다른 한편으로는 빌립보 교인들이 따라야 할 모범을 제시하고, 피하고 경계해야 할 이들에 대해 주의를 시키는 이중적인 목적이 있다고 보아야 한다. 그런 점에서 빌립보서는 단순히 감사나, 우정의 서신이 아니라 치열한 논박을 저변에 감춘 서신이다.

"내가 내 일이 어떻게 될지를 보아서"(23절)는 바울이 당면한 재판의 추이를 말한다. 바로 석방되어서 자유의 몸이 될 수도 있고, 투옥 기간이 길어질 수도, 사형을 당할 수도 있다. 이러한 과정을 겪는 동안에 디모데는 바울에게 꼭 필요한 사람이었다. 옥바라지를 하면서 바울을 섬기는 일, 재판에서의 변호 준비를 돕는 일, 함께 기도하면서 심리적·영적 지원을 하는 일, 혹 임종의 순간에 함께하는 일 등 다양한 가능성을 생각해 볼 수 있다.

"나도 속히 가게 될 것을 주 안에서 확신하노라"는 표현은 "어떻게 될지를 보아서"라는 신중한 언급과는 어조에 있어서 분명히 차이가 있다. 한편으로는 모든 상황을 세심히 판단하고 객관적인 전망을 하는 가운데 대책을 세우면서도, 또 한편으로는 확신에 찬 어조로 말하는 바울의 어법은 1장에서 확인된 바 있다. 바울은 자신의 삶과 죽음이 전적으로 주님께 맡겨진 것처럼 말한다. 한 치 앞도 알 수 없는 상황임을 충분히 인정하고 글을 쓰다가 갑자기 "내가 살 것과 너희 믿음의 진보와 기쁨을 위하여 너희 무리와 함께 거할 이것을 확실히 아노니"라는 확신의 어조가 나온다. 인간의 의식은 논리적으로만 흘러가지 않는다. 본인 앞에 닥칠 일을 생각하면 답답한 상황에서 암중모색하는 마음이 들다가도, 빌립보 교인들을 생각하면 그들의 처지와, 그에 따른 책임감, 그리운 마음이 요동치고, 그런 책임감과 그리움이 만나야 한다는 당위로, 만날 것이라는 확신으로 이어진다. 그러한 의식의 흐름을 솔직하게 적어 내려가고 있는 것이 우리 앞에 놓인 본문이다. 한 인간의 마음속에서 일어나는 미묘한 의식의 흐름을 놓치고, 논리적 정합성을 요구한다면 이 본문 이해에 실패할 수밖에 없다. 김세윤은 "확신한다"라는 말을 이렇게 설명한다.

> 앞서 19절에서 디모데를 보낼 계획을 말할 때는 그것을 "바란다"고 한 바울이 여기 자신의 미래에 관해서는 "확신한다"고 말합니다. 인간적으로 말하면 후자보다 전자의 실현이 더욱 용이하고 성취될 가능성도 큽니다. 그러나 바울은 믿음의 눈으로 상황을 보고 말하기에, 인간적인 또는 이성적 판단과는 반대로 말하고 있습니다. 바울의 이 어법은 우리에게 그가 로마서 4:7-21에서 설명한 아브라함의 믿음을 상기시킵니다. 믿음은 인간의 이성이 더 이상 소망할 수 없다고 판단하는데도 하나님의 약속을 소망하며 확신하는 것입니다(in hope against hope). 믿음은 이렇게 이성의 판단에 대항하여 "그럼에도 불구하고!"(nevertheless)라고 부르짖는 성격이 있습니다. 그래서 항상 그런 것은 아니지만, 신앙은 이성과 반비례할 때가 있습니다. 바울의 믿음에 대한 이러한 이해는 우리에게 히브리서 11장 1절의 믿음에 대한 정의도 상기시킵니다. "믿음은 바라는 것들의 실상이요 보이지 않는 것들의 증거이다."

빌립보서의 이런 주해는 감동적인 설교의 한 부분이다. 그러나 여기에는 역사적·신학적, 그리고 목회적 문제가 있다. 이 서신이 로마에서 기록되었다면(김세윤, 18), 바울의 이 확신은 결과적으로 빗나갔다. 오늘날 목회자가 이런 주해를 어떻게 설교에 이용하게 될까? 중병에 걸려 회복이 어렵다는 진단을 받은 이를 상대로 회복의 소망을 주어야 할까, 죽음을 준비시켜야 할까? 이 문제에 정답은 없다는 것이 정답이다. 〈타임〉이 "세계 최고의 신학자"로 꼽기도 했던 스탠리 하우어워스의 자전적 고백록 《한나의 아이》 부제가 '정답 없는 삶 속에서 신학하기'라는 점은 의미심장하다. 병에 걸린 이도, 가족들도, 교회 공동체도, 목회자도 하나님의 뜻을 모르는 연약한 인간으로서 기도하는 가운데 위로하고 권면할 수밖에 없다. 바울 역시 자신의 죽음 앞에서 정답을 이미 아는 사람처럼 말하지 않는다.

바울은 1장에서도 비슷한 양면적 태도를 보인다. 한편으로는 세상 일을 놓고 주 앞에 가고 싶은 욕망을 말하면서도, 다른 한편으로 다시 빌립보 교인들을 보고 싶은 마음, 도와주고 싶은 책임감을 강하게 표현한다. 팽팽한 외줄을 타는 사람처럼 치열한 균형을 유지하고 있다. 한쪽에서는 그리스도를 만나고 싶은 욕망이, 다른 쪽에서는 빌립보 교인들을 향한 사모하는 마음이 바울을 강력하게 잡아당기고 있다. "사모"란 그런 것이다. 신중하게 균형을 잡으며 모든 상황을 고려하며 깊이 숙고하는 가운데도, 사랑하는 교인들의 얼굴이 떠오르면 자신도 모르게 그 사모함이 확신의 언어를 요청하는 지점까지 와버리는 것이다.

이런 상황을 생각해 보자. 중병에 걸려 누운 남자가 있다. 혹 자신이 병석에서 일어나지 못할 것을 대비하여 자신의 사망 후에 사업상의 문제를 어떻게 처리할 것인가를 직원들에게 지시한다. 그러고 있는 동안 어린 자녀들이 병실 문을 열고 들어오자 그 얼굴을 보고 "아빠가 꼭 일어날게! 우리 맛있는 것도 먹고, 놀이공원도 가자"라고 다짐한다. 이 두 가지 태도가 모순된 것인가?

바울의 편지를 읽을 때, 인간의 모든 고뇌와 의문, 후회를 초월하여 담담하게 인생과 세계의 문제들을 알려주는 계시자로 바울을 보는 경향이 있다. 인간의 역사가 흐르는 강물과 같다면, 바울 역시 강물을 따라 인생의 굴곡을 경험하며, 회의하고, 고뇌하고, 작은 일에 낙담하고 불안해하기도 하면서 살았던 사람이다. 바울 자신이 "부분적으로 알고 부분적으로 예언한다고 했고"(고전 13:12) 아직 "온전히 이룬 상태"(빌 3:12)가 아닌 것을 힘주어 강조하기도 했다. 모든 일에 최종 정답을 소유하고 있는 사람의 글처럼 바울서신을 다룰 때 오히려 바울의 삶의 굴곡과 그 분투를 통해서 주시는 하나님의 음성을 놓칠 수 있다. 하나님은 굴곡 많은 인간 역사를 통해서, 한계가 많은 인간의 삶을 통해서 자신의 뜻을 계시하신다. 아래 본회퍼의 글이 바울의 심정을 헤아려 보는 데 참고가 될 것 같다.

나는 누구인가?

나는 누구인가?
남들은 종종 내게 말하기를
감방에서 나오는 나의 모습이
어찌나 침착하고 명랑하고 확고한지
마치 성에서 나오는 영주 같다는데
나는 누구인가?
남들은 종종 내게 말하기를
간수들과 대화하는 내 모습이
어찌나 자유롭고 사근사근하고 밝은지
마치 내가 명령하는 것 같다는데

나는 누구인가?
남들은 종종 내게 말하기를
불행한 나날을 견디는 내 모습이
어찌나 한결같고 벙글거리고 당당한지

늘 승리하는 사람 같다는데

남들이 말하는 내가 참 나인가?

나 스스로 아는 내가 참 나인가?

새장에 갇힌 새처럼 불안하고 그립고 병약한 나

목 졸린 사람처럼 숨 쉬려고 버둥거리는 나

빛깔과 꽃, 새소리에 주리고

따스한 말과 인정에 목말라하는 나

방자함과 사소한 모욕에도 치를 떠는 나

좋은 일을 학수고대하며 서성거리는 나

멀리 있는 벗의 신변을 무력하게 걱정하는 나

기도에도, 생각에도, 일에도 지쳐 멍한 나

풀이 죽어 작별을 준비하는 나인데

나는 누구인가?

이것이 나인가? 저것이 나인가?

오늘은 이 사람이고 내일은 저 사람인가?

둘 다인가?

사람들 앞에서는 허세를 부리고,

자신 앞에서는 천박하게 우는소리 잘하는 겁쟁이인가?

내 속에 남아 있는 것은

이미 거둔 승리 앞에서 꽁무니를 빼는 패잔병 같은가?

나는 누구인가?

으스스한 물음이 나를 조롱합니다.

내가 누구인지

당신은 아시오니

나는 당신의 것입니다.

오, 하나님!

2. 에바브로디도 (2:25-30)

25 그러나 에바브로디도를 너희에게 보내는 것이 필요한 줄로 생각하노니 그는 나의 형제요 함께 수고하고 함께 군사 된 자요 너희 사자로 내가 쓸 것을 돕는 자라 26 그가 너희 무리를 간절히 사모하고 자기가 병든 것을 너희가 들은 줄을 알고 심히 근심한지라

빌립보 교인들이 원하는 것은 디모데의 방문이지만, 바울이 보기에 그들에게 필요한 것은 에바브로디도의 귀환이었다. 여기서 "필요한"은 '아낭카이오스'로 지체 없이 행해야 할 절대적인 필요를 말한다. 에바브로디도는 "나의 형제, 함께 수고하고 함께 군사된 자요 너희 사자로 내가 쓸 것을 돕는 자"라는 다섯 개의 타이틀로 특별히 길고 상세하게 묘사하고 있다. 한편으로 에바브로디도를 보내면서 바울이 들이는 정성, 또 그 이면에 바울의 염려가 보이는 대목이다. 이 정성스러운 소개는 29절의 권면 "이러므로 너희가 주 안에서 모든 기쁨으로 그를 영접하고 또 이와 같은 자들을 존귀히 여기라"를 예비하고 있다. 빌립보 교인들이 에바브로디도를 기쁘게 환영하지 않을 가능성, 존귀히 여기지 않을 가능성을 염두에 두고 있는 것이다.

"심히 근심한지라"(26절)는 '아데모네오'라는 한 단어이다. 예수님이 십자가를 앞두고 겟세마네에서 기도하실 때 그 고뇌를 말하는 단어로 쓰였다(막 14:33; 마 26:37). 주석가들은 이 언급을 가지고 빌립보서의 저작 장소를 많이 토론했다. 빌립보 교인들이 에바브로디도를 보내고, 그의 와병 소식이 빌립보에 전해지고, 빌립보 교인들이 걱정하는 반응을 에바브로디도가 전해 듣는, 수차례의 왕복 의사소통을 하기에는 로마가 너무 멀다는 생각에서 에베소 저작설의 한 근거로 사용되기도 했다. 이에 대해 브루스(F. F. Bruce)는 로마와 빌립보는 로마제국의 대동맥인 에그나티아 가도로 연결되어서 왕복이 원활했을 뿐 아니라, 많은 교통량이 있었음에 주목한다. 에바브로디도가 로마로 가는 길이나, 로마에 도착해서 병이 들었다면

【에그나티아 가도의 현재 모습】

에그나티아 가도를 통해서 동쪽으로 여행하는 이에게 빌립보에 그 사실을 전해 달라고 부탁하고, 또 그들의 반응을 다른 여행자로부터 전해 듣는 것은 그리 어려운 일이 아니라 주장한다. 결국 거리 문제가 로마저작설을 배제하는 결정적인 이유는 될 수 없다는 것은 분명하다(Bruce, 96).

이는 합리적인 추정이다. 그러나 브루스의 이 주장은 다른 면에서 의문을 낳는다. 에바브로디도 자신은 아프다는 사실이 전해지지 않기를 원했던 것 아닐까? 그렇다면 그 이유는 무엇이었을까? 이는 에바브로디도가 자신이 병든 사실 자체가 아니라 빌립보 교인들이 그 소식을 전해 들었다는 사실을 심히 근심했다고 했는데, 그 이유와 직결된 문제이다. 바울이 쓴 아데모네오라는 표현은 극심한 염려를 말하는 너무 강한 표현이기 때문에, 자신 때문에 빌립보 교인들이 걱정하는 것을 미안해했다는 정도의 이유로 설명될 수는 없다. 그래서 주석가들은 향수병으로 인해 감정적으로 불안한 상태, 신경쇠약, 연약한 성격으로 설명하기도 한다.[1] 그러나 죽음을 무릅쓴 불굴의 용기와 헌신을 강조하면서 에바브로디도라는 인물을 추천하고 있는 바울의 의도와 맞지 않는다.

류먼은 학자들이 이 대목에서 에바브로디도의 반응에 대

182

해서는 많이 토론하면서도 빌립보 교인들의 태도에는 관심을 거의 갖지 않음을 지적한다(Reuman, 445-446). 그는 "그것(에바브로디도의 질병)은 범죄에 대한 하나님의 심판, 징벌이었을까? 죄로 인한 벌로 생각했을 수도 있지 않을까?"(요 9:2: 참조 고전 11:30)라는 의문을 제기한다. 컬페퍼는 빌립보 교인들의 반응에 관심을 가진 예외적인 학자인데, 빌립보 교인들이 에바브로디도가 병에 걸려서 빌립보로 돌아가는 것을 그의 연약함, 온전하지 못함, 사명 수행의 실패를 의미하는 것으로 받아들였을 것이라고 추측하지만, 그 배경을 정확하게 제시하지는 않는다.[2]

우리는 에바브로디도의 극도의 근심을 질병에 대한 고대사회의 인식이라는 맥락에서 이해할 필요가 있다. 그레코-로만 사회에서 심각한 질병은 대개 영적인 문제와 연관시켜서 생각되었다. 바울의 질병은 갈라디아서와 고린도후서에서 논제가 되고 있다. 갈라디아서에서 바울은 자신의 질병에 대한 갈라디아 교인들의 반응을 이렇게 언급한다.

"내가 처음에 육체의 약함으로 말미암아 너희에게 복음을 전한 것을 너희가 아는 바라. 너희를 시험하는 것이 내 육체에 있으되 이것을 너희가 업신여기지도 아니하며 버리지도 아니하고 오직 나를 하나님의 천사와 같이 또는 그리스도 예수와 같이 영접하였도다. 너희의 복이 지금 어디 있느냐 내가 너희에게 증언하노니 너희가 할 수만 있었더라면 너희의 눈이라도 빼어 나에게 주었으리라"(갈 4:13-15).

갈라디아는 바울의 본래 선교 계획에 없었던, 지나던 길에 들른 지역이었는데 건강상 문제가 있어서 머물면서 선교했던 곳으로 보인다. 바울은 자신의 질병이 갈라디아 성도들을 시험하는 것이었으며, 그것 때문에 성도들이 사역자로서 자신을 인정하지 않고 업신여기며 버릴 수도 있는 일이라고 생각했다. "눈이라도 빼어 준다"라는 말은 바울의 병이 안질이 아니었나 추측을 낳기도 했는데, 이는 깊은 감사를 표한다는 뜻의 숙어로 보아야 한다.[3] 어떤 경우든

심한 지병은 사역자로서 업신여김 받거나 거부당할 수 있는 요건이 었다는 인식은 분명히 볼 수 있다.

바울은 고린도후서에서 자신의 질병에 대해 고백한다. "여러 계시를 받은 것이 지극히 크므로 너무 자만하지 않게 하시려고 내 육체에 가시 곧 사탄의 사자를 주셨으니"(고후 12:70). 얼마나 극심한 고통이었기에, "사탄의 사자"라는 표현을 써 가며 간절히 기도했을까? 바울은 바로 앞 장에서 자신이 당했던 육체의 고통을 담담한 어조로 나열한다. "매도 수없이 맞고 여러 번 죽을 뻔하였으니, 유대인들에게 사십에서 하나 감한 매를 다섯 번 맞았으며, 세 번 태장으로 맞고 한 번 돌로 맞고"(고후 10:23-25). 여기에 언급된 사건 하나하나가 인간으로서 감내하기 힘든 극한의 육체적 고통을 가져왔다. 그렇다면 바울의 질병은 도대체 어떤 고통이었길래 그렇게 괴로워했을까? 자신이 당한 극한의 고난을 언급한 후에 바울은 이렇게 말을 이어 간다. "이 외의 일은 고사하고 아직도 날마다 내 속에 눌리는 일이 있으니 곧 모든 교회를 위하여 염려하는 것이라 누가 약하면 내가 약하지 아니하며, 누가 실족하게 되면 내가 애타지 아니하더냐?"(고후 10:28-29) 바울에게 가장 감당하기 힘든 고통은 육체의 아픔이 아니라, 성도들이 실족하고 믿음의 공동체가 흔들리고 무너지는 것이었다. 갈라디아서에서 말한 바대로 질병 때문에 바울을 거부할 수 있는 명분이 되었다면, 고린도 교회에서 비슷한 일이 일어나지 않았을까? 질병이 가져다주는 고통 자체보다는, 질병 때문에 사도권이 의심받고, 자신이 전했던 복음의 신뢰도 떨어지고, 그 결과 고린도 교인들의 신앙이 흔들렸다고 추정할 수 있다.

그렇다면 에바브로디도의 질병 역시 빌립보 교인들에게 비슷하게 인식되었을 수 있다. 필자가 미국 시카고에서 목회할 때 동역하던 선교사님 중에 젊은 나이에 아마존 정글에 들어가서 원주민들과 함께 살면서, 교회와 신학교를 세우고 원주민들과 형제 같이 지낸 분이 계신다. 헌신적으로 섬겼기에 원주민들이 어버이처럼 따르며 존경하고, 사역들이 든든히 세워져 가던 중에 사모님이 폐암에 걸리셨다. 굳건한 의지로 정글을 헤치던 믿음의 여장부답게 사모님은 믿음으로 자신의 병을 의연하게 받아들였다. 그러나 목회의 위기가 찾아왔다. 아름답게 신앙이 성장해 가는 줄만 알았는데, 사모님의 병환을 보면서 원주민 성도들의 신앙이 뿌리부터 흔들리는 것이었다. 사역 전체가 무너지는 위기를 겪으셨다고 했다. 정말 하나님이 살아 계시다면, 누구보다도 하나님을 사랑하고 섬기는 선교사님이 중병에 걸리는 것은 이해할 수 없다는 말 앞에서 선교사님 부부의 어떤 설득도 소용없었다.

에바브로디도가 극심하게 근심한 것을 비슷한 맥락에서 이해할 수 있다. 에바브로디도에게 자신의 질병 자체는 큰 근심이 아니었다. 그러나 자신의 질병이 빌립보에 전해져서 그것 때문에 빌립보 교인들의 신앙이 흔들리는 것이 에바브로디도에게는 큰 근심이었다. 이런 재구성이 에바브로디도의 극한 근심을 설득력 있게 설명해 내는 유일한 길이다.

위에서 바울이 "매임에 괴로움을 더하게 할 줄로 생각하여 순수하지 못하게 다툼으로 그리스도를 전파"(1:17)하는 자들로 규정하는 자들이 승리주의적 경향을 가진 자들이라 해석한 바 있다. 질병을 하나님의 징벌로 이해하는 사고는 투옥 역시 비슷하게 이해했을 것이다. 바울은 디모데에게 "그러므로 너는 내가 우리 주를 증언함과 또는 주를 위하여 갇힌 자 된 나를 부끄러워하지 말고 오직 하나님의 능력을 따라 복음과 함께 고난을 받으라"라고 당부해야 했다(딤후 1:8, 참조 딤후 1:12, 16). 자신의 투옥과 혹 있을지도 모를 사형판결 역시 세속의 시각으로는 수치의 요인이라는 바울의 인식은 빌립보서에서도 명백히 나타나고 있다. "나의 간절한 기대와 소망을 따라 아무 일에든지 부끄러워하지 아니하고 지금도 전과 같이 온전히 담대하여 살든지 죽든지 내 몸에서 그리스도가 존귀하게 되게 하려 하나니"(빌 1:20).

바울이 자신의 삶에서 존귀하게 되기를 원하는 그리스도는 스스로 자기를 비워 종의 형체를 가지시고, 십자가를 지신 그리스도이다. 그분이 주가 되심으로 세상 역사가 완전히 바뀌었다는 것이 바울 복음의 핵심이다. 그러나 이러한 사실을 말로 전한다고 해서 모든 사람들의 생각이 바뀌리라고 보는 것은 너무 낙관적인 기대이다. 십자가에 못 박힌 그리스도를 주로 고백하면서도, 여전히 사람들의 생각에서는 세속적인 가치관이 지배하기도 했다. 그래서 예수를 믿는다고 하지만 자신의 약함과 낮아짐이 아닌, 신앙이라는 영역에서 자신의 우위를 자랑하는 방식으로 높아짐을 추구하는 이들이 있었다. 기적을 행하며 병을 고친다든지, 화려한 언변으로 청중을 사로잡는 설교를 한다든지 하는 가시적 탁월성을 통해서 종교적 권력을 추구하는 태도이다. 바울이 로마의 감옥에서 이런 이들 때문에 고통을 겪었고, 고린도에서 "지극히 크다는 사도들"과 대결해야 했다. 지금 빌립보에서도 이런 경향을 볼 수 있다면, 이러한 경향은 유대적 율법주의 못지않게 광범위하게 퍼져 있던 문제였고, 이들과의 투쟁이 바울의 인생을 관통하는 신학적 대결일 수 있다. 고린도전후서에 특별히 두드러지게 드러나는 바울의 십자가 신학은 이러한 대결 과정에서 형성된 것이라 볼 수 있다. 빌립보서에서 바울이 가장 심각하게 생각하는 대적들이 "십자가의 원수로 행하는 자들"(3:18)이라는 점에서 빌립보서가 고린도전후서와 같은 문제를 공유하고 있을 가능성이 높다 하겠다.

바울과 디모데가 빌립보 교인들에 대하여 우려하는 점 역시 이런 경향과 관련이 있다. 에바브로디도는 바울을 위해서 먼 길을 자원해서 나선 사람이었다. 그의 안위는 바울의 이미지와 하나로 묶일 수밖에 없었다. 바울이 하나님의 징벌을 받아 감옥에 갇혔고, 계속 고난을 받는다는 악선전을 하고 다닌 이들에게(1:15, 17) 에바브로디도의 와병은 호재가 되었을 것이다. 이러한 영향이 빌립보에서도 감지되었다면, 에바브로디도가 크게 근심할 수밖에 없었을 것이다.

에바브로디도에게 자신의 질병은 큰 근심거리가 아니었음이 분명하다. "그가 그리스도의 일을 위하여 죽기에 이르러도 자기 목숨을 돌아보지 아니"(30절)했다는 말을 보면, 에바브로디에게 자신의 병은 큰 근심이 아니었고, 오직 빌립보 공동체를 위한 근심이 있을 뿐이었다. 이는 "각각 자기 일을 돌볼 뿐더러 또한 각각 다른 사람들의 일을 돌보"(2:4)라는 권면을 디모데가 따랐듯이(2:21) 에바브로디도의 삶에도 나타나고 있는 것이다. 이는 감옥에 갇혀서 사형판결을 앞두고 있으면서도 빌립보 교인들을 먼저 걱정하고 있는 바울의 태도와 같다(1:24). "이 외의 일은 고사하고 … 곧 모든 교회를 위하여 염려하는 것이라"(고후 10:28)에서 보았던 태도이다.

　　바울이 자신의 "근심 위에 근심을"(2:27) 면하게 하셨다고 할 때, 처음 근심은 에바브로디도를 위한, 둘째는 빌립보 교인들을 위한 근심이라 볼 수 있다. 에바브로디도의 질병은 본인에게는 자신의 일이지만, 바울에게는 형제의 일인 것이다. 이 모두 자신의 유익을 구하지 아니하고, 우리의 구원을 이루신 그리스도를 본받는 태도이다. "죽기에 이르러도" 에바브로디도가 자기 목숨을 돌아보지 아니했다고 할 때 쓰인 어구가 그리스도 찬가 핵심에서 비슷하게 쓰이고 있다. 우리말 번역에는 잘 나타나지 않지만, 원어에서는 "자기를 낮추시고 죽기까지(메크리 사나투) 복종하셨으니"라는 핵심어구의 병행이 선명하게 드러난다. 바울은 이 단락을 통해서 에바브로디도를 그리스도의 마음을 품은 한 모범으로 제시하고 있는 것이다.

27 그가 병들어 죽게 되었으나 하나님이 그를 긍휼히 여기셨고 그뿐 아니라 또 나를 긍휼히 여기사 내 근심 위에 근심을 면하게 하셨느니라 28 그러므로 내가 더욱 급히 그를 보낸 것은 너희로 그를 다시 보고 기뻐하게 하며 내 근심도 덜려 함이니라 29 이러므로 너희가 주 안에서 모든 기쁨으로 그를 영접하고 또 이와 같은 자들을 존귀히 여기라 30 그가 그리스도의 일을 위하여 죽기에 이르러도 자기 목숨을 돌보지 아니한 것은 나를 섬기는 너희의 일에 부족함을 채우려 함이니라

27절은 바울이 에바브로디도의 치유를 보도하는 대목이다. 우리가 익히 아는 치유 간증과는 사뭇 다르다. 하나님이 어떻게 치유하셨다는 말이 없다. 담담하다 못해 냉정하기까지 한 묘사이다. 이에 대해서 바울이 삶과 죽음을 초월했다고 했는데, 에바브로디도의 병이 나았다고 하는 것을 대단한 사건이라 할 수 있는가, 무엇이 긍휼인가 하는 질문을 예리하게 던진 이는 칼뱅이었다. 그리스도인에게 있어 죽음이란 이 세상의 모든 고통과 죄의 속박으로부터 벗어나, 그리스도와 함께하는 것인데, 살아나게 된 것을 자비라고 할 수 있는가 질문한다.[4] 칼뱅은 그럼에도 이 세상의 삶 역시 하나님의 탁월한 선물로서, 그리스도인들이 하늘의 영광을 바라보는 소망 가운데 행복하게 영위할 수 있어야 한다고 설명함으로 이 치열한 질문을 비껴가고 있다.

만약 우리가 빌립보서에 나타난 죽음에 대한 바울의 태도에 천착한다면, 칼뱅의 질문은 더욱 신중히 고려되어야 한다. 이런 맥락에서 바울이 에바브로디도의 치유 과정과 결과를 극적으로 묘사하지 않는 이유를 이해할 수 있다. 바울은 하나님이 긍휼히 여기셨다고만 말하지, "나았다", "회복되었다"는 말도 아끼고 있으며, 간절한 기도의 결과라거나 혹은 자신이 기도했다는 말조차도 하지 않는다. 빌립보서에서 바울이 치유의 능력을 전면에 내세우는 승리주의와 대결한다는 관점에서 본다면 치유에 대한 소극적 표현은 충분히 이해가 가능하다. 바울이 석방되리라는 기대도 마찬가지이다. 사형을 면하고 석방되는 것이 반드시 더 좋은 것은 아니다. 만약 병을 고쳐 주지 않으신다면, 그 나름대로 깊은 뜻이 있을 것이라고 말할 수 있어야 한다는 것이 빌립보서 신학의 강조점이다. 승리주의자들과 정면으로 대결하는 신학이다.

28절에서 "더욱 급히 그를 보낸 것은"이라는 표현은 에바브로디도를 보내야 하는 절박한 이유가 있었음을 보여 준다. 빌립보 교인들의 흔들리는 신앙은 건강한 에바브로디도가 그 앞에 나타나야 해결될 것이었다.

"나를 섬기는 너희의 일에 부족함"(30절)은 헌금의 액수가 모자라는 것을 에바브로디도가 채웠다는 말은 아니다. 대다수의 주석가들이 헌금을 모아 놓고도 로마로 갈 사람이 없던 차에 에바브로디도가 위험한 길을 자원해서 나선 헌신을 말한다고 본다. 헌금 전달을 자원할 헌신이 그들의 "부족함"이었다는 설명이다. 그러나 당시에 로마 여행 자체가 그렇게 위험한 것은 아니었기 때문에, 전달자의 부재가 빌립보 교인들의 부족한 점이었다는 주장은 설득력이 부족하다.

또 에바브로디도가 로마 여행을 자원할 당시에 목숨을 걸었다는 설명은 여행 중에 병을 얻었다는 정황으로 볼 때 어색하다. 빌립보 교인들의 부족함은 믿음 안에서 견고하지 못한 태도, 승리주의적 가르침에 현혹되는 상황, 그래서 바울과 에바브로디도의 고난을 보고 흔들리는 것 등 포괄적인 문제를 지적하는 바울의 단어 선택이다. 에바브로디도의 목숨을 건 헌신은 무엇보다 하나님 앞에서 그들의 부족함을 채우는 행위였다. 빌립보 교인들은 성장이 필요했고 좋은 모델이 에바브로디도였다.

"나를 섬기는 너희의 일"에서 "섬기는 일"은 '레이투르기아'이다. 2장 17절에서 나온 단어이다. "만일 너희 믿음의 제물과 섬김(레이투르기아) 위에 내가 나를 전제로 드릴지라도 나는 기뻐하고 너희 무리와 함께 기뻐하리니 이와 같이 너희도 기뻐하고 나와 함께 기뻐하라"(2:17). 제물과 섬김이 두 단어로 표현되었지만 사실은 하나의 개념을 표현한 수사적 장치로 보아야 한다. 바울은 빌립보 교인들의 헌신, 특히 자신을 위한 그들의 헌금을 제물로 해석하고, 자신의 순교를 그 위에 붓는 전제로 해석하고 있다. 30절과 똑같이 빌립보 교인들의 섬김(레이투르기아)에 부족함이 있음을 전제로 하는 말이다. 17절에서는 바울의 순교가, 30절에서는 에바브로디도의 목숨을 건 헌신이 그들의 부족함을 채운다는 설명이다.

17절과 30절이 같은 말을 하고 있으며, 두 절에서 공히 '레이투르기아'가 사용되었기 때문에, 이 단어는 일반적인 섬김이 아닌

(O'Brien, 332), 제의적 맥락에서 이해해야 한다. 칠십인역에서 이 단어가 제사장이나 레위인의 직무를 말하는 등 제의적 맥락에서 전형적으로 사용되었고, 이 용법을 히브리서가 이어받고 있다는 점에서도 분명히 확인된다.[5] 바울은 고린도후서 9장 12절에서 예루살렘 교회를 위한 이방 교회들의 헌금을 '레이투르기아'라 했는데, 이제는 자신을 위한 빌립보 교인들의 헌금에 이 단어를 적용시키고 있다. 자신을 위한 헌금을 제사로 규정하는 사고는 빌립보서 4장 18절에서도 분명히 드러난다. "내게는 모든 것이 있고 또 풍부한지라. 에바브로디도 편에 너희가 준 것을 받으므로 내가 풍족하니 이는 받으실 만한 향기로운 제물이요 하나님을 기쁘시게 한 것이라."

로마서 15장 16절에서 바울은 예루살렘을 위한 이방인의 헌금을 모금하여 전달하는 사역을 제의적 용어로 표현한다. "이 은혜는 곧 나로 이방인을 위하여 그리스도 예수의 일꾼(레이투르고스)이 되어 하나님의 복음의 제사장 직분을 하게 하사 이방인을 제물로 드리는 것이 성령 안에서 거룩하게 되어 받으실 만하게 하려 하심이라." 예루살렘을 위한 헌금을 전달하는 자신을 예수 그리스도의 일꾼(레이투르고스)이라고 하며, 자신의 사역을 '히에류게오'(제사장으로 섬기다)라는 동사로 표현함으로써, 자신이 제사장(히에류스)이라는 직접적인 표현은 피하면서도 사실상 제사장의 위치에 자신을 올려놓는 신학적 자기주장을 감행한다.[6]

이제 빌립보서에서는 자신을 위한 빌립보 교인들의 헌금을 레이투르기아라고 규정하고 에바브로디도를 그 사역의 레이투르고스(2:25)라고 함으로써 그에게도 역시 제사장의 이미지를 부여하고 있는 것을 볼 수 있다. 2장 17절에서는 빌립보 교인들의 헌금이라는 제사와(참조. 빌 4:18) 바울 자신이 죽음으로 드리는 제사를 하나로 연결하고 있으며, 2장 30절에서는 죽음을 무릅쓴 에바브로디도의 사역을 빌립보 교인들의 부족함을 채우는 헌신으로 묘사한다. 이 헌신은 "죽기까지" 자신을 낮추신 그리스도의 헌신을 따르는 것이다. 사도바울은 빌립보서를 쓰면서 에바브로디도의 사역을 그리스도의 모범을 따르는 예로 규정하고, 그가 빌립보 교인들로부터 기쁨에 찬 환영을 받게 하는 일에 혼신의 힘을 기울이고 있다. 에바브로디도 가 환영받고 못 받고는, 빌립보 교회가 서고 넘어지는 중차대한 문 제이다. 이는 바울의 사역 전체가 승리주의와의 대결에서 승리하느 냐 패배하느냐의 문제와 연관되어 있다. 바울은 이 문제가 그리스 도의 십자가의 모범을 따르느냐, 아니면 "그리스도의 십자가의 원 수로 행"(3:18)하느냐는 문제라고 주장하고 있다. 이는 오늘의 교회가 심각하게 받아야 할, 복음의 본질과 맞닿은 도전이다.

묵상과 나눔을 위한 질문

1. 바울이 디모데를 두고 말하는 대목에는 단순히 지금 그를 보내지 못하는 사정을 설명하고 양해를 구하는 것 이상의 목적이 있습니다. 즉 디모데를 내세워 빌립보 교인들이 따라야 할 모범을 제시하고, 피하고 경계해야 할 이들에 대한 주의를 요청하는 다면적인 목적이 있습니다. 그런 점에서 빌립보서는 단순히 선물에 대한 감사를 표하거나, 우정을 다지는 것 이상의 목적이 있습니다. 부드러운 표면 이면에 치열한 신경전이 벌어지고 있음을 추정할 수 있습니다. 1장에서 보았던 이면의 갈등과 위의 본문이 어떻게 연결되고 있나 살펴보세요.

2. 디모데는 종처럼 바울을 섬겼다고 했습니다. 자발적인 섬김에 기쁨이 있습니다. 이는 종이 되신(2:7) 그리스도를 본받는 삶이기도 합니다. 디모데의 섬김이 어떤 점에서 빌립보 교인들에게 도전이 되었을 것 같습니까? 섬김의 기쁨을 경험했던 예를 떠올려 보아도 좋겠습니다.

3. 바울은 자신의 재판의 추이와 석방 가능성에 대해 얼핏 이중적인 태도를 보입니다. 때로는 신중하다 못해 회의적이기도 하고, 또 때로는 석방을 확신하는 모습을 보이기도 합니다. 우리는 이런 바울을 어떻게 이해할 수 있습니까? 본회퍼의 고백이 바울의 이런 마음을 이해하는 데 어떤 도움을 줍니까?

6
대적자들에 대한 경고

빌 3:1-21

1 끝으로 나의 형제들아 주 안에서 기뻐하라 너희에게 같은 말을 쓰는 것이 내게는 수고로움이 없고 너희에게는 안전하니라 2 개들을 삼가고 행악하는 자들을 삼가고 몸을 상해하는 일을 삼가라 3 하나님의 성령으로 봉사하며 그리스도 예수로 자랑하고 육체를 신뢰하지 아니하는 우리가 곧 할례파라 4 그러나 나도 육체를 신뢰할 만하며 만일 누구든지 다른 이가 육체를 신뢰할 것이 있는 줄로 생각하면 나는 더욱 그러하리니 5 나는 팔일 만에 할례를 받고 이스라엘 족속이요 베냐민 지파요 히브리인 중의 히브리인이요 율법으로는 바리새인이요 6 열심으로는 교회를 박해하고 율법의 의로는 흠이 없는 자라 7 그러나 무엇이든지 내게 유익하던 것을 내가 그리스도를 위하여 다 해로 여길뿐더러 8 또한 모든 것을 해로 여김은 내 주 그리스도 예수를 아는 지식이 가장 고상하기 때문이라 내가 그를 위하여 모든 것을 잃어버리고 배설물로 여김은 그리스도를 얻고 9 그 안에서 발견되려 함이니 내가 가진 의는 율법에서 난 것이 아니요 오직 그리스도를 믿음으로 말미암은 것이

니 곧 믿음으로 하나님께로부터 난 의라 10 내가 그리스도와 그 부활의 권능과 그 고난에 참여함을 알고자 하여 그의 죽으심을 본받아 11 어떻게 해서든지 죽은 자 가운데서 부활에 이르려 하노니 12 내가 이미 얻었다 함도 아니요 온전히 이루었다 함도 아니라 오직 내가 그리스도 예수께 잡힌 바 된 그것을 잡으려고 달려가노라 13 형제들아 나는 아직 내가 잡은 줄로 여기지 아니하고 오직 한 일 즉 뒤에 있는 것은 잊어버리고 앞에 있는 것을 잡으려고 14 푯대를 향하여 그리스도 예수 안에서 하나님이 위에서 부르신 부름의 상을 위하여 달려가노라 15 그러므로 누구든지 우리 온전히 이룬 자들은 이렇게 생각할지니 만일 어떤 일에 너희가 달리 생각하면 하나님이 이것도 너희에게 나타내시리라 16 오직 우리가 어디까지 이르렀든지 그대로 행할 것이라 17 형제들아 너희는 함께 나를 본받으라 그리고 너희가 우리를 본받은 것처럼 그와 같이 행하는 자들을 눈여겨 보라 18 내가 여러 번 너희에게 말하였거니와 이제도 눈물을 흘리며 말하노니 여러 사람들이 그리스도의 십자가의 원수로 행하느니라 19 그들의 마침은 멸망이요 그들의 신은 배요 그 영광은 그들의 부끄러움에 있고 땅의 일을 생각하는 자라 20 그러나 우리의 시민권은 하늘에 있는지라 거기로부터 구원하는 자 곧 주 예수 그리스도를 기다리노니 21 그는 만물을 자기에게 복종하게 하실 수 있는 자의 역사로 우리의 낮은 몸을 자기 영광의 몸의 형체와 같이 변하게 하시리라

1. 행악자들을 삼가라 (3:1-3)

"끝으로"(토 로이폰)는 많은 논란이 된 단어이다. 빌립보서는 아직 절반밖에 오지 않았기 때문이다. 이 때문에 본래의 빌립보서는 3장 1절에서 끝난다, 또는 여기서 4장 4절로 연결되는 짧은 편지였다, 혹은 3장 2절부터 나오는 내용은 다른 편지 혹은 후대에 첨가된 부분이다 등 숱한 의견들이 있었다.

그 배경에는 빌립보서 전체가 기쁨으로 넘치고 빌립보 교인들에 대한 평가가 높고 관계가 우호적인데 반해, 3장은 강한 비판과 염려가 나오기 때문에 한 편지로 보기에는 힘들다는 판단이 작용하고 있다. 그러나 빌립보서를 몇 개의 편지의 조합으로 볼 만한 사본상의 증거는 전혀 없다. 내용적으로도 전체가 이해되지 않는 것은 아니다. 위에서 살펴본 바에 의하면, 빌립보 교인들에 대한 바울의 평가가 그렇게 긍정적이지만은 않았음을 알 수 있다. 이 편지에 나타난 바울의 칭찬에는 상당한 거품이 있다. 무엇보다 바울이 관계를 맺고 편지를 쓰는 방식이 칭찬과 격려를 통한 것이었다. 상대방이 잘한 부분은 과장해서 지켜세워 주는(4:10 주석 참조) 방식이었다. 빌립보서가 기쁨의 서신이라고 하지만, 그것은 처음부터 "그럼에도 불구하고"의 기쁨이었지, 바울의 삶이 기뻐할 이유로 가득 차 있었기 때문은 아니었다. 더구나 3장 1-3절의 공격이 신랄한 어조를 띠고 있지만, 이것은 빌립보 교인들에 대한 것이 아니다. 우호적이고 정이 가득한 편지에서도 제3의 위협적인 세력을 강하게 공격하는 것은 얼마든지 있을 수 있는 일이다.

이렇게 볼 때 "끝으로"는 다르게 해석된다. 이 단어는 본래 '남은 사항들'을 뜻한다. 흔히 "끝으로"(finally)라고 번역되지만, 더 기본적인 의미인 "(앞에서 말한 것들 외에 말해야 할) 남은 사항들은"으로 이해할 수 있다. '아울러' 정도로 번역하는 것이 좋다.

"수고로움이 없고"라고 번역된 단어는 파피루스 편지들에서 "~하기를 주저하지 마십시오"라고 말하는 맥락에서 많이 쓰인다(Hansen, 213). "주저할 이유가 없고"라고 번역하는 것이 좋다. 이 말을 또 꺼내는 것이 사실은 듣기도 싫고, 말하기도 싫은 상황이었다는 것이다. 또한 이렇게 양해를 구하는 것을 볼 때 2절 이하에 나타나는 문제가 빌립보 교회에 현존하는 절박한 문제는 아니었던 것으로 보는 것이 타당하다. 이 문제에 관해서는 3장 주해의 끝부분에서 심층분석으로 다룰 것이다.

"개"(2절)는 유대인들이 이방인을 가리키던 말이었다. "자녀의 떡을 취하여 개들에게 던짐이 마땅하지 아니하니라"(마 15:26)는 예수님의 말에도 이런 언어습관이 배어 있다. 같은 맥락에서 "거룩한 것을 개에게 주지 말며 너희 진주를 돼지 앞에 던지지 말라"(마 7:6)는 말도 율법에 의하면 깨끗지 못한 생활을 하는 이방인들을 의미하는 말로 들렸을 가능성이 있다. 유대인들뿐만 아니라, 그레코-로만 세계에서 개는 대체로 부정적으로 묘사되었다. 바울은 이방인들을 공격하는 유대인들의 단어를 그대로 유대주의자들에게 되돌려 공격하고 있다. "행악자"도 마찬가지이다. 유대인들이 이방인들을 대상으로 흔히 하던 말을 그대로 돌려주고 있다. 아무런 설명 없이 이런 역설적 표현이 가능하다는 것은 저자와 청중 사이에 이미 공유된 이해가 있다는 것이다. 예를 들면, 로마서 1장 18절-3장 18절 사이에 나타난 유대인과 이방인 모두 죄 아래 있다는 가르침을 빌립보 교인들은 익히 들었을 것이다. 로마서 2장 9절에서 "악을 행하는 각 사람의 영에는 환난과 곤고가 있으리니 먼저는 유대인에게요 그리고 헬라인에게며"라고 할 때 "악을 행하는"은 본 절의 "행악자"와 비슷한 표현이다. 주의할 것은 바울이 공격하는 유대주의적 율법주의자들은 도덕적 율법을 모두 지켜야 구원받는다는 이들이 아니라, 할례를 받으라고 주장하는 이들이라는 것이다.

이어서 바울은 "몸을 상하는 일"(카타토메)을 말하면서 대적자들과의 논쟁의 핵심에 다가간다. 할례는 '페리토메'로 주위를 벤다는 뜻이다. 영어의 'circum-cision'과 같은 의미이다. 카타토메는 아예 잘라 버리는 것을 말한다. "형제들아 내가 지금까지 할례를 전한다면 어찌하여 지금까지 박해를 받으리요? 그리하였으면 십자가의 걸림돌이 제거되었으리니, 너희를 어지럽게 하는 자들은 스스로 베어 버리기를 원하노라"(갈 5:11-12)라는 비아냥을 한 단어로 요약한 것이다. 할례가 구원의 조건인 것마냥, 그렇게 말끝마다 할례를 외치면서, 자르는 것을 좋아한다면 차라리 성기 전체를 잘라 버리지 그러냐는 일갈이다.

"개"와 "행악자"는 남성 명사인데, '카타토메'는 중성명사이다. 대상을 사물화하는 경멸의 의미를 담고 있다. 우리말에서 '~하는 이들'이라는 말보다 중성적 표현으로 "~하는 것들"이 더 모욕적인 것과 비슷하다. '자르는 것 좋아하는 것들' 정도의 의미다.

　　3절의 원문은 "우리가 할례파이다"가 먼저 나오고, 뒤이어 "우리"가 어떤 사람인가를 말하는 세 가지 표현이 나온다. 진정한 할례는 육체에 있지 않고, 할례의 참 의미에 부합한 태도를 가진 사람, 곧 하나님과 다른 관계에 있는 사람이라는 말은 로마서 2장 28-29절에 제시되어 있다. "무릇 표면적 유대인이 유대인이 아니요 표면적 육신의 할례가 할례가 아니니라. 오직 이면적 유대인이 유대인이며 할례는 마음에 할지니 영에 있고 율법 조문에 있지 아니한 것이라 그 칭찬이 사람에게서가 아니요 다만 하나님에게서니라." 육체의 할례보다 마음의 할례가 중요하다는 것은 바울의 독창적인 생각도 아니고, 초대교회가 만들어 낸 것도 아니다. 구약성경에서 이미 선포된 원리이다. 선지자 예레미야는 말했다. "유다인과 예루살렘 주민들아 너희는 스스로 할례를 행하여 너희 마음 가죽을 베고 나 여호와께 속하라"(렘 4:4). 기본적으로 구약의 틀을 벗어나서 다른 신앙으로 간 것이 아니라, 구약성경에서 강조되던 말씀의 본래 정신으로 돌아가고자 한 노력임을 확인할 수 있는 대목이다. 바울은 이어서 진정한 할례파, 참 하나님 백성의 세 가지 태도를 말한다.

　　첫째는 "하나님의 성령으로 봉사하고"이다. 신약성서에서 성령, 혹은 영(프뉴마)은 육체(사르크스)의 대립항으로 등장한다. 이런 대립의 맥락에서 세 번째 항인 "육체를 신뢰하지 않는"을 이해할 수 있다. 원어에는 '거룩하다'는 말은 없기 때문에 문자적 번역은 '하나님의 영'이다. 바울서신에 그리스도의 영(롬 8:9), 하나님의 영(롬 8:9, 14; 고전 2:11; 고전 7:40; 고전 12:3; 고후 3:3)이라는 표현이 나오는데, 삼위일체적 이해가 저변에 깔려 있다고 볼 수 있다. "그러므로 내가 너희에게 알리노니 하나님의 영으로 말하는 자는 누구든지 예수를 저주할 자라 하지 아니하고, 또 성령으로 아니하고는 누구든지 예수를 주시라 할 수 없느니라"(고전 12:3)에서 하나님의 영과 성령이 평행으로 쓰이고 있는 것을 보면 바울이 여기서 성령을 말하고 있는 것임을 알 수 있다.

　　"봉사하며"는 "라트류오"인데 칠십인역에서는 "예배하다"라는 의미로 자주 쓰인다. 출애굽기 23장에서 가나안 신들을 섬기지 말라는 맥락에서 "너는 그들의 신을 경배하지 말며. 섬기지 말며 … 네 하나님 여호와를 섬기라"(출 23:24-25)에서 이방신을 섬기는 것, 여호와를 섬기는 것에 같이 '라트류오'를 쓰고 있다(참조 신 10:12). 모세가 출애굽 소명을 받았을 때 하나님은 이렇게 말씀하신다. "내가 반드시 너와 함께 있으리라 네가 그 백성을 애굽에서 인도하여 낸 후에 너희가 이 산에서 하나님을 섬기리니(라트류오) 이것이 내가 너를 보낸 증거니라"(출 3:12). 히브리어로는 '아바드'인데 '일하다', '노예로 섬기다'의 뜻이 있다. 칠십인역이 이 말을 '노예로서 섬기다/예배하다'라는 의미의 단어로 쓴 것에 신학적 강조점이 있다. 노예로서 바로를 "섬기던" 이들이, 하나님을 "예배하는" 이들로 세움 받는 것이 해방이며, 출애굽의 목표라는 것이다. 농사짓는 노예에게 기대하는 것은 농산물 수확이고, 피라미드를 건축하는 노예에게 기대하는 것 역시 완성된 건축물이다. 생산물이 목적이고 노예는 수단일 뿐이다. 그러나 예배는 예배하는 사람이 목표가 된다. 출애굽에 의해서 형성된 이스라엘의 정체성의 핵심에 노예를 불러서 예배자로 세우시는 하나님의 뜻이 있다 할 수 있다. '라트류오'는 이스라엘의 소명에서 핵심을 이루는 단어라는 점에서 의미심장하다. 본 단락에서 바울의 관심이 이스라엘(하나님의 백성)의 정체성에 있기 때문이다. 예배해야 백성이다. 그 예배는 성령으로라야 가능하다. 바울에게 있어서 성령은 무엇보다 예배를 가능하게 하시는 분이다. 그리스도를 주시라 고백하게 하고(고전 12:3), 하나님을 아빠 아버지라 부를 수 있게 하시는 분이 성령이다(롬 8:15; 갈 4:6).

　　물론 여기서 '봉사한다'라는 의미가 배제되는 것은 아니다. 예배와 일이 하나로 통합된 삶이라는 이해를 읽는 것도 가능하다. 그러나 하나님의 목적은 일로서의 봉사가 이루어 내는 결과물이 아니라, 봉사하는 우리 자신에 있다는 것을 유념해야 한다. 봉사 역시 성령의 도우심으로만 가능하다. 베드로 사도의 말이 도움을 준다. "각각 은사를 받은 대로 하나님의 여러 가지 은혜를 맡은 선한 청지기 같이 서로 봉사하라. 만일 누가 말하려면 하나님의 말씀을 하는 것 같이 하고 누가 봉사하려면 하나님이 공급하시는 힘으로 하는 것 같이 하라"(벧전 4:10-11).

둘째는 "그리스도 예수로 자랑"하는 삶이다. 자랑하다, 즉 '카우카오마이'는 바울이 30회나 사용하는 단어이다. 자랑은 특별히 고린도후서 10-13장 사이에서 집중적으로 다루는 주제이다. 여기서 바울은 자기를 자랑하는 자들을 비판하면서, 부득이한 자기 자랑을 감행하기도 한다(고후 11:16 이하). 그 문맥에서 바울의 일관된 원칙은 "자랑하는 자는 주 안에서(엔 퀴리오) 자랑할지니라"(고후 10:17)이다.

본 절의 "그리스도 예수로 자랑한다"는 말은 "카우카오마이 엔 크리스토"(boast in Christ Jesus)이다. 문법적으로는 그리스도 예수로 자랑하는, 그리스도 예수가 자랑의 방법 혹은 내용이 된다고 볼 수도 있다. 그러나 기본적인 의미는 '그리스도 예수 안에서' 자랑한다는 말이다. "자랑하는 자는 주 안에서 자랑할찌니라"(고후 10:17; 참조 고전 1:31)와 거의 동일한 구문이다. 고린도후서 10장의 맥락은 자신을 자랑하는, 본 단락의 용어로는 "육체를 신뢰하는 자들"과의 대결이라는 같은 맥락에서 나온 말이므로 본문의 의미를 밝히는 데 큰 도움을 준다.

"그리스도 안에서 자랑한다"고 번역할 경우 무엇을 자랑하느냐는 질문이 제기될 수 있다. 바울은 로마서 5장 3절에서 "우리가 환난 중에도 즐거워하나니"라고 한다. 여기서 "즐거워하나니"로 번역된 단어 역시 '카우카오마이'이다. 이 단어에 '즐거워하다'(rejoice), '경축하다'(celebrate)라는 의미도 있음을 감안하면 본 절 이해에 도움을 줄 것이다. 반드시 누군가를 향해 무엇을 자랑하는 것이 아니라, 그리스도 안에서의 마음 상태, 즐거워하고, 감사하고, 자랑하고 싶은 만큼 영광스러움을 느끼는 상태라고 보는 것이 좋다. 로마서 5장 3절에서 "환난 중에도" 즐거워할 수 있는 이유는(환난을 즐거워하는 것이 아니다!), 우리가 근본적으로 "그리스도 안에" 있기 때문이다. "이뿐 아니라 이제 우리로 화목을 얻게 하신 우리 주 예수 그리스도로 말미암아 하나님 안에서 또한 즐거워하느니라"(롬 5:11) 한 것처럼 우리는 "그리스도 때문에(말미암아)" 하나님과 화목되었고, 그래서 하나님 백성이 되었다. 하나님 백성은 무엇보다 "그리스도 안에" 있는 사람들이다.

　　참 할례파의 세 번째 특징은 "육체를 신뢰하지 않음"이다. 육체는 '사르크스'이다. 예수님께서 겟세마네 기도 시간에 깨어 있지 못하고 잠들어 버린 제자들을 향해서 "마음(프뉴마)에는 원이로되 육신(사르크스)이 약하도다"(막 14:38) 하셨을 때, 단지 체력이 약하다는 지적은 아니었다. "너희 육신(사르크스)이 약함으로 내가 사람의 예대로 말하노니"(롬 6:19)에서는 사르크스가 '이해력'이라는 의미로 쓰이고 있다. 본 절에서는 사르크스가 인간적인 능력과 자원 전체를 가리킨다고 볼 수 있다. 바울의 공격은 육체가 아닌 육체를 신뢰하는 태도에 맞추어져 있다. 자신이 가진 것으로 하나님 앞에서 인정받으려는 인간의 태도이다. 구체적으로는 유대인들의 육체적 혈통 자랑, 그리고 율법을 지키며 산다는 인간적인 노력 자랑이 포함될 것이다.

　　이들의 주장과 정체에 대해 근래에 신학자들 사이에서 많은 논쟁이 있었다. 소논문 '바울신학의 새 관점'에서 제임스 던은 '율법의 행위'라는 말로 성경에서 논쟁이 되는 것은 할례, 안식일(절기 등 포함), 음식 관련 규례에 집중되어 있음에 주의를 환기시킨다.[1] 음식 규례는 무엇을 먹느냐, 누구와 먹느냐, 손을 씻고 먹느냐 아니냐 등의 문제이다. 이 세 가지 외에 다른 도덕법, 예를 들면 간음하지 말라, 도적질하지 말라, 살인하지 말라 등이 "율법의 행위"라는 이름으로 논쟁이 된 바가 없다는 것이다. 예수님의 경우, 안식일 규례, 손 씻지 않고 밥 먹는 것, 세리와 죄인들과 식탁을 함께하는 것 등으로 도전받았다. 바울의 경우에도 안디옥 사건(갈 2장)은 이방인과 식탁을 함께할 수 있느냐의 문제였고, 여기저기서 할례 문제로 논쟁을 벌인다.

던은 당시 그레코-로만세계의 문헌을 살펴, 할례, 안식일 준수, 음식 규례는 이방인들이 유대인들을 식별하는 표지 역할을 한 요소들이라는 것을 발견했다. 유대인들도 할례, 안식일 준수, 음식 규례를 구원받는 방법이라 주장한 것이 아니라, 이방인과 구별되는 하나님 백성의 표지라고 생각했다는 것이다. 유대인의 정체성을 나타내 주는 표식이라는 점에서 정체의 표지(identity marker)라고 했다. 자신이 유대인임을 나타내는 일종의 배지 같은 기능이었다는 것이다. 학교 배지를 달고 다니는 것이 학생임을 나타내는 표식이지만, 배지 자체가 학생 자격을 만드는 것은 아니다. 결국 바울과 유대주의자들 간의 논쟁은 "어떻게 해야 구원을 얻는가?"가 아니라 "누가 하나님 백성인가?"에 초점이 있다고 던은 주장했다. 빌립보서 3장의 논의도 누가 진정한 할례파이냐는 맥락에서 진행되므로 던의 해석에 설득력이 실린다. 물론 아래 9절 말씀은 "어떻게 구원받는가?"라는 방법으로 해석될 여지가 있기 때문에, 두 주제 중 하나만 나타난다고 말하기는 어렵다. 그러나 "누가 하나님 백성인가?"라는 질문이 본 장과 바울서신 전체에서 중심 위치를 차지한다는 것은 중요하다. 고든 피는 4절 하반절로부터 16절에 이르는 문단을 '바울의 모범'으로 명명하고, 아래와 같이 소문단으로 구분한다.

4-6절 : 과거에는 미래가 없다
7-11절 : 미래는 현재 안에 있다─그리스도를 알기
12-14절 : 역시 미래는 여전히 미래이다─부활에 도달하기

통찰력 있는 설정이다. 아래에서도 대체로 비슷한 구분으로 해설하고자 한다. 여기서는 15-16절도 이 문단에 속하는 내용으로 본다. 스스로 온전하다고 하는 이들을 향한 비판적 권면이다.

2. 바울 자신의 모범 (3:4-16)

4 그러나 나도 육체를 신뢰할 만하며 만일 누구든지 다른 이가 육체를 신뢰할 것이 있는 줄로 생각하면 나는 더욱 그러하리니 5 나는 팔일 만에 할례를 받고 이스라엘 족속이요 베냐민 지파요 히브리인 중의 히브리인이요 율법으로는 바리새인이요 6 열심으로는 교회를 박해하고 율법의 의로는 흠이 없는 자라

2-3절의 대적들에 대한 묘사와 4-6절을 연결하는 단어는 "육체를 신뢰함"이다. 한글 번역에서는 선명히 보이지 않지만, 원어에서는 3절을 마치는 어구와 4절을 시작하는 어구가 동일하게 "육체를 신뢰함"이다. 3절에서 나열한 세 가지 특질 중 가장 중심이 되는 개념이 육체 신뢰임을 알 수 있다. 뿐만 아니라, 4-6절에서 육체의 자랑을 나열할 수 있도록 길을 열어 주고, 그 이후의 논의를 이끌고 가는 핵심 개념이다. "육체를 신뢰하지 않음"은 7-9절에서 자신의 의가 아닌 그리스도를 믿음으로 말미암아 난 "하나님의 의"의 기본전제를 이루고 있고, 10-16절에서 강조하는 아직 온전히 이룬 상태가 아니라 여전히 달려가는 자로서의 태도 역시 육체를 신뢰하지 않는다는 주제와 이어진다. 이런 일관된 강조점은 할례주의자들이 빌립보 교회의 현실적 위협이 아니었음에도, 2-3절에서 그들에 대한 공격을 굳이 꺼내든 바울의 수사적 의도를 짐작할 수 있게 해 준다. "육체를 신뢰하지 않는 자"라는 딱지를 붙이고, 이것을 이용하여 전체 논의를 끌고 가면서 바울이 실질적으로 경계하는 이들과 연결시키는 전략을 구사하기 때문이다.

3절에서 자랑이라는 주제를 다루면서 고린도후서 10장 17절의 "주 안에서 자랑할지니라"와의 연관성을 살펴보았는데, 고린도후서에서도 자신을 자랑하는 것은 육신을 자랑하는 것이라는 전제로 논의가 전개된다. "내가 다시 말하노니 누구든지 나를 어리석은 자로 여기지 말라 만일 그러하더라도 내가 조금 자랑할 수 있

도록 어리석은 자로 받으라. 내가 말하는 것은 주를 따라 하는 말이 아니요 오직 어리석은 자와 같이 기탄없이 자랑하노라 여러 사람이 육신을 따라 자랑하니 나도 자랑하겠노라"(고후 11:16-18). 여기서도 똑같은 논리를 펼친다. 스스로는 결코 자랑하지 않겠지만, 다른 이들이 자랑함으로써 자신도 자랑할 수밖에 없는 상황에 내몰린다는 투다. 여기서 보이는 고린도후서와 빌립보서의 유사성은 이 두 서신 집필의 주 동기를 승리주의자들과의 대결에서 찾는 본 주석의 주안점을 지지해 주는 또 하나의 방증이다.

자랑의 기술은 그리스 수사학의 중요한 부분이었다. 어떤 대상을 칭송하거나 비판하는 수사의 장르는 과시적 수사[2]로 분류되는데, 고대의 수사학 교본에는 자랑이나 칭송을 할 경우 어디에 초점을 맞출지 상세한 이론들이 존재했다. 그중 태생 자랑은 중요한 항목이었다. 5-6절의 자랑 목록을 바울이 당시의 수사적 관행에 익숙해져 있다는 증거로 받아들이는 학자들이 많다.

"팔일 만에 할례를 받"았다는 것은 성장한 후에 개종해서 받은 것이 아니라, 태어나면서부터 유대의 전통에 속했다는 말로, 가정 배경을 내세우는 것이다. "이스라엘 족속"은 바울 당시에 형체를 알 수 없는 민족의 옛 이름이었지만, 유대 족속 중심의 당시 백성들이 자신들을 역사와 연결시키는 맥락에서 사용하고 있었다. 바울은 역사적 언약의 대상이라고 하는 맥락에서 이 단어를 사용하고 있다(참조. 엡 2:11-12; 롬 9:4; 갈 6:16). "베냐민 지파"는 초대 왕 사울을 배출한 자긍심을 간직한 지파이다. 바울의 히브리식 이름인 사울도 자신의 지파 조상 중에 대표적 인물인 이스라엘 초대 왕의 이름을 따서 지은 것 같다. "히브리인"이라는 말은 언어적 규정일 수 있고(행 6:1), 인종적·문화적 규정일 수도 있다. 히브리인 중의 히브리인이라는 말은 다소가 고향인 디아스포라이긴 하지만, 히브리 전통에 충실한 양육을 받았음을 강조하는 말인 것 같다.

"율법으로는 바리새인이요"라는 말에서 바리새인인 사실이 바울 시대에 자랑거리였음을 유념할 필요가 있다. 바리새파는 복음서에서 가장 혹독한 비판의 대상이 되기는 하지만, 사실 사두개파, 에세네파 등 당시 유대교의 많은 분파들 중에 가장 존경받던 분파였다.

> 바리새파 사람들은 생활의 수준을 단순화하고, 사치와 낭비하는 생활을 싫어한다. 그들은 생활에 유익한 것으로 선택된 율법을 철저히 따르며, 그들에게 주어진 계명에 순종하는 것을 무엇보다 중요한 일로 여긴다. 그들은 윗사람을 잘 공경하고 보호하며, 성급하게 추정하여 자신들의 제안을 부정하려 하지 않는다. … 또한 영혼에는 불멸의 힘이 있으며, 사람이 죽은 후에는 그 사람이 살아 있을 동안의 행위에 따라 상이나 벌을 받는다고 믿는다. 만일 악하게 살았으면 영원한 감옥에 갇히게 되고, 선하게 살았으면 새 삶을 살 수 있는 관문을 쉽게 통과하게 된다. 이런 교리 때문에 바리새인들은 유대인들을 설득하는 큰 힘을 가지고 있었다. 그래서 유대인들은 하나님께 예배드리거나 기도드릴 때나 제사를 드릴 때에는 바리새인들의 지시에 따라서 행했다. 바리새인들은 말과 행동에서 온전한 도덕적인 모습을 보여 주었기 때문에 유대인들에게 큰 신뢰를 주고 있었다(유대 고대사, 18.93).

바리새파는 구약 전체를 정경으로 인정했고, 확고한 부활 신념을 가졌으며, 기득권 세력에 비판적이면서도 현실 참여적이었다는 점 등을 고려할 때 1세기 당시의 유대교 분파 중에서 초기 기독교의 성향과 가장 가까운 분파였다고 보아야 한다. 바리새인이었던 청년 사울이 신약에서 가장 많은 성경을 기록한 사도가 되었다는 사실은 기독교와 바리새파의 신앙적 근접성에 대한 강력한 증거이다.

"열심으로는 교회를 핍박하고"(6절)는 '열심당'을 떠올리게 한다. 요세푸스는 위에서 언급한 유대고대사에서 열심당을 사두개파, 바리새파, 에세네파에 이어서 바울 시대의 네 번째 철학이라고 한다. 이 열심당은 66년에 발발한 유대-로마 전쟁의 와중에서 형성된 것으로 보인다. 바울 시대에 조직화된 그룹이 있었다기보다는 율법에 특별한 열심을 가졌던 사람들을 가리키는 말로 보인다. 유대인의 순수성과 야웨에 대한 충성을 지키기 위해 폭력 사용도 불사하던 이들이었다. 회심 이전의 청년 사울을 가장 잘 묘사하는 단어가 '열심'이었다. 사울의 분파 소속은 바리새인이었으며, 성향으로는 열심의 사람이었다. 후에 바울은 로마서에서 이렇게 쓴다. "형제들아 내 마음에 원하는 바와 하나님께 구하는 바는 이스라엘을 위함이니 곧 그들로 구원을 받게 함이라 내가 증언하노니 그들이 하나님께 열심이 있으나 올바른 지식을 따른 것이 아니니라 하나님의 의를 모르고 자기 의를 세우려고 힘써 하나님의 의에 복종하지 아니하였느니라"(롬 10:1-3). 이 말은 하나님의 언약의 성취로 오신 그리스도를 따르지 않는 유대인들의 완고함을 지적한 말이지만, 그 이전에 자신의 과거를 돌아보는 자전적인 고백이 담긴 말이기도 하다.

　　"율법의 의로는 흠이 없는 자"라는 말은 다메섹 체험 이전의 마음 상태를 보여 주는 중요한 실마리이다. 서구 신학은 다메섹 이전의 바울을 하나님 앞에서 스스로 의를 얻어 보려는 율법적 노력의 한계에 고뇌하는 인간으로 보아 왔다. 로마서 7장에 나오는 "오호라 나는 곤고한 사람이로다. 누가 이 사망의 몸에서 나를 건져내랴?" 하는 탄식을 중심으로 바울을 파악했던 것이다. 그러나 이런 모습은 "율법의 의로는 흠이 없는 자"라는 당당한 자기주장과 정면으로 배치된다. 스텐달은 1963년에 발표한 논문에서 서구의 신학전통이 지나치게 죄의식에 초점을 맞춘 '내성적 양심'이라는 렌즈로 바울을 보았다고 지적하면서, 1세기의 바리새인 청년 사울은 본절에서 당당하게 주장하는 것처럼 '견고한 양심'을 가진 인물이었다고 주장했다.[3] 이러한 주장은 바울 연구에 큰 반향을 일으켰고, 바울에 대한 새관점(new perspective on Paul)이라 불리는 흐름 탄생에 중요한 기여를 했다.

　　새관점 입장에서 바울을 읽는 대표적인 학자는 위에서 소개한 제임스 던과 톰 라이트다. 5-6절에서 바울 스스로 육체를 신뢰하는 근거로서 일곱 가지를 제시하는데, 톰 라이트는 이신칭의 중심의 바울 해석은 처음 여섯 요소는 무시하고, 일곱째인 "율법의 의" 하나에만 집중해서 바울의 자의식을 파악하려 했음을 지적한다.[4] 한쪽만 지나치게 강조한 인식 위에 구원론을 세우려 하니 오류를 피할 수 없었다는 것이다. 바울의 자부심의 근거는 무엇보다 자신의 태생이었고, 이와 관련한 논란이 초대교회의 가장 중요한 문제였다. 율법의 의뿐만 아니라, 이스라엘이라는 민족적 정체성이 그리스도 안에서 어떻게 새롭게 해석되는가도 바울의 자기이해에서 중요하다는 것이다.

> 7그러나 무엇이든지 내게 유익하던 것을 내가 그리스도를 위하여 다 해로 여길뿐더러 8또한 모든 것을 해로 여김은 내 주 그리스도 예수를 아는 지식이 가장 고상하기 때문이라 내가 그를 위하여 모든 것을 잃어버리고 배설물로 여김은 그리스도를 얻고

"유익"(케르도스), "해"(제미아)는 대차대조표에서 좌변과 우변, 이익(자산)과 손해(부채)에 해당하는 회계용어이다. "유익하던 것들"은 육체를 신뢰하게 할 만한 요소들, 구체적으로 5-6절에 나타난 일곱 요소를 가리킨다. 바울은 무엇이든 버릴 수 있다는 자신의 자세를 강조하면서 "또한 모든 것을"이라고 첨언한다. 꼭 구체적인 어떤 요소를 염두에 두고 있다기보다는 결연한 자세에 대한 강조의 수사로 보는 것이 좋다. 호손은 "자신의 충성을 얻기 위해 그리스도와 경쟁을 벌이는 것들이 어떤 것들이든 간에, 그리고 '종교적'인 사람이 가치 있다고 생각하고 하나님께 열납될 수 있다고 주장하는 것들이 어떤 것들이든 간에, 모든 것을 해로 생각한다"(호손, 275)라고 주석한다.

여기서 '우리의 충성을 두고 하나님과 경쟁하는 세상 것'들에 대한 바울의 생각이 저변에 있는 것은 사실이다. 고린도전서에서 바울은 결혼에 대해 이렇게 말한다. "너희가 염려 없기를 원하노라 장가가지 않은 자는 주의 일을 염려하여 어찌하여야 주를 기쁘시게 할까 하되 장가 간 자는 세상일을 염려하여 어찌하여야 아내를 기쁘게 할까 하여, 마음이 갈라지며 시집가지 않은 자와 처녀는

주의 일을 염려하여 몸과 영을 다 거룩하게 하려 하되 시집 간 자는 세상일을 염려하여 어찌하여야 남편을 기쁘게 할까 하느니라"(고전 7:32-34). 여기서는 결혼생활이 요구하는 충성이 그리스도에 대한 충성과 경쟁한다는 인식이 있다. 이는 하나님과 재물을 겸하여 섬길 수 없다는 예수님 말씀과 같은 맥락이다(마 6:24). 이 본문을 갖고 바울이 경제적인 안락함, 학벌 자랑, 사회적 특권, 가족 관계가 주는 행복과 안정감 등을 버렸다고 적용하는 것이 불가능하지는 않다. 많은 설교자들이 본문을 이렇게 적용하고 있다. 그러나 지금 바울의 논리 전개 맥락에서 그러한 요소가 중심이 아니라는 사실은 중요하다. "모든 것"은 말 그대로 모든 것이지만 이 말을 할 때 바울의 주 관심은 하나님 앞에서 자기 의의 근거로 쓰일 수 있는 재료들, 종교적 열심, 특별히 민족적 자랑을 해로 여겼다는 말로 보아야 한다.

"그리스도를 아는 지식(그노시스)"에서 '그노시스'는 구약, 쿰란문서, 영지주의와 헬라철학에서 모두 중요한 단어였다. 구약 히브리어에서 '안다'(야다)는 지적인 의미에서의 정보획득보다는 관계적 의미가 강하다. 친밀히 아는 사이를 말하며, 심지어 '알다'라는 단어로 남녀 간의 성관계를 의미하기도 했다. 고대인들에게 남녀 간의 성관계는 인간 사이에 존재하는 가장 깊은 관계로 인식되었다는 점에서 각별히 중요하다. 영지주의를 배태한 헬라철학의 세계와 바울의 그노시스 이해가 어느 정도 관련이 있는지 논란이 많으나, 이 단어의 구약 배경을 배제하는 학자는 없다. 구약 이해를 중심으로 다른 갈래의 해석을 신중하게 참고하여야 할 것이다.

"얻고자"는 '케르다이노'로 7절에서 "유익"이라고 번역된 케르도(수익, 이윤, gain, profit)라는 상업용어의 동사형이다. '~라는 수익을 남기다', '~을 이윤으로 챙기다' 등으로 번역할 수 있다. 야고보서 4장 13절에서 "들으라 너희 중에 말하기를 오늘이나 내일이나 우리가 어떤 도시에 가서 거기서 일 년을 머물며 장사하여 이익을 보리라 하는 자들아" 할 때 이 의미로 사용되었다. 바울은 고린도전서 9장에서 이 단어를 구원론적인 의미로 사용한다. "내가 모든 사람에게서 자유로우나 스스로 모든 사람에게 종이 된 것은 더 많은 사람을 얻고자 함이라"(고전 9:19) 하고 이 동사를 수차례 반복해서 쓴 후에, "내가 여러 사람에게 여러 모습이 된 것은 아무쪼록 몇 사람이라도 구원하고자 함이니"(고전 9:22)라며 "얻는다"가 '구원한다'라는 의미임을 분명히 한다. 여기서는 바울이 주어이고 그리스도가 목적어이다. 구원과 관계된 의미영역이라는 점에서는 고린도전서 9장과, 상업적인 의미에서 무언가를 획득한다는 면에서는 야고보서의 예와 가깝다. 7절에서 "유익하던 것"을 포기했기 때문에, 그의 대변(credit)은 비어 있다. 그러나 "그리스도를 아는 지식"이라는, 막대한 이윤이 그 자리를 차지한다면 바울의 인생장부는 큰 흑자를 기록할 것이다. 이런 점에서 "고상함"으로 번역된 단어는 '압도적으로 높은 가치'(시장에서의 교환가치), "surpassing worth"(RSV), "surpassing value"(NRSV) 정도로 번역할 수 있다. 바울이 여기서 대중 상업용어를 쓴다는 것을 염두에 두고 번역해야 한다. "고상하다"라는 번역은 지나치게 고상하다! 빌립보서를 읽는 독자들에게 이 절은 이렇게 이해되었을 것이다. '모든 것을 잃어도 그리스도를 얻는다면, 그 인생은 남는 장사다!' 여기까지 논리를 끌고 나온 상태에서 세 가지의 의문이 생길 수 있다. 이후 9-16절의 바울의 진술은 이 의문들에 대답한다고 볼 수 있다.

질문 1. 바울은 그리스도를 지나치게 객체화하고 있는 것 아닌가?(9절 상), 질문 2. 뭔가를 버린다 해서 그 대가로 구원을 얻을 수 있는가?(9절 하), 질문 3. 바울의 대변은 이미 수익을 확보하고 있는가?(10절 이하)

9그 안에서 발견되려 함이니 내가 가진 의는 율법에서 난 것이 아니요 오직 그리스도를 믿음으로 말미암은 것이니 곧 믿음으로 하나님께로부터 난 의라

질문 1(바울은 그리스도를 지나치게 객체화하고 있는 것 아닌가?)을 보자. 바울

은 8절 마지막 절에서 모든 것을 잃고서라도 그리스도를 얻겠다는 자신의 노력을 강조하지만, 그다음에는 "그리스도 안에서 발견되려 함이라"라며 궁극적인 목표를 제시한다. 능동태에서 수동태로 바뀌는 문법적 전환에 바울신학의 한 핵심이 있다. 우리가 그리스도를 알려는 노력보다 그리스도 안에서 발견되는 것이 더욱 중요하다. 갈라디아서 4장 9절은 "이제는 너희가 하나님을 알 뿐 아니라 더욱이 하나님이 아신 바 되었거늘"이라고 한다. 우리가 하나님을 아는 궁극적인 목적은 하나님이 우리를 아시는 것이다. 고린도전서 8장 2-3절에서는 "만일 누구든지 무엇을 아는 줄로 생각하면 아직도 마땅히 알 것을 알지 못하는 것이요. 또 누구든지 하나님을 사랑하면 그 사람은 하나님도 알아주시느니라" 하면서, 인간 지식의 한계와 하나님이 알아주시는 것의 중요성을 강조하고 있다. 산상수훈의 마지막 부분에서 예수님은 이렇게 말씀하신다. "그 날에 많은 사람이 나더러 이르되 주여 주여 우리가 주의 이름으로 선지자 노릇 하며 주의 이름으로 귀신을 쫓아내며 주의 이름으로 많은 권능을 행하지 아니하였나이까 하리니, 그 때에 내가 그들에게 밝히 말하되 내가 너희를 도무지 알지 못하니 불법을 행하는 자들아 내게서 떠나가라 하리라"(마 7:22-23). 자신들은 주님을 잘 안다고 생각하지만, 주님께서 "내가 너희를 모른다" 하시면 그것이 멸망이다.

　　"그 안에서"는 "그리스도 안에서"라는 말이다. 라이트는 "그리스도 안에서"는 구약에서 "이스라엘 안에서"라는 말에 해당하는 신약적 표현이라고 해석한다.[5] 구약에서 이스라엘에 속함은 하나님 백성이라는 말인데, 그리스도께서 십자가와 부활로 이스라엘의 역사적 소명을 완수하셨기 때문에 이제는 그리스도께 속한 것이 하나님 백성의 표지가 된다.

　　질문 2(뭔가를 버린다 해서 그 대가로 구원을 얻을 수 있는가?)를 보자. 다른 것을 버리면 그 대가로 그리스도를 얻는다는 말이 아니다. 그것은 또 다른 공로주의가 될 수밖에 없다. 예수님의 비유에 밭의 보화를 발견하고 자기의 소유를 다 팔아서 그것을 사는 농부의 이야기가 나온다(마 13:44). 팔아야 살 수 있다는 말이 아니라, 모든 것을 다 포기할 만큼의 큰 가치, 큰 기쁨이 있다는 것이 비유의 핵심이다. 바울의 입장도 비슷하다. 자신의 노력을 말하는 듯하지만, 자신의 의가 전적으로 하나님으로 인한 것임을 강조한다. 바울에게 노력이 있다면 자신을 의지하지 않으려는 노력이다.

이어지는 문장은 '이는 내가 나 자신의 의, 곧 율법으로부터 나온 의를 갖고 있기 때문이 아니라, 그리스도의 신실함을 통한 의, 믿음으로 말미암아 하나님으로부터 나온 의를 갖고 있기 때문입니다'로 번역하는 것이 옳다. "율법으로부터 나온 의"는 "나 자신의 의"이다. 바울은 "율법으로부터"(에크 노무)와 "하나님으로부터"(에크 테우)를 날카롭게 대비시킨다. "하나님의 의"는 로마서 1장 17절, "복음에는 하나님의 의가 나타나서 믿음으로 믿음에 이르게 하나니"를 비롯해서 자주 등장하며 바울신학의 주제어로 여겨지는 어구이다. 여기서 "하나님의 의"가 '하나님으로부터 나온 우리의 의'인지, '하나님 자신의 의'인지 논쟁이 치열하다. 이 논쟁과는 별개로 본 절에서는 "하나님으로부터"라는 의미를 명확히 하고 있다.

"오직 그리스도를 믿음으로 말미암은"이라고 번역된 어구는 해석에 논란의 여지가 많다. "그리스도를 믿음"이라는 부분을 문자적으로 해석하면 'faith of Christ'이다. 이를 'faith in Christ'(그리스도를 믿는 믿음)으로 해석할 수 있지만, 일차적 의미는 '그리스도의 믿음'이다. 예를 들어 'love of God'을 '하나님을 사랑하는 것'(목적격적 속격)으로 해석할 수 있지만, 일차적 의미는 '하나님의 사랑'(주격적 속격)이라고 말하는 것과 같다. 'faith'로 번역된 헬라어 '피스티스'는 구약의 배경을 고려한다면, '신실함'(faithfulness, 개역개정의 "미쁘심")이 적절하다. 그렇게 볼 때 "그리스도를 믿음으로 말미암은"이 아니라 "그리스도의 신실하심으로 말미암은"도 가능하다.

이 피스티스라는 단어가 하나님께 쓰이기도 한다. 피스티스를 '믿음'으로 번역하는 관행은 여기서 벽에 부닥친다. 하나님이 누굴 믿는다는 말인가? 그래서 개역개정은 하나님의 피스티스를

"하나님의 미쁘심"이라고 번역한다. 똑같은 피스티스를 놓고 사람의 경우 일관되게 "(누군가를 신뢰하는) 믿음"으로 번역하고, 하나님의 경우 "미쁘심(믿을 만함)"으로 번역할 때 의미의 충돌과 혼선이 생긴다. 예를 들면 로마서 3장 3절을 "어떤 자들이 믿지 아니하였으면 어찌하리요? 그 믿지 아니함이 하나님의 미쁘심을 폐하겠느냐?"고 개역성경은 옮기고 있다. 이해가 불가능한 문장이다. "어떤 자들이 신실하지 아니하였으면 어찌하리요? 그 신실하지 아니함이 하나님의 신실하심을 폐하겠느냐?"로 번역해야 한다.

본 절의 경우에 "그리스도의 신실함"이라는 번역이 더 설득력 있는 이유는 "그리스도를 믿는 (우리의) 믿음"으로 번역할 경우, 이 문장에서 "믿음으로"라는 말이 다시 한 번 나와서, 똑같은 말이 무의미하게 반복되는 꼴이 되기 때문이다. 비슷한 문제가 로마서 3장 22절에서 발견된다. "곧 예수 그리스도를 믿음으로 말미암아 모든 믿는 자에게 미치는 하나님의 의니"(롬 3:22 개역개정). 이렇게 번역하면 "믿음으로 말미암아"와 "모든 믿은 자에게"는 개념적으로 같은 말을 두 번 반복하는 것이 된다. "곧 예수 그리스도의 신실하심으로 말미암아 모든 믿는 자에게 미치는 하나님의 의니"라고 번역할 때 불필요하게 겹치지 않으며, 논리가 선명해진다.

여기서 "하나님의 의"도 구약에서 일관되게 약속하신 구원의 언약에 신실하심을 말한다고 보아야 한다. 그리스도의 신실하심은 우리를 구원하시는 하나님의 은혜에 속하며, 우리의 믿음은 그리스도의 신실하심과 하나님의 의(신실하심)에 대한 반응이다. 이 문제는 학계의 논쟁이 진행되고 있으며, 개역개정의 번역(그리스도를 믿음, faith in Christ)을 지지하는 학자들도 여전히 많다. 그러나 '그리스도의 신실함'(faithfulness of Christ)으로 읽는 해석 또한 무시할 수 없는, 사전적·주석적·전승사적 근거가 있다. 이 해석이 바울신학 전반을 설득력 있게 설명하는 것도 사실이다. 본 절의 경우에 한정해서 말한다면 "그리스도의 신실함"으로 해석해야 바울의 의도, 자신이 아닌 하나님을 철저히 신뢰하는 태도에 더 부합되어 보인다.

갈라디아서 3장 22절도 "이는 예수 그리스도를 믿음으로 말미암는 약속을 믿는 자들에게 주려 함이라"라고 개역개정은 번역하고 있지만 "예수 그리스도의 신실함으로 말미암는 약속"으로 읽는 것이 가능하다. 이 해석의 근저에는 인간의 믿음/신실함이란 그리스도의 신실함에 대한 반응일 뿐이라는 이해가 깔려 있다. 우리가 '믿음으로 구원을 얻었다'라고 할 때, 그 믿음이 내가 가진 어떤 자격 요건으로 이해될 수 있다. 믿음 자체가 바울이 그토록 피하고자 했던 '행위'가 되는 위험이다. 그리스도의 신실함을 강조할 경우 우리의 구원에서 하나님이 하시는 일을 더 강조하게 되며, 이런 위험으로부터 거리를 유지할 수 있다.

> 10 내가 그리스도와 그 부활의 권능과 그 고난에 참여함을 알고자 하여 그의 죽으심을 본받아

바울은 8절에서 자신에게 가장 가치 있는 것이 그리스도 예수를 아는 지식이라고 했는데, 이제 그 지식을 구체적으로 설명한다. 구약에서부터 '안다'라는 단어는 지식적·교리적으로만 앎이 아니라 인격적인 교제와 연합을 포함한 총체적 경험임을 앞에서 보았다. 이 지식의 핵심은 그리스도의 고난과 부활이며, 그를 안다는 것은 고난과 부활에 참여함(코이노니아)이다. 코이노니아는 바울과 빌립보 교인들을 묶는 틀이기도 하다(1:7). 그리스도와의 코이노니아는 성도들의 코이노니아의 기초이다. 이 코이노니아를 잘 보여 주는 의례가 성찬이다. "우리가 축복하는 바 축복의 잔은 그리스도의 피에 참여(코이노네오)함이 아니며 우리가 떼는 떡은 그리스도의 몸에 참여함이 아니냐? 떡이 하나요 많은 우리가 한 몸이니 이는 우리가 다 한 떡에 참여함이라"(고전 10:16-17).

바울은 그리스도의 고난과 부활에의 코이노니아를 알기 원한다. 그러나 아직 온전히 알지는 못한다는 말이다. "지금은 내가 부분적으로 아나 그 때에는 주께서 나를 아신 것 같이 내가 온전히

알리라"(고전 13:12)라고 말한 바와 같다. 10, 11절을 원어의 어순을 따라 문장구조를 아래와 같이 분석해 볼 수 있다.

A 내가 그리스도와 그 부활의 권능과
　　B 그 고난에 참여함을 (알고자 하여)
　　B 그의 죽으심을 본받아
A 어떻게 해서든지 죽은 자 가운데서 부활에 이르려 하노니

바울이 의미하는 '부활'은 무엇보다 종말에 모든 성도가 부활하여 영광 가운데 하나님 앞에 설 순간을 말한다. 이 부활은 바울이 예수를 만나기 전, 철저한 바리새인이었을 때부터 그의 소망의 핵심이었다. 다소 출신의 청년 사울은 하나님께서 이 땅의 역사에 적극적으로 개입하셔서 이스라엘의 회복을 가져오시는 순간을 기대했다. 그러나 부활하신 그리스도를 만나고 나서, 하나님께서 인간의 역사에 개입하시는 종말이 예수의 부활에서 일어났다고 확신했다. 그리스도 안에서 온 세계는 이미 새로워졌고(고후 5:17), 그리스도는 이미 주가 되셔서 세상을 통치하고 계신다(빌 2:9-11). 이러한 신학적 이해 속에서는 부활의 권능을 알고 참여하는 것은 단지 미래의 구원일 뿐 아니라, 현재에 역사하시는 그리스도의 통치에 순복하며 그 능력의 삶을 살아간다는 것을 말한다. 부활의 능력이 현재의 삶에서 나타나고 있다. 바울의 매임이 "그리스도 안에서", "모든 시위대 안과 그 밖의 모든 사람에게" 나타났다는 것은, 로마 권부의 핵심도 그리스도의 통치 아래에 있음을 드러내는 하나의 "징조"(1:28, 개역개정 "증거")이다. 바울의 고난이 오히려 복음의 진보가 된 것, 에바브로디도가 자신의 목숨보다 더 소중한 가치에 헌신한 것 역시 그리스도의 부활의 능력이 삶에 역사한다는 징조이다.

바울의 목표는 "그리스도와 그 부활의 권능과 그 고난에 참여함을 알고자" 함이고, 그의 당면과제는 "그의 죽으심을 본받아"로 표현된다. "본받는다"는 '쉼모르피조마이'로 문자적으로는 '같

은 모양이 된다'이다. 대다수 영어성경은 "becoming like him in his death"로 번역한다. 본받는다는 의미보다는 닮는다는 의미가 강하다. 의식적으로 그의 죽으심을 흉내 낸다는 의미보다는, 바울의 삶과 죽음이 전체적으로 그리스도를 닮아 변모해 감을 말한다. 쉼모르피조마이의 어근에 명사 '모르페'(모양)가 있다. "종의 형체(모르페)를 가지사 사람과 같이 되셨고"에서 쓰인 단어이다. 여기서 바울은 그리스도 이야기의 핵심을 자신의 이야기에 적용하고 있는 것이다. 방향은 정반대이다. 하나님이신 예수님이 종의 모르페를 가지셨다. 그것 때문에 우리가 그리스도의 모르페로 변화되어 갈 수 있는 것이다. 신의 형상을 갖겠다는 것은 많은 종교에 나타나는 소망이지만 바울의 말이 다른 종교와 다른 점은 그 신이 먼저 사람의 형상을 가지셨기 때문에 가능해졌다는 점이다.

그리스도를 닮음은 우리와 그리스도의 하나 됨이라는 바울의 신학 안에서 기능한다. 가장 선명하게 보여 주는 것은 바울의 세례 이해이다. 바울 당시 세례는 물에 온몸을 담그는 세례였다. 세례(밥티스마)의 어원이 담그다(밥티조)에 있다. 물에 몸을 담그는 것은 죽음과 장례를, 물 안에서 일으킴은 부활을 상징했다. 로마서 6장 4절에서는 "만일 우리가 그의 죽으심과 같은 모양으로 연합한 자가 되었으면 또한 그의 부활과 같은 모양으로 연합한 자도 되리라" 한다. 빌립보서 2장의 그리스도 찬가와 본 절의 "그의 죽으심의 모양을 닮아"는 로마서 6장의 세례신학, 나아가서 세례가 상징하는 구원론의 핵심에 닿는다. 신약성서의 구원론에서 가장 중요한 두 개념은 '그리스도께서 우리를 위하여(for us) 죽으셨다'와 '우리가 그리스도와 함께(with Christ) 죽었다'로 표현된다. 세례는 후자를 잘 보여 준다. 그리스도와 함께 죽었다는 것은 하나님께서 그렇게 인정해 주신다는 말이다. 실지로 죽은 이는 그리스도이지만, 하나님은 우리가 죽은 것으로 인정해 주신다. 그리스도를 죽음 가운데서 일으키신 분이 우리도 일으키실 것이다. 하나님 편에서 주시는 은혜이다. 이제 할 일은 그리스도와 함께 사는 것이다. 말하자면 그리스도의 삶과 우리의 삶이 동기화(Synchronize)되는 것이다. 바울은 세례의 의미를 설명하면서 "이는 아버지의 영광으로 말미암아 그리스도를 죽은 자 가운데서 살리심과 같이 우리로 또한 새 생명 가운데서 (생명의 새로움 가운데서) 행하게 하려 함이라"(롬 6:5) 한다. 부활은 엄연히 미래의 사건이지만, 그 능력은 오늘 우리의 삶에 활동하고 있다. 바울의 투옥 가운데도 그리스도의 일하심이 드러나는 이유이며, 바울이 고난 가운데 기뻐할 수 있는 힘이며, 마찬가지로 고난 가운데 있는 성도들에게 기뻐하라고 하면 하나님의 평강이 지키실 것임을 약속할 수 있는 근거이기도 하다. 온 우주를 새롭게 하신 새 창조 안에서 살아가는 것이다.

그리스도를 닮는 삶의 최종목표는 그리스도의 부활의 영광에 참여하는 것이다. 거기에 이르는 과정은 그의 고난과 죽으심에 참여하는 것이다. 바울이 그리스도의 죽으심과 같은 모양이 되고자 한다고 할 때, 그 의미는 아래 세 가지 정도로 추정해 볼 수 있다(Hansen, 246-247).

첫째, 바울 자신의 순교다. 그리스도의 죽음을 본받는 가장 직접적인 방법일 수 있다. 바울이 자신의 순교를 생각하면서 이런 가능성을 염두에 두었을 수도 있다. 그러나 바울은 본인이 풀려나기를 기대하는 마음도 갖고 있었으므로 그리스도를 본받는 것을 순교에 한정해서 생각하지는 않았을 것이다.

둘째, 죄에 대하여 죽는 내적인 죽음이다. 로마서 6장에서 바울은 세례를 예로 들어 그리스도인의 상태를 설명하면서, "죄에 대하여 죽은 우리"(롬 6:2)라고 말한다. 7장 4절에서 "그러므로 내 형제들아 너희도 그리스도의 몸으로 말미암아 율법에 대하여 죽임을 당하였으니 이는 다른 이 곧 죽은 자 가운데서 살아나신 이에게 가서 우리가 하나님을 위하여 열매를 맺게 하려 함이라" 하는 말도 같은 맥락에서 볼 수 있다. 갈라디아서에서는 "내가 그리스도와 함께 십자가에 못 박혔나니"(갈 2:20)라고 말하기도 한다. 베드로전서 2장 24절의 "친히 나무에 달려 그 몸으로 우리 죄를 담당하셨으니

216

이는 우리로 죄에 대하여 죽고 의에 대하여 살게 하려 하심이라"는 말씀도 참고할 만하다.

셋째, 십자가의 복음을 위한 자기희생, 자기 포기다. "형제들아 내가 그리스도 예수 우리 주 안에서 가진 바 너희에 대한 나의 자랑을 두고 단언하노니 나는 날마다 죽노라"(고전 15:31), "우리가 항상 예수의 죽음을 몸에 짊어짐은 예수의 생명이 또한 우리 몸에 나타나게 하려 함이라"(고후 4:10)는 복음을 위하여 감수하는 자기희생을 총체적으로 일컫는다. 빌립보서에서는 이 희생의 공동체적 측면이 도드라진다. 우리는 그리스도의 낮추심, 종 되심이 당시 사회에서 '사회적 죽음'일 수 있다는 사실을 살펴보았다. 공동체의 덕을 위해서 자신을 낮추는 것, 남을 나보다 낮게 여기는 것은 때로 죽음 같은 고통이다. 그러나 그것이 복음을 위한 십자가이며, 그리스도의 고난과 죽음에 참여하는 길이기에 거부할 수 없는 것이다.

결국 그리스도의 죽으심을 본받는 것은 육체적으로 죽는 순간에 해야 할 일이 아니라, 살아가는 모든 순간에 할 수 있는 일이다. "이 세상의 모든 생명은 죽음과 십자가를 거쳐야 한다. 그렇지 않으면 부활과 영원에 이르지 못한다. 죽음을 생명의 신비의 한 부분으로 본다면, 그것은 마지막 사건이 아니며 마지막 단어도 아니다." 러시아 철학자 니콜라스 베르자예프의 말이다.

11 어떻게 해서든지 죽은 자 가운데서 부활에 이르려 하노니

"어떻게 해서든지"(에이 포스)는 "할 수 있다면"(if possible, RSV) 정도의 어감이다. 칠십인역에 이 어구가 여섯 번 나오는데 무언가를 희망하지만 기대와 의심이 함께 있는 상태, 간절히 바라지만 그 성취를 확신할 수는 없는 상태를 가리킨다(Reumann, 502). 바울이 인생 목표를 말하면서 이런 불확실한 표현을 쓴 것은 의도적이다. 자신의 다메섹 경험과 그리스도를 위한 오랜 헌신과 고난을 통틀어도 "육체를 신뢰"할 만한 요소는 되지 못한다는 것이다. 이런 자세는 12절 이

하의 "내가 이미 이루었다 함도 아니요, 온전히 이루었다 함도 아니라" 말하는, 완전주의자들과의 대결을 염두에 두고 있음을 보여 준다. 3장 전체의 초점이 이들과의 대결에 있다고 볼 수 있다. 바울의 대변은 수익을 확보하고 있냐는 질문 3이 본격적으로 논의되는 것이다.

부활에 "이른다"(카탄타오)는 목적지에 도달한다(arrive at)는 의미이다. 바울은 자신의 구원이 확정되었다 할 수 없음을 다른 곳에서도 밝히고 있다. "그러므로 나는 달음질하기를 향방 없는 것 같이 아니하고 싸우기를 허공을 치는 것 같이 아니하며, 내가 내 몸을 쳐 복종하게 함은 내가 남에게 전파한 후에 자신이 도리어 버림을 당할까 두려워함이로다"(고전 9:26-27). "이것이 너희의 간구와 예수 그리스도의 성령의 도우심으로 나를 구원에 이르게 할 줄 아는 고로"(빌 1:19) 하면서 구원이 완성되려면 앞으로도 기도와 성령의 도우심이 필요하다 했으며, "두렵고 떨림으로 너희 구원을 이루라"(빌 2:12) 한 것도 같은 맥락이다.

그렇다면 구원의 확신이라는 말은 잘못인가? 아니다. 바울이 구원의 확신을 강력하게 선포한 예도 많다. 로마서 8장을 보자. "내가 확신하노니 사망이나 생명이나 천사들이나 권세자들이나 현재 일이나 장래 일이나 능력이나 높음이나 깊음이나 다른 어떤 피조물이라도 우리를 우리 주 그리스도 예수 안에 있는 하나님의 사랑에서 끊을 수 없으리라"(롬 8:38-39). 여기서 구원의 확신은 사랑의 확신이고 관계의 확신이다. "피조물"은 창조주 하나님의 능력을 강조한다. 하나님은 창조주이시기 때문에 누구도 그 의지를 꺾을 수 없다. 우리를 구원하시려는 하나님의 의지가 단호하시다면 염려할 것 없다. 그 의지는 십자가의 사랑에서 확증된다. "자기 아들을 아끼지 아니하시고 우리 모든 사람을 위하여 내주신 이가 어찌 그 아들과 함께 모든 것을 우리에게 주시지 아니하겠느냐"(롬 8:32)는 말씀은 우리가 욕심내는 물질적인 성공이나 사회적 성취를 주신다는 뜻이 아니다. 적대적인 환경에서 그리스도에 대한 충성을 끝까지 지키도록 힘을 공급해 주실 것이라는 말이다. 그래서 하나님의 사랑에서 우리를 누구도 끊을 수 없다는 고백이 가능한 것이며, 이것이 구원의 확신이다. 구원은 무엇보다 "예수 그리스도를 통해서 하나님께서 하신 일"이다. 나의 반응은 필요하지만 일차적 요소가 아니다.

구원의 시작도 완성도 전적으로 하나님께 달렸다. 하나님을 바라보고, 그 사랑과 능력을 알 때 그 어떤 의지도 우리를 구원하시려는 하나님의 의지를 꺾을 수 없음을 알고, 따라서 구원을 확신할 수 있다. "너희 안에서 착한 일을 시작하신 이가 그리스도 예수의 날까지 이루실 줄을 우리는 확신하노라"(빌 1:6)도 구원의 확신이다. 이 확신 역시 하나님께 초점을 맞춘다. 그러나 자기 자신이 초점이 될 때 바울에게는 "두렵고 떨림"이 있었고, 아직 도달하지 못했음을(3:11), 아직 이루었다고 말할 수 없음을(3:12) 분명히 했다.

3장에서 바울의 강조점과 맥락은 분명하다. "육체를 신뢰하는 것"은 유해하다. 할례나 유대 민족의 혈통뿐 아니라 자신의 선행도, 선교의 공헌도, 심지어 예수 믿었다는 사실도 자신이 가진 것, 자신이 행한 것을 의지함이 될 수 있다. 그래서 자신이 미완성임을 끊임없이 고백해야 한다. 이 주제가 다음 12절에서 이어진다.

또 "어떻게 해서든지 … 부활에 이르려" 하면서 바울은 부활의 미래성을 부인하는 이들을 염두에 두는 것 같다. 고린도전서 15장에서 "그리스도께서 죽은 자 가운데서 다시 살아나셨다 전파되었거늘 너희 중에서 어떤 사람들은 어찌하여 죽은 자 가운데서 부활이 없다 하느냐?"(고전 15:12) 하면서 바울이 질책한 이들일 수 있다. 디모데후서 2장 18절에는 "부활이 이미 지나갔다 함으로 어떤 사람들의 믿음을 무너뜨리"는 사람들이 언급된다. 부활이 이미 이루어졌다는 신학은 대체로 인간적인 자신감을 지나치게 강조하거나 고난의 현실을 부인하는 경향을 보인다.

12 내가 이미 얻었다 함도 아니요 온전히 이루었다 함도 아니라 오직 내가 그리스도 예수께 잡힌 바 된 그것을 잡으려고 달려가노라

바울은 큰 도시 다소 출신이다. 당시 도시에서 정기적 운동경기는 시민사회의 중심이었다. 경기장 언어는 바울의 성장과정에서 또 그의 편지 수신자들의 세계에서 취해진 자연스러운 유비이다. 바울은 고린도전서 9장에서도 "운동장에서 달음질하는 자들이 다 달릴지라도" 하면서 자신과 청중에게 익숙한 예로 신앙의 경주를 설명하고 있다. 고린도는 대규모 경기였던 이스머스 경기의 중심지였다. 여기서도 경기장 유비는 자신의 구원이 미완성 상태임을 묘사하는 같은 맥락에서 등장한다. "내가 내 몸을 쳐 복종하게 함은 내가 남에게 전파한 후에 자신이 도리어 버림을 당할까 두려워함이로다"(고전 9:27). 재미있게도, 고린도전서 9장과 빌립보서 3장에서 경주의 유비와 구원의 미완료성, 목표를 향한 노력 필요 등이 동일하게 강조된다. 경주라는 소재와 특정한 주제가 결합되어 바울의 머릿속에 존재했고, 이를 필요에 따라 꺼내어서 변형해 쓰고 있다는 단서이다. 이러한 생각의 단위 속에서 "면류관"(빌 4:1; 살전 2:19)이라는 은유도 나왔을 것이다.

12절에서 바울은 "not, already"라는 표현을 두 번이나 반복함으로써, "이미, 아직"이라는 종말론적 긴장을 분명히 표현하고 있다. "얻었다"는 동사 '람바노' 과거이다. '받는다', '취한다'가 기본 뜻이지만, '이해한다'로도 쓰인다. 영어 'grasp'가 '움켜쥐다'와 '이해하다'의 의미를 갖는 것과 비슷하다. 이 단어의 해석은 "내가 이미 얻었다 함도 아니요"에서 '얻었다'의 목적어가 무엇이냐는 질문과 연관된다. 재미있게도 몇몇 고대사본에는 "이미 의롭다 함을 얻었다는 것도 아니요"가 첨가되어 있다. 바울이 이 말을 직접 썼을 확률은 낮지만, 이 구절이 '칭의'와 관련되었다는 이해가 고대부터 있었다는 점은 대단히 중요하다. '람바노'를 '이해한다'로 본다면 여기서 생략된 목적어는 '그리스도'라고 볼 수 있다.

"내가 예수께 잡힌 바 된(카타랩프센) 그것을 잡으려고(카타라보)"에서 동사 '카타람바노'가 두 번 쓰이고 있는데, 람바노에 카타가 더해져서 강조된 형태이다. 카타람바노는 경주할 때 상을 움켜쥐는 모습이지만 온전히 이해한다는 말로 볼 수도 있다. 영어 'appre-hend'에 '이해한다', '체포된다'는 의미가 있는 것에 착안해 중의적 의미를 살려 번역하는 학자도 있다(Hansen, 250). 8-11절에서 그리스도를 아는 지식이 강조되는 맥락을 보아서도 이 번역에 "잡는다"는 의미뿐 아니라 "안다"는 의미도 반영되는 쪽이 유력하다. "달려가노라"는 말로 번역된 단어 '디오코'는 '추적하다', '강하게 압박하다' 등의 의미로 쓰이는 단어이다. "열심으로는 교회를 핍박하고"(6절)에서 '핍박하다'에 해당하는 단어이기도 하다. 여기서 바울은 그리스도를 대적했던 디오코와 지금 그리스도를 위한 디오코를 대비하는 것 같다. 분명한 것은 동사 디오코가 '열심'(젤로스)과 어울리는, 아주 강도 높은 단어라는 점이다. 예전에 열심히 그리스도인들을 쫓아다니며 핍박하던(디오코) 바울이 이제는 그리스도를 따르기 위해서 그를 열심히 쫓고 있다(디오코).

"온전히 이루었다"는 '테텔레오마이'로 '텔레오'(완성하다)의 현재완료형이다. 텔레오 자체가 '완성하다'라는 뜻인데, 현재완료 시제는 이를 더욱 강조한다. 테텔레오마이를 '온전히 이루었다', 혹은 '완전하다'(perfect)가 아니라, 단순히 '성숙했다'(mature)로 보는 이들이 있는데, 이런 번역은 이 표현이 갖는 강조의 어감을 포착하지 못한다.

15절에 "온전히 이룬 자들"(텔레이오이)과 19절의 "그들의 마침(텔로스, 완성 혹은 목적으로 번역할 수 있음)은 멸망이요"에서 같은 어근의 단어들이 반복된다. '텔로스'를 어근으로 하는 단어는 3장 1-16절과 17-21절을 연결시키는 핵심이다.

크게 보아서 3장 전반부의 논의, 할례 주창자들의 문제가 "육체를 신뢰함"의 주제로 모아지고, 이 주제가 "온전히 이루었다고 주장하는 태도"에 대한 공격으로 이어지는 점, 그리고 이 '텔로스'가 3장 후반에서도 중요한 개념으로 등장하는 점은 바울이 3장 전체를 통하여 말하고자 하는 주제의 핵심에 '스스로 완전하다고 생각하는 태도'가 있음을 보여 준다.

13형제들아 나는 아직 내가 잡은 줄로 여기지 아니하고 오직 한 일 즉 뒤에 있는 것은 잊어버리고 앞에 있는 것을 잡으려고

"잊어버리고"는 '무시하다, 신경 쓰지 않다'라는 의미가 강하다. 잊어버리려고 의도적으로 노력하는 것이 아니라, 별 가치를 두지 않기 때문에 자연히 시야에서 사라지는 것이다. 경주자가 푯대에 집중하면 뒤에 있는 것을 돌아볼 생각도 하지 못하는 것과 마찬가지이다.

뒤에 있는 것은 자신의 유대교 때의 행적들일 수도 있고, 그리스도인들을 핍박한 부끄러운 과거일 수도 있다. 중요한 것은 핍박도 과거에는 자랑거리였다는 사실이다. 그리스도 이전의 삶은 무엇이 자랑거리인지, 무엇이 부끄러움인지 모르는 삶이었다. 이제는 무엇이 자랑스러운 일인지, 무엇이 중요한 일인지 안다. 그런 점에서 바울이 얻고자 했던 "그리스도를 아는 지식"은 그리스도라는 인물에 대한 객관적인 정보만이 아니라, 그리스도 중심의 세계해석, 자기 이해까지 포함한다. 그리스도 안에는 "지혜와 지식의 모든 보화가 감추어져"(골 2:3) 있다.

또 "뒤에 있는 것"에 그리스도를 만나기 전뿐 아니라, 그리스도를 만나고 나서 세운 업적이나 자랑거리도 포함된다. 그리스도를 만난 이후 선교사로 보낸 기간 동안 세운 "공로"가 얼마나 많은가! 또 그리스도를 위하여 고난도 얼마나 많이 감당했는가! 바울은 이런 일들을 중요하게 생각하지 않았기 때문에, 과거의 성취에 안주하지 않고 끝까지 달려가는 자세를 취할 수 있었다. 이 부분을 바울은 이렇게 표현한다.

뒤에 있는 것은 잊어버리고
앞에 있는 것을 잡으려고

우리말 번역에서도 보일 정도로 이 두 문구는 균형 잡힌 대조를 이룬다. 12절에 우리가 해석한 바에 따르면, "앞에 있는 것"

은 그리스도에 대한 완전한 지식을 말한다. 10절에서 상세하게 밝힌 대로 그리스도와 부활의 권능, 고난에의 코이노니아 완성을 말한다. 목표가 그리스도라고 할 때 온전히 이루지 못했다는 말은 수사적 겸양이 아님을 알 수 있다. 일부러 겸손하려는 것이 아니라, 자기 한계의 절절한 고백이다. 누가 그리스도와 완벽한 일치를 이루었으며, 그를 온전히 알고 있으며, 그의 수준에 이르렀다고 말할 수 있겠는가?

14 푯대를 향하여 그리스도 예수 안에서 하나님이 위에서 부르신 부름의 상을 위하여 달려가노라

"푯대"(스코포스)는 전차 경주나 육상 경기 결승점을 말한다. 이 단어의 동사형인 '스코페오'는 '주목한다'라는 뜻이다. 경주하는 동안 시선을 고정하고 계속 바라보아야 할 결승점이다. 고린도후서 4장 18절에서 "우리가 주목하는(스코페오) 것은 보이는 것이 아니요 보이지 않는 것이니 보이는 것은 잠깐이요 보이지 않는 것은 영원함이라" 할 때 '스코페오'의 용법이 본 절의 '스코포스'를 설명할 수 있다. 당장 눈에 보이는 것이 아닌 "위에서" 부르신 부름의 상을 위해 달려가는 삶이다. 이 "위에서"는 19절에 "땅의 일을 생각하는 자"라는 말과 대비를 이루며, 그들을 논박하기 위해 준비하기 위한 포석이다. 바울이 자신이 온전히 이루지 못했다고 하는 것은 다른 이들과 비교해서 상대적으로 이룬 바가 적어서가 아니다. 목표가 다르기 때문이다.

"상"은 '브라베이온'이다. "부름의 상"은 경기장에서 승자의 이름을 불러 주는 장면을 연상시킨다는 해석이 있다. 경주를 잘 마친 자신의 이름을 하나님이 영광 중에 부르는 때를 그리는 표현이라는 것이다. 그러나 부름은 바울의 인생 이해와 그의 신학 전체를 관통하는 핵심임을 유념해야 한다. 바울은 다메섹에서 그리스도를 만난 경험을 "부른다"로 표현하고 있다. "그러나 내 어머니의 태로

【로마의 전차 경주장(Circus Maximus) 터】

부터 나를 택정하시고 그의 은혜로 나를 부르신 이가"(갈 1:15). 바울은 자기 정체성을 사도로 부르심받음에 두었고(롬 1:1), 회중들을 성도로 부르심받은 이들이라 규정했다(롬 1:6). 이렇듯 부르심은 그리스도인의 정체성의 기초이며, 바울서신에서 발신자와 수신자를 묶는 연대의 기반이기도 했다. 로마서 8장 30절에서는 "또 미리 정하신 그들을 또한 부르시고 부르신 그들을 또한 의롭다 하시고 의롭다 하신 그들을 또한 영화롭게 하셨느니라" 하여, 구원의 과정에서 하나님의 부르심이 결정적 측면으로 제시된다. 데살로니가전서 5장 24절에서는 "너희를 부르시는 이는 미쁘시니 그가 또한 이루시리라" 하는데 이 말씀은 빌립보서 1장 6절 "너희 안에서 착한 일을 시작하신 이가 그리스도 예수의 날까지 이루실 줄을 우리는 확신하노라"와 같은 생각을 나타낸다. 부름은 하나님께서 주도하시는 구원의 시작이며, 그 속에 하나님의 목적이 담겨 있다. 본 절에서 "부름의 상"은 하나님이 한 인간의 삶에 찾아오셔서 자신을 드러내시고 부르실 때부터 하나님께서 의도하고 계시던 상으로 보아야 한다.

　　"위에서"는 "우리의 시민권은 하늘에 있다"(3:20)는 선언과 연결할 수 있다. 이 선언은 "땅의 일을 생각하는 자"(3:19)를 경계하며 준 것이기도 하다. 그리스도인의 목표는 이 땅에 있지 않다. 골로새서에서 "그러므로 너희가 그리스도와 함께 다시 살리심을 받았으

면 위의 것을 찾으라 거기는 그리스도께서 하나님 우편에 앉아 계
시느니라 위의 것을 생각하고 땅의 것을 생각하지 말라"(골 3:1-2)는
말씀이 언어적·사상적으로 빌립보서의 교훈과 흡사하다.

　　디모데후서는 로마감옥에 있던 바울의 마지막 날들을 보
여 준다는 점에서 빌립보서와 여러모로 가깝다. 아래의 진술은 인
생의 마지막 시간에 바울의 마음을 가득 채우고 있었을 생각과 이
미지를 보여 준다는 점에서 빌립보서 해석에 큰 도움을 준다. "전제
와 같이 내가 벌써 부어지고 나의 떠날 시각이 가까웠도다 나는 선
한 싸움을 싸우고 나의 달려갈 길을 마치고 믿음을 지켰으니, 이제
후로는 나를 위하여 의의 면류관이 예비되었으므로 주 곧 의로우
신 재판장이 그 날에 내게 주실 것이며 내게만 아니라 주의 나타나
심을 사모하는 모든 자에게도니라"(딤후 4:6-8).

　　　15 그러므로 누구든지 우리 온전히 이룬 자들은 이렇게 생각할지
　　　니 만일 어떤 일에 너희가 달리 생각하면 하나님이 이것도 너희에
　　　게 나타내시리라

"온전히 이룬 자들"은 '텔레이오이'로 '온전한', '성숙한'의 뜻으로 쓰
인다. 이 표현이 놀라운 이유는 바울이 12절 "내가 이루었다 함도
아니요"에서 '텔레이오타이'라는 동사를 써서 부정한 사실을, 여기
서는 자신을 포함시켜 뒤집는 인상을 주기 때문이다. 12절의 논리
라면 바울 자신을 포함해서 온전히 이룬 사람은 없으며, 모든 그리
스도인이 부족한 상태를 인정하고 결승점을 향해 달려가야 하는
상태이다. 그런데 15절에서는 빌립보 교인들 중에 온전한 자들이 있
으며, 바울도 거기에 포함된다는 투로 읽는다. 그래서 상당수 학자
들은 12절은 '온전한'의 의미이며 15절의 '텔레이오스'는 '온전한',
'완벽한'이 아니라 '성숙한'(mature)의 의미라고 주장한다. 그러나 같
은 문맥에서, 그것도 강한 주장이 실린 단어를 완전히 다른 의미로
전환하기란 어렵다. 그래서 또 다른 학자들은 이 부분을 아이러니

로 본다. 스스로 성숙했다고 생각하는 자들을 책망한다는 것이다. 3장 3절에서 "우리가 곧 할례파라" 해놓고 진정한 할례파는 우리 (??)라는 주장으로 논리를 비튼 바가 있고, 이런 빈정거림의 분위기가 이어져 온다면 "우리 온전히 이룬 자"를 아이러니로 볼 가능성은 높아진다 하겠다.

이 문제에 대한 실마리는 바울이 평소 '텔레이오스'를 어떤 맥락에서 쓰는가에서 찾을 수 있다. 먼저 "온전한 자들"과 비슷한 예를 "신령한 자들"이라는 표현에서 찾아볼 수 있다. 고린도전서 3장 1절에서 바울은 "형제들아 내가 신령한 자들을 대함과 같이 너희에게 말할 수 없어서"라고 한다. 신령한 자, 곧 영적으로 성숙한 자들이 존재하기는 하지만, 너희들은 성숙한 자가 아니라는 말이다. 고린도전서 2장 15절에서는 "신령한 자는 모든 것을 판단하나 자기는 아무에게도 판단을 받지 아니하느니라" 했고, 갈라디아서 6장 1절에서는 "형제들아 사람이 만일 무슨 범죄한 일이 드러나거든 신령한 너희는 온유한 심령으로 그러한 자를 바로잡고"라고 한다. 갈라디아 교인들은 "어리석도다"라는 말까지 들었지만 동시에 "신령한 자들"로 불리기도 했다. 바울은 어떤 사람들을 "신령한 자"라고 말하기도 하고, 어떤 사람들은 스스로의 평가와 달리 신령한 자가 아니라고 하기도 했다. "온전한 자들" 역시 비슷한 용법일 확률이 높다.

"그러나 우리가 온전한 자들(텔레이오이) 중에서는 지혜를 말하노니"(고전 2:6)를 볼 때 바울이 "온전한"을 지상에서는 획득 불가능한 궁극적 목표라는 의미뿐 아니라, 상대적으로 성숙한 이들에게도 씀을 알 수 있다. 이 경우 부정적이거나 교만한 자기 인식을 내포하지 않는다. 텔레이오스는 영적성장을 말하는 바울의 일상 어휘였으며, 빌립보에서 목회할 때 바울이 이를 긍정적 맥락에서 사용했을 확률이 높다. 평소 이 단어를 긍정적 의미로 사용해 왔기 때문에 그 연속선상에서 본 절을 기록했을 것이다. 말하자면, 평소에 "온전한 자들"이라는 범주를 상대적 수준에서 말했는데, 이제 스스로 온전하다고 주장하는 사람들의 오류를 지적하는 상황인 것이다. 우리가 갖고 있는 자료를 종합할 때 '텔레이오스'로 상대적 성숙을 말하는 것이 바울의 평소 용법이었으며, 부정적 사용은 빌립보서에서 처음 만나는 상황으로 보는 것이 최선이다.

"이렇게 생각할지니"(투토 프로노멘)는 2장 5절에서 "이 마음을 품으라"(투토 프로네이테)로 번역된 구와 같다. 그러므로 여기서도 동일하게 번역해야 한다. 2장 5절에서 그리스도와 같은 생각을 가지라고 했고, 그리스도의 생각은 바울이 거듭해서 "같은 생각을 하라"(토 아우토 프로네인) 권면하는 기준이 되고 있다(2:2; 4:2). 이렇게 해석해야 이어지는 "달리 생각하면"을 이해할 수 있다. 바울은 이 영적엘리트주의/예외주의자들의 생각을 정면으로 반박하지는 않으며 영적으로 수준이 높은 이들에게 다른 행동지침이 있을 수 있다는 생각을 최소한 논리적으로는 인정하고 있다. 가능성은 열어 놓지만 바울은 일단 회의적이다. 2장 4절에서 "각각 자기보다 남을 낫게 여기고"(2:4)라고 한 것은 자신을 영적으로 다른 사람들보다 한 수 위라고 생각하는 태도의 문제점을 지적하는 데서도 알 수 있다.

고린도전서 3장 1절에서 "신령한 자들"이 있을 가능성은 인정하지만 너희들은 아니라는 논리를 보았다. 여기서는 "온전한 자들"이 존재할 가능성을 완전히 부인하지는 않지만 만약 그렇다고 하더라도 다른 행동기준이 아니라 "같은 마음을 품는 것"이 훨씬 중요함을 말하고 있다. 본질적으로 고린도전서 3장 1절과 비슷한 말이지만 더 약하게, 우호적 분위기에서 말하고 있다. 고린도전서 3장에서도 그들이 신령한 자가 아니라는 근거는 그들 사이에 있는 분쟁이었다(3, 4절). 빌립보 교회 사람들도 좋은 신앙인이었으나, 분쟁으로 바울을 염려하게 했던 이들이었다.

15절을 아이러니, 역설적 위트로 조롱하는 맥락으로 해석하는 학자들이 있음을 위에서 보았다. 결론적으로 15절은 강한 비아냥이라고 할 수는 없겠지만 어느 정도 아이러니가 있음을 부인하지는 못할 것이다. 이렇게 풀어 볼 수 있다. "혹 완전히 이룬 자들이 있다 하여도 (네, 있을 수 있습니다. 굳이 따진다면, 우리 같은 사람이겠지요. 완전이라는 말보다는 성숙이 어울리겠지만) 같은 생각을 가지도록 합시다. 만약 달리 생각해야 한다면 (우리가 영적인 수준이 높기 때문에 다른 차원에서 생각하는 것이 하나님의 뜻이라면) 그것도 하나님이 나타내시지 않겠습니까?"

16 오직 우리가 어디까지 이르렀든지 그대로 행할 것이라

16절은 짧지만, 오해가 많은 구절이기도 하다. KJV와 다른 번역을 비교해 보면 오해의 원인을 알 수 있다. NIV와 비교해 보자.

> Nevertheless, whereto we have already attained, let us walk by the same rule, let us mind the same thing(KJV).

> Only let us live up to what we have already attained(NIV).

KJV와 NIV가 현격하게 다르다. 대부분 영어성경은 NIV와 대동소이하다. 이는 번역의 차이가 아니라, 사본상의 차이다. 개역개정도 NIV와 비슷하다. 사본상 증거도 NIV와 개역개정 쪽이 우세하지만 KJV 역시 쉽게 무시할 수 없는 사본상 증거를 반영한다. 이 표현이 원래 바울이 쓴 원본은 아니더라도, 고대 필사자들이 본 절을 어떻게 이해했는지, 원본에서 부족하거나 오해의 여지를 어떻게 개선 혹은 명확히 하려 했는지를 보여 주기 때문이다. KJV는 '우리가 어디까지 이르렀든지, 동일한 기준을 따라 행하며, 같은 생각을 할지어다'로 번역할 수 있다. 위에서 15절의 "이렇게 생각할지니"도 '같은 생각을 할지니'로 번역되어야 함을 확인했다. 16절의 "그대로 행할지니라"는 표현도 '똑같이 행할지니라'로 번역되어야 한다. 여기서 "행하다"에는 '질서 있게 행동하다'라는 어감이 있다.

"오직 우리가 어디까지 이르렀든지 그대로 행할 것이라"(개역개정)는 무슨 말인지 이해하기 어렵다. 성장의 단계에 따라서 다른 행동 지침이 있으니 각자의 수준에 맞추어 알아서 행동하라고 해석되는 경향이 있다. 그러나 이런 해석은 바울의 의도와 정반대로 가는 것이다. 바울은 이렇게 말한다. "너희들이 어떤 수준에 이르렀든지—높은 수준의 성도가 있을 거라는 가능성을 원천적으로 배제하지는 않지만—행동해야 할 기준은 한 가지이다. 한 마음을 품으라. 그것은 그리스도의 마음이다." 우리는 15절을 "영적으로 더욱 성숙한 이들이 있을 가능성을 부인하지는 않지만, 혹 그런 단계가 있다 하더라도 (빌립보 교인들은 그런 상황이 아니라 진단한다) 같은 생각을 해야 한다"는 처방으로 이해했다. 16절은 같은 논리를 압축하여 반복하고 있다. 또한 빌립보서 전체의 핵심인 그리스도 찬가의 교훈과 같은 말로 보아야 한다.

3. 본받을 자들과 주의해야 할 자들 (3:17-21)

17 형제들아 너희는 함께 나를 본받으라. 그리고 너희가 우리를 본받은 것처럼 그와 같이 행하는 자들을 눈여겨 보라

"너희는 함께 나를 본받으라"는 직역하면 '나를 함께 본받는 자 되라'라는 말이다. "함께 본받는 자"는 합성어 '쉼뮈메타이'인데 '뮈메테스'(본받는 자, 흉내 내는 자)에 접두어 '쉰'(함께)을 붙여 생긴 말이다. 바울 이전의 문헌에서는 발견되지 않는 것으로 보아서, 바울이 만든 조어로 볼 수 있다. 사람의 정체성을 표현하는 단어 앞에 접두어 '쉰'을 붙이는 것은 바울의 독특한 습관이다. 함께 수고하는 자, 함께 군사된 자(2:25, 에바브로디도), 동역자(롬 16:3, 9, 21; 고전 3:9; 고후 1:24, 8:23; 빌 2:25, 4:3; 골 4:11; 살전 3:2; 몬 1:24), 함께 갇힌 자(롬 16:7; 골 4:10; 몬 1:23) 등 바울은 '쉰'을 붙여서 연대감을 표시하는데, 신앙의 공동체성, 연대를 강조하는 바울신학의 핵심이 나타난다. 3장 10절에서 "그의 죽으심을 본받아"도 '쉼모르페조마이'이다.

본 절은 '함께 나를 본받는 자들이 되라'는 뜻일 수도, '나

와 함께 (그리스도를) 본받는 이들이 되라'는 뜻일 수도 있다. 그러나 바울이 여러 차례 자신을 본받아야 할 모범으로 제시하기 때문에 전자의 의미로 보는 것에 무리가 없다. 바로 다음에 "너희가 우리를 본받은 것처럼"이 나오는 것을 보아서도 그러하다.

17절 하반절은 이해하기 쉽지 않다. "그와 같이 행하는 자들"은 바울을 모범적으로 본받은 이들, 입장이 왔다 갔다 하지 않고 일관되게 바울을 신뢰해 왔던 이들을 말한다. 그들을 눈여겨보고 따르는 말이며, 결국 상반절은 그들과 "함께" 나를 본받으라는 말이 된다. 하반절의 논리가 꼬인 것은 바울이 빌립보 교인들에 대해서 실제 평가보다 과도하게 칭찬하면서 접근하는 경향 때문이다. 이러한 경향에 대한 고려가 여러 곳에서 본 서를 해석하는 열쇠가 된다(예를 들어 2:3). 혼란을 줄 수 있는 칭찬을 제외하면 다음과 같다. "형제들아 너희는 (그들과) 함께 나를 본받으라. 그리고 우리를 본받은 자들을 눈여겨보라."

바울은 고린도전서 11장 1절에서 "내가 그리스도를 본받는 자가 된 것 같이 너희는 나를 본받는 자가 되라" 한다. 자신을 본받아야 할 모범으로 제시할 때는 자신이 그리스도를 본받는다는 사실이 전제된다. 바울은 궁극적 모범이 아니라, 그 모범을 전달하는 연결자이다. 빌립보서에도 이런 논리 구조가 이어지고 있다. 자신을 본받으라 할 수 있는 것은 바울 자신이 있는 힘을 다하여 그리스도를 본받으려 하기 때문이다(3:10). 빌립보서 전체가 그리스도 찬가에서 제시된 그리스도의 본을 핵심으로 하고 있지만, 그 본은 그리스도에게 제한되지 않는다. 1장에서부터 바울이 투옥 중에도 기뻐하는 모습, 내적 갈등 중에도 공동체를 먼저 생각하는 모습을 꼼꼼히 전하는 것은 자신을 모범으로 제시하기 위함이다. 3장에서도 자신의 삶의 목표와 그것을 향해 달려가는 태도를 분명히 제시하고 난 후에 이 말을 하면서, 자신을 모범으로 제시하고 있다.

"행하다"는 '페리파테오'로 기본적으로 '걷다'라는 뜻이다. 히브리어로는 '할라카'인데 구약성경에서 할라카는 한 사람의 총체

적인 삶의 성향을 나타내는 말이다. 에녹과 노아가 하나님과 동행
하였다는 말에서 쓰였으며(창 5:24, 6:1), 하나님이 아브라함에게 "너
는 내 앞에서 행하여(할라카) 완전하라"(창 17:1) 말씀하시기도 하였다.
솔로몬에게는 "네가 만일 네 아비 다윗의 행함(할라카, 칠십인역 '페리파
테오')같이 내 길로 행하며(할라카, 칠십인역 '페리파테오') 내 법도와 명령
을 지키면 내가 또 네 날을 길게 하리라"(왕상 3:14) 약속하신다. 다윗
과 솔로몬의 관계는 신앙 승계의 한 모델이다. 왕위 사역이 제대로
승계되려면, 아버지 다윗의 신앙생활 전체를 물려받아야 한다. 그리
스도-바울-디모데와 에바브로디도-빌립보 교인으로 이어지는 승
계는 사역의 승계이기도 하고, 신앙생활의 승계이기도 하다. 신앙생
활, 그리스도를 따라서 어떻게 삶 전체를 영위하는가를 본받음 없
이 사역만 승계할 수는 없다.

오늘날 교회는 건강한 사역 승계뿐 아니라, 자녀에게 신앙
을 잇는 중요한 과제가 있다. 교회 열심히 다녀라, 성경 읽으라 등 외
적 행동도 가르쳐야 하지만, 부모가 그리스도를 본받는 삶을 보여
주어야 한다. 그것이 페리파테오에 담긴 의미이다. 이 페리파테오는
바로 다음 절에서 "십자가의 원수로 행하는(페리파테오) 자들"에도 나
온다. 바울을 따라 행하는 자들과 십자가의 원수로 행하는 자들 사
이에 대립각을 세우는 중심용어로 활용되고 있다.

'스코페오'는 "자세히 관찰하다, 숙고하다, (놓치지 않고) 시야
에 확보하다"라는 의미이다. 자칫하면 놓칠 수도 있는, 피상적인 관
찰로는 보기 힘든 삶의 진면목을 말한다. 이는 바울과 그 동역자들
의 삶의 현재 모습이 피상적인 관찰자들의 눈에는 시원찮아 보일
수도 있다는 상황을 전제하는 말이다. 그리스도인의 삶의 의미를
숙고하지 않고 당장 좋아 보이는 사람을 따라다니는 것을 바울은
18절 이하에서 강력하게 경고한다.

이 단어는 푯대, 결승점이라는 말로 쓰인 스코포스와 어원
이 같다. 14절의 푯대(스코포스)와 여기서 눈여겨보아야(스코페오) 할
모범들을 같은 맥락에서 파악한다면, 궁극적인 결승점을 목표로 하

되, 그 결승점을 향해 잘 달려가는 앞선 경주자들이 신앙의 경주에서 좋은 참고점이 될 수 있다는 말이 된다. 우리에게는 최종 목표점도 있어야 하지만, 앞서가는 경주자들, 본받고 따라갈 현실적 모범도 필요하다.

3장은 빌립보서의 대적자 논의에서 중심이 된 장이므로 본서에서 바울이 부정적으로 묘사하는 이들을 정리해 본다. 바울이 빌립보서에서 경계하는 이들은 아래 세 단락에서 드러난다.

> A. 투기와 분쟁으로(1:15), 바울의 매임에 괴로움을 더하게 하기 위해서 복음 전파하는 이들
> B. 3장 2-3절에서 "개," "행악하는 자들," "몸을 상해하는 일"로 언급된 자들
> C. 3장 18절-19절에 언급된 "십자가의 원수로 행하는" 이들

이 세 단락 외에 "무슨 일에든지 대적하는 자들 때문에 두려워하지 아니하는 … 이것이 그들에게는 멸망의 증거요"(1:28)에 언급된 이들이 있지만, 이는 특정 그룹보다는 대적자 일반의 위험성 언급으로 보인다.

세 대적자들의 정체에서 기본적인 질문은 이들이 하나의 그룹인가, 다른 대적자인가이다. 많은 학자들이 B 그룹, 3장 2-3절에 나오는 유대주의자, 할례를 강요하는 이들을 중심에 놓고 이 문제에 접근한다. 그러나 이들의 경향을 하나로 묶기는 쉽지 않다. B는 유대주의자들로 철저한 율법 순종을 요구하는 극단적 도덕주의자 같은데, C는 도덕주의자와는 반대되는 방탕한 생활태도가 있는 듯 보이기 때문이다. 물론 이 두 경향의 교집합을 찾으려는 시도, 즉 유대주의적 영지주의, 헬라적 율법주의자 등의 개념으로 묶으려는 시도가 있었지만 별로 성공적이지 못했다. 우선 '영지주의' 등의 개념이 안정적으로 규정되지 않았기 때문에 빌립보서에서 바울의 대적

들의 실체 규명에 도움을 못 주고 있다. 또한 헬라적/유대적 양분법으로 바울의 세계를 파악하려는 시각도 많이 도전받고 있다. 방법론적으로도 기존의 범주와 안일하게 동일시하는 경향은 빌립보서 자체의 정보를 세심히 헤아리기를 어렵게 만든다.

또 한 가지 문제점은 A와 B에 대한 바울의 논박의 온도 차이다. A는 그럴 수도 있는 일로 치부하며 관용하는 듯 보이는 바울이 3장 2-3절에서는 "개", "행악자"등 과격한 공격을 하기 때문에, 두 그룹이 동일하다고 보는 것은 무리가 많다.

3장 2-3절의 과격한 논조로 많은 학자들이 율법주의적 할례 주창자들이 바울이 가장 심각하게 우려하던 문제라고 생각했다. 또한 종교개혁 이후 갈라디아서와 로마서 중심으로 바울 신학을 파악하려는 경향도 3장 2-3절의 유대주의자들의 도전 중심으로 빌립보서 전체를 해석하는 경향을 만든 것이 사실이다. 즉 갈라디아서, 로마서와 마찬가지로 빌립보서에서도 바울이 직면했던 가장 심각한 문제는 율법주의였다고 보는 경향이다. 초대교회의 신학적 갈등 전체를 헬라 교회와 유대 교회의 갈등이라는 기계적 도식으로 보는 경향이 현대 신약학 태동과 함께 학계를 지배해 왔던 탓도 있다. 이런 구도 속에서 빌립보서의 대적자들 논의를 과도하게 율법주의와의 대결로만 보려는 경향이 고착화되었다.

그러나 3장 2-3절에서 언급되는 대적을 세심히 살펴보면서 빌립보의 상황을 재구성할 필요가 있다. 1절에서 바울은 "너희에게 같은 말을 쓰는 것이 내게는 수고로움이 없고 너희에게는 안전하니라" 하면서 말을 꺼낸다. "여러분이 이미 잘 알고 있기 때문에, 굳이 다시 말할 필요가 있을까 싶기도 하지만, 워낙 흉악한 대적들이기 때문에 다시 한 번 그 위험성을 분명히 해두는 것도 좋겠습니다"라는 투이다. 특별한 맥락 없이 이들이 등장하는 것도 주목할 만하다. 예를 들면 갈라디아서에서 유대주의자들을 논박하기 위해 바울은 "가만히 들어 온 거짓 형제들"등의 표현으로 그들의 실제 위협을 분명히 하고 논박한다. 이러한 맥락 제시가 전혀 없이, 곧 바로 강력하고 신랄한 표현으로 공격하고 있다면, 그 위험성을 독자들과 충분히 공유하기 때문으로 볼 수 있다. 바울의 어조가 강하지만, 그 호소가 절박해 보이지는 않는다. 오히려 이 대목은 청중과 저자가 공감하는 어떤 사실을 제시하고 그 사실을 발판으로 다른 주장을 하려는 포석으로 보는 것이 좋다. 그 주장의 골간을 아래에서 볼 수 있다.

> 18 내가 여러 번 너희에게 말하였거니와 이제도 눈물을 흘리며 말하노니 여러 사람들이 그리스도의 십자가의 원수로 행하느니라

18절에서 "십자가의 원수로 행한다"라는 말이 나온다. 바울의 표현으로 보아 이들은 빌립보 교회 내의 사람임이 분명하며, 바울이 공동체에 실질적 위협으로 느끼는 사람들이다. 17절과 18절을 이어서 보면, 이 두 절이 바울 및 동역자들과 대적들을 구분하고 있음을 알 수 있다. "그와 같이 행하는 자들"에 디모데와 에바브로디도가 포함되어 있음은 분명하다(2:19-30). 에바브로디도를 "기쁨으로 영접하고 존귀히 여기라"(2:30)는 말은 사실상 그를 본받으라는 말이다. 바울은 2장에서 디모데를 소개하면서 "그들이 다 자기 일을 구하고 그리스도 예수의 일을 구하지 아니하되"(2:21)라는 말로 대다수 로마 그리스도인들과 디모데를 비교하고 있다. 이 구도에서 디모데와 에바브로디도는 참되지 못한 사역자들과 대비되는 소수이다. 1장에서 언급된 "사랑으로" 복음을 전하는 이들과 "투기와 분쟁으로 하는 이들"(1:15-17) 역시 로마 그리스도인들이기 때문에 2장에서 디모데와 함께 언급된 이들과 관련되었을 것이고 동일 집단일 확률이 높다. 1장에서 바울이 자신의 "매임에 괴로움을 더하게" 하려는 악한 의도에서 복음 전하는 자들에게 관용을 보이고 있지만, 그들의 악한 의도가 바울의 기쁨을 방해하지 못한다는 고백이지 그들에게 아무 문제 없다는 말은 아니다. 바울은 그들을 직접 공격하지는 않지만 "그들이 다 자기 일을" 구한다고 하면서, 바람직한 사역자들, 특히

빌립보 교인들이 본받아야 할 디모데나 에바브로디도와 분명히 구분하고 있다. 3장 17절과 2장 21절 이하가 연결되어 있는 것이다.

이런 방식으로 바울은 로마 상황을 빌립보 상황과 연계시키고 있다. 로마의 대적과 빌립보에서 문제를 일으키는 자들이 실제적으로 얼마나 연계됐는지 알 수 없다. 그러나 바울의 수사적 구도 안에서 이 두 그룹을 하나로 묶어서 공격하는 것은 분명하다. 3장 1-16절까지 끌어온 자신에 대한 변증의 무게를 실어서, 17절에서 자신과 동역자들을 모범으로 제시하고, 그 모범을 18절 이하의 "십자가의 원수들"과 분명한 선을 긋는 기준으로 사용하고 있다.

19그들의 마침은 멸망이요 그들의 신은 배요 그 영광은 그들의 부끄러움에 있고 땅의 일을 생각하는 자라

"신은 배요", "마침은 멸망", "땅의 일을 생각하는 자들"은 주석가들에게 많은 혼란을 주었는데 크게 보아 3장 2-3절의 대적들과 같은 그룹으로 보는 입장과 다른 그룹으로 보는 입장으로 나뉜다. 전자는 2-3절의 할례 주창자들의 정체성을 중심으로 19절을 주해한다. 즉 "신은 배요"는 탐욕이나 쾌락주의가 아니라 음식에 대한 율법의 규정을 엄격하게 지키고자 하는 무리들이며, 음식 정결법이 신(神)이 되었다고 보기도 한다. "그 영광은 그들의 부끄러움에"에서 부끄러움은 가리고자 하는 육체 부위를 가리키는 완곡어법으로 할례받은 남성의 성기를 대단한 자랑거리로 생각하는 이들을 가리킨다는 것이다. 그러나 이러한 해석들은 본문의 자연스러운 독해와 거리가 많다. 빌립보서의 대적들이 할례를 강요하는 유대주의적 율법주의자라고 확정해 놓고 그 구도에 본 절을 끼워 맞추는 해석이라 볼 수 있다.

본문의 문제는 분명하다. 2-3절은 유대적 율법주의자들을 가리키고, 19절의 대적들은 도덕적으로 타락한 방종주의자들로 보인다. 전자는 도덕적으로 지나치게 엄격한 사람들, 후자는 그 반대라는 것이 일반적 견해이다. 위에서 살펴본 대로, 두 그룹을 하나로

묶으려는 시도로 영지주의적 유대주의자, 헬라적 유대주의자 등 다양한 이름이 등장했다. 계속 연구되어야 할 부분이겠으나 "영지주의", "헬라적"이라고 이름붙이는 것은 주석의 목표가 될 수 없다. 학계에서는 영지주의의 개념, 기원 자체에 논란이 많으며, 헬라적, 유대적, 유대주의적, 율법주의적이라는 개념들의 범주에 회의적 질문이 끊임없이 제기되고 있다. 이들의 쾌락주의적 경향을 '에피큐리안'이라고 연결 짓는 학자들도 있으나 피상적인 관찰일 뿐 근거는 부족하다.

어떤 학자는 "십자가의 원수로 행하느니라"에서 '행한다'(페리파테오)라는 행태를 문제 삼는 것으로 보아서, 그들의 문제가 십자가의 중심성을 부정하는 신학적 문제였던 것 같지는 않다고 해석한다(Hansen 264). 웬디 코터는 소논문에서 당시의 사회적 배경을 적절히 고려한 주석의 예를 보여 준다.[6] 자발적 조합(voluntary associations)들의 방종한 문화, 특별히 단체 식사 자리에서의 방탕과 무질서에 대한 부정적인 묘사가 당시 문헌에서 많이 발견되는데, 바울이 서민 조합들에 대한 세간의 부정적 평가를 이용하고 있다는 것이다. 고린도전서 11장에서 성찬 자리에서의 무질서를 바울은 이렇게 지적한다. "이는 먹을 때에 각각 자기의 만찬을 먼저 갖다 먹으므로 어떤 사람은 시장하고 어떤 사람은 취함이라"(고전 11:21). 이렇게 무질서 현장을 상상해 보면, "신은 배"라는 말로 공동체 식사 현장에서 탐식, 무질서를 질책하는 바울의 의도를 이해할 수 있다. 이미 세속 사회에서 악명 높은 조합들의 방탕한 행태를 비난하는 당시 사회의 담론을 이용해서, 교회 내에서 부적절한 처신을 일삼는 이들의 행태를 비판하는 것이다.

"그들의 마침(텔로스)은 멸망(아폴레이아)"은 그들이 종말의 심판에서 멸망당할 수밖에 없는 삶을 살아감을 적시하는 것이다. 1장 28절에서 "이것이 그들에게는 멸망(아폴레이아)의 증거요"에서 같은 말이 쓰이고 있다. 1장에서의 대적과 3장에서의 대적을 연결하여 하나로 묶는 전략을 이 단어에서도 확인할 수 있다. 여기서 마침은

'텔로스'로 "온전히 이루었다 함"이라 할 때의 동사 '텔레이오오'와 같은 어근임을 볼 때, 완전주의에 대한 암시적인 공격이 내재해 있는 것으로 볼 수도 있다.

"영광은 부끄러움"에서 "영광"은 원어로 '독사'이다. 본래 그리스어에서 이 말은 "생각"을 뜻했으나, 칠십인역에서 '가시적 화려함'이라는 의미로 쓰였다. "영광은 부끄러움"이라는 말은 그들이 자랑스러워하고 가시적으로 내세우는 것들이 사실은 그들의 부끄러움이라는 뜻이다. 이는 "육체를 신뢰"하는 것이 3장 전반부의 핵심 주제였던 것과 연결된다. 그들의 자랑거리가 하나님의 시각에서 보면, 부끄러움이다. 하나님의 시각은 시간적으로 보면 종말의 시각, 현실에 만족하지 않고 구원자를 기다리는 이들의 시각이다(20절). 공간적으로 표현하면 하늘의 시각, 자신들의 "시민권(정부)이 하늘에"(20절) 있는 것을 아는 이들의 시각이다. 반면에 대적자들의 시각은 "땅의 일"에 한정되어 있다. 그들의 "영광"은 지상적인 것, 현세에서 가시적인 자랑거리이다. 21절에 나타나는 "우리의 낮은 몸"(21절)과 비교해 보면, 육체적인 탁월성, 육체적 건강을 포함한 인간적인 조건 등일 수 있다. 투옥은 바울에게 인간적 시각에서 수치였고(1:20), 에바브로디도의 와병 또한 수치거리였다(위의 2:25이하 주석 참조). 그러나 그 삶은 "면류관"(4:1), "부름의 상"(3:14)이 있는 삶이다.

성경이 말하는 종말에는 악인이 득세하고 의인이 고난받는 부조리를 바로잡는 신원의 의미가 있다. 종말에 가면 이 세상의 지배적인 가치가 잘못된 것이었고, 이 세상에서 자랑거리로 삼던 것인 허무할 뿐 아니라 수치였다는 사실이 드러날 것이다. 그리스도 안에서 이미 시작된 종말을 산다는 것은 그 종말의 판단기준을 현실의 삶에서 살아낸다는 말이다.

그래서 바울은 이전의 자랑거리, "영광"을 모두 "배설물로" 여겼다. 세상의 영광이 부끄러움이 되고, 이 땅에서 손가락질받던 것이 영광이 되는 종말론적 전복이 이미 바울의 삶에서 일어난 것이다. 결국 그리스도인의 삶이란 종말에 분명해질 가치의 판단기준으로 오늘을 살아가는 삶이다. 이는 하늘의 영광을 버리고 자기를 비워 종의 형체를 가지신 그리스도께서 다시 만유의 주가 되심으로 일어난 가치의 전복(2:6-11) 때문에 가능한 것이다. 이 현실을 온전히 살아내는 것이 바로 그리스도의 죽음과 부활에 참여하는 것이다(3:10-11).

이런 신학적 틀에서 일부 그리스도인들이 자신들의 현재 삶의 모습을 "영광"으로 생각하는 태도에 심각한 문제가 있다는 것이 바울의 입장이다. 그렇게 볼 때, 온전히 이루었다고 주장하는 이들, 육체를 신뢰하는 자들로 이어지는 3장의 주요 공격 포인트와 일치한다. 이들은 이 세상의 영광, 건강, 성취 등으로 자신을 증명하려 하는 "승리주의적 경향"을 가진 자들이라 할 수 있다.

20그러나 우리의 시민권은 하늘에 있는지라 거기로부터 구원하는 자 곧 주 예수 그리스도를 기다리노니

"시민권"으로 번역된 단어의 원어는 '폴리튜마'이다. 바울이 어떠한 의도로 이 단어를 사용했는지 이견이 많다. 그중 중요한 해석은 아래와 같다.

1) 정치조직: 가장 기본적인 의미는 '국가', '한 국가의 정치체제'이다. '공화국', '시민정부', '공화국의 통치행위', '공화국의 통치가 미치는 영역' 등 다양하게 쓰인다. 2) 시민권: 위의 의미에서 파생된 쓰임이 '시민권'이다. 3) 식민지: 역시 1)에서 파생된 의미로 보아야 한다. 알렉산더 대왕이 키레네에 '폴리튜마'를 조직했다는 말이 있다. 대부분 영어 성경은 이 단어를 'commonwealth'로 번역하는데 영미권에서는 대영제국의 입장에서 캐나다, 호주 등을 가리키는 말로 쓰인다. 포괄적으로 볼 때 '식민지' 범주에 속하는 용례다. 4) 자치기구 혹은 사적인 조합(의 자치권): 이집트 지역 톨레미 왕조하의 유대인들이 폴리튜마를 구성하고 살았다는 예가 있다(참조. *P. Polit. Jud.*). 사도행전 17장에서 총독 갈리오가 바울을 고소한 유대인들에

게 "만일 문제가 언어와 명칭과 너희 법에 관한 것이면 너희가 스스로 처리하라"(행 17:15) 한다. 이는 고린도에 있는 유대인들이 스스로 재판까지 하는 나름의 자치권을 행사하고 있었다는 근거로 보인다. 이런 큰 이민 공동체뿐만 아니라 수십 명 안팎의 사적 조합도 나름 자치권을 행사했던 흔적들이 발견된다. 고린도전서 5장에서는 교회가 자체적으로 재판과 징계를 시행하고 있으며 바울이 그런 제도의 확립을 권장하고 있음을 알 수 있다. 이러한 배경은 당시에 유사-공적 기능, 특별히 (준)사법권을 포함한 권력을 행사한 사적 기관들이 많았다는 점을 보여 준다. 그러나 이런 모임이 실제 폴리튜마로 불린 예는 그렇게 많지 않다.

　　이상의 다양한 쓰임 속에서 바울이 폴리튜마를 어떤 의미로 썼는지 살펴보는 것은 바울의 교회 이해에 중요하다. 위의 쓰임들을 비교해 보면 전체에 걸쳐서 1) 공화국, 정부조직 개념이 핵심임을 알 수 있다. 2)의 시민권은 '우리 정부가 어디에 있다'라고 말할 수 있는 사람들의 권리이다. 본 절의 폴리튜마를 정부로 번역해도, 그리스도인들의 시민권이라는 개념을 포괄할 수 있다. 3)의 '식민지' 역시 알렉산더가 키레네에 정부를 설립했다는 의미로 포괄되는 개념이다. 정부를 설립한 지역이 식민지이면 그것이 식민정부가 되는 것이지 범주적으로 다른 개념은 아니다. 3)의 예를 따라 "우리의 식민지(commonwealth)는 하늘에 있다"로 번역하면 개념에서 혼란이 생긴다. 굳이 따지자면 이 땅의 그리스도인 공동체가 천국의 식민지이지, 천국이 식민지라고 할 수는 없기 때문이다. 결론적으로 말한다면 '우리의 정부는 하늘에 있다', '우리의 국가는 하늘에 있다'로 번역하는 것이 좋다.

　　폴리튜마가 유사-공적 기능을 가진 사적 조직들, 이민 공동체나 조합 등의 공적 성격과 교회의 공적 기능을 나란히 놓으려 바울이 착안한 용어라는 점은 토론이 필요하다. 당시 폴리스 등 정부 조직은 상류층 시민의 전유물이었다. 비시민, 하층민으로 구성된 조합들은 다양한 방식으로 상류층 문화를 흉내 내었고, 시민사회의 조직원리나 용어들을 흉내 내고 차용하기도 했다. 폴리스들의 공직자들을 지칭하는 다양한 용어들이 조합 임원들의 호칭으로 쓰이기도 했다.

　　신약의 교회들, 특히 이방 세계에 있던 바울의 도시 교회는 외부인 눈에 이런 조합과 비슷하게 보였을 가능성이 높다. 그런데 흥미롭게도 조합을 가리키는 다양한 용어가 있었는데 이런 용어는 신약성서에서 그리스도인 공동체를 가리키는 말로 한 번도 쓰이지 않는다. 이는 신약의 그리스도인들이 사적인 조합과 분명히 구별되는 자의식을 가졌다는 말이다. 당시 유대인들이 회당을 가리키는 말이던 '쉬나고게'는 세속 조합들이 자주 사용하던 단어였다. 유대인들은 자신들의 공동체를 가리키는 말을 세속조합과 공유했지만, 그리스도인들은 이런 관행에서 자신을 구별했다는 점은 그들의 공동체적 자의식에 시사점을 준다. 바울은 대신 '에클레시아'를 썼고, 이 말이 오늘날 '교회'로 번역되는 단어의 출발이 되었다. 에클레시아는 그리스 폴리스에서 온 시민들이 함께 모이는 정치 집회를 뜻했는데 사적 조합의 호칭으로 쓰이는 예는 극히 드물었다. 당시 도시 서민들이 상류층 시민사회의 풍습과 언어를 적극모방했음에도 '에클레시아'는 기십 명밖에 되지 않는 비시민 모임이 쓰기에 부담스러운 단어였던 것 같다.

　　신약성경에서 에클레시아가 이런 정치집회 의미로 쓰인 예는 사도행전 19장에서 "민회"라 번역된 경우다. 사도행전은 당시 에베소 극장 상황을 생생하게 묘사한다. 그 극장은 지금까지 보존되어 있다. 2만 5천 명을 수용할 만큼 큰 극장이다. 이 극장의 물리적 크기와 위용은 '에클레시아'에 담긴 위용과 무게를 압축적으로 보여 준다. 바울이 기껏해야 수십 명밖에 되지 않는, 그것도 대다수가 시민이 아니었고 노예도 포함되어 있었을 사람들의 모임에 에클레시아라고 하는 엄청난 단어를 쓴 이유는 무엇일까? 비록 적은 무리이지만, 하나님 앞에서 한 도시를 대표하는 백성들의 영광스러운 회집이라는 교회론적 인식이 이 단어에 담겨 있는 것이다.

【사도행전 19장에 나오는 에베소의 극장】

　　바울은 초기 기독인들 중에서 '에클레시아'를 가장 적극적
으로 쓴 이다. 바울은 이 용어로 그리스도 공동체가 구약의 이스라
엘을 잇는 하나님 백성임을 표현했을 뿐 아니라, 그레코-로만 도시
들의 정치-사회적 공간에서 공동체의 지위를 규정했다. 영예로운
시민의 결사체로서 교회를 표현하는 것이다. 바울서신의 서언에 일
반적으로 등장하는 '에클레시아'가 빌립보서에는 나오지 않는 이유
로 다양한 설명이 제시되었다. 본 절의 폴리튜마는 다른 서신들에
나오는 에클레시아를 기능적으로 대신하는, 바울 교회론의 포기할
수 없는 핵심인 그리스도인 공동체의 시민사회적 성격을 강조하는
역할을 담당하고 있다. 필자는 19절에서 조합들의 방탕한 행태를
비판하면서 바울이 당시 조합들과 공동체를 구별하기 원했다는 해
석을 제시한 바 있다. '에클레시아', '폴리튜마' 등의 정치적 용어로
바울은 사적인 조합들과 교회를 구별했다.

　　또 "우리의 폴리튜마는 하늘에"라는 말로 이 땅의 도시, 구
체적으로 로마가 아닌 곳을 그리스도인의 정부가 있는 곳으로 말함
으로써 세속 정부와도 차별화한다. 결국 이 어구는 두 개의 전선에
서 긴장을 강화하고 있다.

전선 1. 자발적 조합과의 차별화 : 우리는 (사적 모임이 아니라 공적) 폴리튜마이다.

전선 2. 빌립보 시와의 차별화 : 우리의 폴리튜마는 (땅, 구체적으로는 로마가 아니라) 하늘에 있다.

당시의 조합들은 정치적인 의심을 받기도 했지만 일반적으로 지역 정권과 우호적인 관계를 원했다. 드물지만 준사법권까지 포함하는 자치권이 있었던 것은 지역 정부의 양해하에 받은 특권이었기 때문이다. 당연히 지역 정부는 조합에게 반대급부를 요구했다. 세금 대리 징수, 질서 유지 등 이 조합들은 지역 정부의 수족 노릇을 한 것이다. 그것은 더 큰 단위의 공동체, 폴리튜마로 불리기도 했던 한 도시 내에서의 이민 공동체—예를 들면, 알렉산드리아의 유대인 공동체 같은—의 경우에도 마찬가지였다. 그들은 자신의 행정 자치권의 근거를 언제나 세속 정부에서 찾았다. 사도바울이 폴리튜마라는 단어를 썼을 때의 세계관과 결정적인 차이가 나는 대목이 여기다.

바울은 자신의 정체성의 근거를 세속정권의 양해나 호의에서 찾지 않았다. 오히려 세속 정권을 포함한 이 세상 전체와의 날카로운 대립과 긴장을 조성한다. 거기로부터 "구원자(소테르) 곧 주(퀴리오스) 예수 그리스도"를 기다린다면서, 그리스도인 공동체를 전쟁 상황에 포위되어 있는 하나의 성(폴리스)으로 이해하고 있다. 소테르는 정치적이며 군사적인 용어이다. 헬라제국의 이집트 지역 황제였던 프톨레마이오스 1세가 자신을 소테르라 칭했으며, 뒤이어 헬라제국의 많은 왕들이 이 칭호를 사용했다. 적대 세력에 포위된, 점령당한 백성을 구할 장군의 이미지이다. 당시 로마 황제에게 백성들이 이런 구원자의 역할을 기대했을 것이다.

따라서 그리스도가 소테르라는 말은 로마 황제가 소테르, 즉 문제를 해결해 줄 사람이 아니라는 주장이다. 그리스도인들은 여전히 구원자, 해방자를 간절히 기다려야 한다. 그리스도는 하나님께서 이미 높이셨고, 이미 주를 삼으셨기 때문에, 당연히 경배와 순

【프톨레마이오스】 헬라인인 그가 이집트 권력자가 되면서 파라오 모양을 한 것이 이채롭다. 영국박물관 소장.

종, 충성의 대상이 되어야 한다(2:9-11). 그러나 아직 그리스도의 통치가 완전히 실현되지는 않았기 때문에 그리스도인들은 하나님의 종말적 행위의 완성, 그리스도의 온전히 높아지심을 기다린다. 오실 그분을 기다리는 태도가 충성의 표현이다.

　　그리스도인의 정체성은 그 핵심에 '기다림'이 있다. 상황과 구체적인 언어("전제" 등)까지 큰 유사성을 보이는 디모데후서 4장에서 바울은 자신을 위하여 의의 면류관이 기다린다는 확신을 전하면서 "내게만 아니라 주의 나타나심을 사모하는 모든 자에게도니라"(딤후 4:8)라고 한다. 다른 어떤 조건이 아닌 주의 나타나심을 사모하는 자에게 면류관이 주어질 것이다. 믿음, 바른 행실, 선교적 업적을 말하지 않는 것에 주목할 만한다. 믿음이 있다면 기다릴 것이다. 그리스도인의 믿음은 그리스도께서 구원을 성취하셨으며—종말론 가운데서—이야기 속에서 자신을 발견하는 것이다. 이런 믿음을 가질 때 우리는 그리스도의 나타나심을 기다릴 수밖에 없다. 기다린다는 것은 단지 어떤 일이 일어나기를 예상하며 시간만 보내는 것이 아니다. 티셀톤은 비트겐슈타인을 인용하면서, 그리스도인이 종말을 기다린다는 것이 무슨 의미인지 설명하고 있다.

> 그(비트겐슈타인)는, 기대는 적절한 행동이나 주어진 상황 속에서의 행위로 구성된다는 점을 강조했다. 만일 내가 누군가 4시에 차를 마시러 오는 것을 '기대한다면' 그 '기대'는 케이크를 사고 방을 정리하며 찻잔과 받침, 접시를 내놓고 주전자에 물을 올리는 것이라고 그는 주장한다. 그것은 손님의 방문을 머리로 그려 보는 것이 아니다.[7]

기다림이 있는 자는 오늘을 다르게 살 수밖에 없다. 빌립보 교인들이 적들로 포위된 폴리스에서 구원자(소테르)를 기다리며 사는 것은 그 하늘에 본 정부를 둔 폴리스의 시민답게 살아가는 것이다(1:27). 이는 "어그러지고 거스르는 세대에" 포위되어 있는 실존을 인정하면서, 하나님의 뜻대로 살아가는 것이다. 그럴 때 그들은 자연히 빛들의 자녀로 나타나게 될 것이다. "이는 너희가 흠이 없고 순전하여 어그러지고 거스르는 세대 가운데서 하나님의 흠 없는 자녀로 세상에서 그들 가운데 빛들로 나타내며"(2:15).

세상 사람들보다 착해야 한다는 의무감만으로 윤리적 열매를 맺을 수 없다. 그것은 그리스도와 함께하는 삶에서 가능하고, 그리스도 통치의 완전한 실현을 기다리는 신앙으로 유지된다. 그리스도인의 삶에서 윤리가 무너지는 것은 기다림이 사라졌기 때문이다. 그래서 참 그리스도인의 삶은 기다림이 있는가, 없는가로 판별된다. 기다림을 그리스도인의 정체성 중심에 놓고 볼 때 "내가 이미 얻었다 함도 아니요 온전히 이루었다 함도 아니라"는 바울의 강조점, 승리주의적 완전주의와의 대결을 선명하게 이해할 수 있다. 여기서 그들의 "마침은 멸망이요 그들의 신은 배요 그 영광은 그들의 부끄러움에 있고 땅에 일을 생각하는 자"(3:19)들과의 차별성이 생긴다. 정리하면 아래와 같다.

전선 1. 차별성이 현실로 드러나는 대목 : 윤리적 탁월성
전선 2. 차별의 근거 : 종말론적 구원, 세계관의 차이

21 그는 만물을 자기에게 복종하게 하실 수 있는 자의 역사로 우리
의 낮은 몸을 자기 영광의 몸의 형체와 같이 변하게 하시리라

"변하게 하시리라"(메타스케마티조)는 그리스도 찬가에서 "사람의 모양
(스케마)을 가지사"와 같은 어근을 갖고 있다. "자기 영광의 몸의 형
체와 같이"에서도 '쉼모르페'가 쓰이는데, 그리스도 찬가에서 종의
"형체"(모르페)를 가지셨다 할 때 쓰인 단어였다. 그리스도께서 우리
와 같이 되심은 우리를 그리스도처럼 만들려 하심이라는 바울신학
의 골격이 이 말씀의 배경이다. 우리의 "낮은 몸" 역시 '타페이노시
스'를 써서 그리스도 찬가에서 자신을 낮추사(타페이노오)의 주제를
이어 가고 있다. "만물을 자기에게 복종하게 하실 수 있는 자"라는
주제 역시 그리스도 찬가의 결론 부분의 주제를 되새긴다. 우리의
낮은 상태, 연약한 실존을 말하면서 굳이 "몸"을 말한 이유는 에바
브로디도의 질병과 관련하여 이해할 수 있다. 병들지 않고 건강하게
사는 것만이 복이라 생각한다면 에바브로디도는 저주받은 사람일
것이다. 그러나 이 땅에 있는 우리 모두의 실존이 "낮은 몸"일 수밖
에 없다는 고백이 육체의 연약함 때문에 더 진실해질 수 있다면, 그
는 하나님의 뜻을 잘 깨달은 자일 것이다.

　　여기서 "몸"(소마)은 인간의 육체뿐 아니라, 인간 전체를 대
표하는 단어다. 그리스도는 우리의 모든 것을 변화시킬 것이다. 따
라서 그리스도인의 종말론적 기대는 오늘 세상에서의 삶의 조건들
—건강, 외모, 재산, 학벌—을 상대화한다. 우리는 가진 것을 의지하고 자
랑하는 사람이 아니라, 다가올 것을 사모하고 기다리는 사람이다.

　　빌립보서를 쓸 당시 바울의 절박한 필요를 보여 주는 대목
은 2장에서 살펴본 바대로 에바브로디도를 "급히" 보내야 하는 필
요임을 보았다. 또한 이 급박한 상황이 승리주의적 대적들의 영향

을 차단해야 하는 과제와 관련이 있음을 살펴보았다. 이 급박하고
도 중요한 필요는 3장에서 "이제도 눈물을 흘리며" 말한다는 대목
에서 감지된다. 십자가의 원수로 행하는 이들을 향한 논박의 절정
에 "우리의 낮은 몸"이라는 대목이 등장하는 것은 에바브로디도의
와병, 바울의 고난 등으로 드러나는 약한 모습이다. 이런 약한 모습
의 사도에 맞서는 그룹은 세상 것을 자랑하는 이들이었던 것으로
보인다. 2장에서 살펴본 대로 고린도후서 10-13장에서 지극히 크
다는 사도들과의 비교는 바울이 앓던 질병을 하나님께 저주받은 결
과로 보게 만들었다. 인간적인 연약함을 그리스도의 십자가에 비추
어 해석할 신학적 시각을 결여한 이들이 바로 십자가의 원수로 행
하는 이들이었다. 오늘의 말로 승리주의자라 이름할 수 있으며, 믿
으면 땅에서 그 영광이 드러나야 한다고 생각하는 번영신학적 사고
이다. 바울은 이들에 맞서, 자신의 목표를 "위에서" 부르신 부름의
상으로 규정하며, 지금 땅 위에서 확보해 놓은 것으로 자신을 증명
하지 않겠다는 태도를 3장 전체에 걸쳐 보이고 있다. 이 서신 전체
를 통해서 가장 중요한 논점이다.

묵상과 나눔을 위한 질문

1. 나는 나 자신의 인생에 대해 어떤 평가를 갖고 있습니까? 바울은 예수를 믿은 후 자신의 인생을 평가하면서 막연한 감정적인 접근을 하고 있지 않습니다. 손해와 이익에 민감하여 냉철할 수밖에 없는 상인의 자세로 자신의 인생을 저울에 올려 놓고 있습니다. 바울은 인생 전체를 가늠하는 대차대조표를 머리에 그리면서 본문을 써 내려가고 있습니다. 그래서 내린 결론은 이렇습니다. "모든 것을 잃어도 그리스도를 얻는다면, 그 인생은 남는 장사다!" 이러한 담대한 선언을 가능하게 했던 이유에 대해서 생각해 봅시다.

2. 위의 선언은 논리적으로 여러 가지 문제를 발생시킵니다. 이어지는 바울의 서술을 우리는 아래의 질문을 따라 분석해 보았습니다. 각각의 대답을 자신이 이해한 대로 정리해 봅시다.
   질문 1. 바울은 그리스도를 지나치게 객체화하고 있는 것 아닌가?(9절 상반절)
   질문 2. 뭔가를 버린다 해서 그 대가로 구원을 얻을 수 있는가? (9절 하반절)
   질문 3. 바울의 대변은 이미 수익을 확보하고 있는가? (10절 이하)

3. 위에서는 9절 후반절을 "이는 내가 나 자신의 의, 곧 율법으로부터 나온 의를 갖고 있기 때문이 아니라, 그리스도의 신실함을 통한 의, 믿음으로 말미암아 하나님으로부터 나온 의를 갖고 있기 때문입니다"라고 번역했습니다. 개역개정의 "그리스도를 믿는 믿음"을 "그리스도의 신실함"으로 번역할 것을 어떤 맥락에서 이해할 수 있습니까? 이 번역은 우리가 믿음과 구원을 이해하는 데에 어떤 통찰을 줍니까?

4. 바울은 자신과 동역자들이 행한 것을 자세히 보고 본받으라고 했습니다(3:17-18). 그러면서 구약에서 믿음의 승계를 말하던 단어를 사용하고 있습니다. 우리는 자녀들이 본받을 만한 삶을 살고 있습니까? 우리 자녀 세대들의 믿음을 위하여 기도하는 시간을 가지면 좋겠습니다.

5. "기다림이 있는 자는 오늘을 다르게 살 수밖에 없다"는 말에 대해서 나누어 봅시다. 세상의 회복, 혹은 주님 만날 날을 기다리는 믿음은 우리의 삶을 어떻게 다르게 합니까?

7
마지막 권면

빌 4:1-9

1 그러므로 나의 사랑하고 사모하는 형제들, 나의 기쁨이요 면류 관인 사랑하는 자들아 이와 같이 주 안에 서라 2 내가 유오디아를 권하고 순두게를 권하노니 주 안에서 같은 마음을 품으라 3 또 참 으로 나와 멍에를 같이한 네게 구하노니 복음에 나와 함께 힘쓰던 저 여인들을 돕고 또한 글레멘드와 그 외에 나의 동역자들을 도우 라 그 이름들이 생명책에 있느니라 4 주 안에서 항상 기뻐하라 내 가 다시 말하노니 기뻐하라 5 너희 관용을 모든 사람에게 알게 하 라 주께서 가까우시니라 6 아무 것도 염려하지 말고 다만 모든 일 에 기도와 간구로, 너희 구할 것을 감사함으로 하나님께 아뢰라 7 그리하면 모든 지각에 뛰어난 하나님의 평강이 그리스도 예수 안 에서 너희 마음과 생각을 지키시리라 8 끝으로 형제들아 무엇에 든지 참되며 무엇에든지 경건하며 무엇에든지 옳으며 무엇에든 지 정결하며 무엇에든지 사랑 받을 만하며 무엇에든지 칭찬 받을 만하며 무슨 덕이 있든지 무슨 기림이 있든지 이것들을 생각하라 9 너희는 내게 배우고 받고 듣고 본 바를 행하라 그리하면 평강의

하나님이 너희와 함께 계시리라

1. 구체적 이름을 언급한 권면 (4:1-3)

"그러므로"(1절)는 1-3장까지의 내용, 특별히 3장의 내용을 받는다
고 볼 수 있다. 하나님의 은혜와 구원에 대해서, 우리의 현 상태와
다가올 미래에 대해서, 핵심적인 진술을 했다. 이를 잘 이해했다면,
마땅히 어떻게 살아야 할지 들을 준비가 되었을 것이다. 이제 바울
은 구체적인 권면을 속도감 있게 제시한다.

신학적 진술을 마치고 권면에 들어갈 때, 수신자들을 부르
는 것이 바울의 관행인데("그러므로, 형제들아", 롬 12:1) 본 절의 경우, 주
체할 수 없이 터져 나오는 사랑의 표현이 이어진다. "나의 사랑하고
사모하는 형제자매들, 나의 기쁨이요 면류관인 사랑하는 자들아!"

바울은 첫 편지인 데살로니가전서를 쓸 때부터 진한 그리
움을 나타내었다. "우리가 이같이 너희를 사모하여 하나님의 복음
뿐 아니라 우리의 목숨까지도 너희에게 주기를 기뻐함은 너희가 우
리의 사랑하는 자 됨이라"(살전 2:8).

누군가를 사모한다는 말은 간절히 보고 싶다는 감정 자체
를 넘어선다. 만나기 위하여 노력을 기울이기도 하며, 상대방이 잘
되기를 간절히 바라야 사모한다는 말이 빈말이 되지 않는다. 사모
한다는 말에 이어서 바울은 이렇게 말한다. "형제들아 우리가 잠시
너희를 떠난 것은 얼굴이요 마음은 아니니 너희 얼굴 보기를 열정
으로 더욱 힘썼노라 그러므로 나 바울은 한번 두번 너희에게 가고
자 하였으나 사탄이 우리를 막았도다"(살전 2:17-18). 사탄이 막았다고
할 만큼, 심각한 장애가 아니었다면 당장 달려가는 것이 당연한, 그
런 간절한 마음, 그것이 사모함이다. 빌립보서에서는 자신의 가장
중요한 문제, 삶과 죽음을 앞둔 결연한 선택조차도 빌립보 교인들
을 다시 보고 싶은 마음에 비하면 사소한 문제로 치부된다. 그래서
바울은 "내가 예수 그리스도의 심장으로 너희 무리를 얼마나 사모

하는지 하나님이 내 증인이시니라"(빌 1:8)라고까지 말할 수 있었다.

바울의 사고에서는 사모함과 종말론적 영광의 결합이 두드러진다. 빌립보서 1장에서 이 사모함의 주제 다음에 바로 이어서 "그리스도의 날"에 "하나님의 영광과 찬송이 되기를 원"한다는 기원이 이어진다(1:10-11). 데살로니가전서 2장에서도 사모함을 고백하고 난 이후에 "면류관"이라는 단어가 등장한다. "우리의 소망이나 기쁨이나 자랑의 면류관이 무엇이냐 그가 강림하실 때 우리 주 예수 앞에 너희가 아니냐"(살전 2:19).

이는 본 절에서도 마찬가지이다. 바울이 사모하는 빌립보 교인들은 그의 현재의 "기쁨이요" 종말의 날에 "면류관"이다. 면류관은 올림픽 같은 운동경기의 마지막 시상식에서 수여하는 월계관으로 보인다. 3장에서 이미 자신의 신앙 여정을 운동경기로 표현한 바 있기 때문에(3:12-14), 자연스러운 연결이다.

우리는 데살로니가전서 2장, 빌립보서 1장 8-11절, 4장 1절에서 성도를 사모함이라는 주제가 종말론적인 영광인 면류관과 긴밀히 연결됨을 본다. 바울이 그들을 사모한다고 말할 때, 그의 마음은 성도들을 향한 그리움으로 가득했으며, 그 그리움은 그가 그리스도 앞에 함께 서게 될 때에 성도들 덕분에 하나님께 받을 칭찬과 영광으로 벅차오른 상태를 포함한다. 이는 초대교회에서 성도들 간의 관계, 목숨이라도 내놓았던(롬 16:4) 강한 유대를 설명해 준다. 이 땅에서만 서로 알고 지내다가 끝날 사이가 아니라, 영원히 계속될 관계이다. 뿐만 아니라 각자의 신실한 삶이 서로에게 영광의 조건이 되는 그런 관계이다. 이 종말론적인 영광을 생각할 때, 그 성도들이 바울의 현재적 "기쁨"이 되는 것이다. 이런 가슴 벅찬 감동을 이해해야 빌립보서를 제대로 읽을 수 있다. 빌립보서는 발신자와 수신자들 사이의 깊은 관계 표현으로 주목을 끄는 서신이다. 이 관계를 설명하기 위해 우정의 서신, 가족 간의 서신 등의 수사학적 기법으로 이 편지를 이해하려는 노력이 있었다. 그러나 그런 수사학적 기법의 활용만으로 빌립보서가 말하는 성도들 간의 관계의 깊이를 충분히 이해할 수는 없다.

　"이와 같이 주 안에 서라"(1절)에서 "서라"는 '스테코'로 전투 용어이다. 물러서지 말고 대열 혹은 진지를 굳건하게 지키라는 명령이다. 앞에서 말한 바들, 적의 공격으로 포위된 성에서 구원자(소테르)인 장군을 기다리는 폴리스의 이미지를 떠올리면 이 명령의 맥락이 생생하게 이해된다. 2인칭 복수 명령은, 혼자서 굳건히 서라는 말이 아니라 대열을 견고히 지키라는 말이다. 1절에서 면류관이라는 말로 완성된 승리의 영광을 말하던 바울이 여기서는 전투 중에 있는 성도들의 책무를 엄중하게 말한다. 종말에 함께 승리를 경축할 우리들은 지금, 굳건히 서서 서로를 엄호하며 싸워야 할 신앙의 동지들이다. 한마음이 되지 않고는 할 수 없는 일이다. 이 주제는 2절에서 명확해진다.

　유오디아를 "권하고"(2절) 순두게를 "권한다"며 동사를 두 번 반복하는 것은 이례적이다. 두 사람 사이의 긴장이 높으므로, 공평하게 동사를 두 번 썼다고 하는 주석가들도 있지만 과도한 해석이다. 말을 안 듣는 아이에게 부모가 또박또박 말하는 느낌으로 보는 게 좋다. 이런 바울의 어법이 긴장을 창출한다. 칭찬이나 긍정적 언급이 아니면 익명으로 이야기하는 것이 고대의 관례이다. 빌립보서만 해도 디모데나 에바브로디도 등 긍정적 평가를 받는 사람들은 스스럼없이 거명되지만 부정적인 맥락에서 언급되는 수많은 사람들은 이름이 없다. 그렇다 하여 유오디아나 순두게가 딱히 부정적인 것은 아니지만 부정적 평가 언저리를 오가는 수준에 있다는 점에서 본문에 긴장감을 준다. 에바브로디도가 이 편지를 들고 가서 낭독하는 자리에 두 사람이 앉아 있는 장면을 상상해 볼 때, 그들이 빌립보 교회의 지도자급이었다면 그 긴장은 충분히 상상할 수 있다. 지금 빌립보 교회의 가장 심각한 문제 중 하나를 바울이 건드리고 있는 것이다. 직접 이름을 들어서 권면해야 할 만큼 중요하고 긴급한 일이었다. 현대 목회자들은 대체로 직접 대면을 피하는 것이 '은혜로운' 방법이라 생각한다. 그런 점에서 바울의 목회 방식은 도전을 준다.

이렇게 팽팽하게 활시위를 당겨 놓고, 막상 권면하는 내용은 일반적이다 못해 평이하다. "같은 마음을 품으라!" 바울이 늘 해 오던 말이다(1:27; 2:2, 5; 3:15). 교회의 큰 어려움들은 난해한 신학지식이 필요한 심오한 문제에 대개 있지 않다. 단순하고 기본적인 문제가 많다. 기본적인 문제가 쉬운 문제는 아니다. "남을 나보다 낫게 여기는"(2:3) 것이 때로 죽기보다 어려울 수 있다. 그래서 바울은 이 명령을 한 후에 그리스도의 죽음에 이르는 순종을 모범으로 제시하고 있는 것이다(2:5 이하). 죽음에 이르는 그리스도의 모범을 바울 스스로 고난의 전도여정으로, 또 순교를 각오함으로 따르고 있으며 에바브로디도 역시 삶과 죽음의 경계를 넘나드는 순종을 이어 갔다. 빌립보 교인들의 경우 당장 요구되는 것은 순교가 아니라 하나가 되는 것이다. 그러나 이것도 자신을 죽이지 않으면 할 수 없는 일이다.

본 절에 팽팽한 긴장이 있는 것은 사실이나, 바울은 엄중한 권면에 이어, 부드러운 어조로 이 부녀들의 수고를 인정하면서 도우라는 부탁을 잇는다. 바울의 신뢰와 애정을 볼 수 있다. 직접 거명하면서 책망 섞인 권면을 하는 것은 바울이 그만큼 그들을 신뢰하기 때문이며, 책망을 받아들일 자세가 되었다 판단하기 때문일 것이다.

유오디아와 순두게는 빌립보 교회에 큰 영향을 미친 여성들이었을 것이다. 이들이 누구인지 갖가지 추측이 있으나 확실한 정보는 없다. 재미있게도 사도행전 16장에서 빌립보 교회가 시작될 때 결정적인 역할을 한 것으로 보도되는 루디아가 빌립보서에 나오지 않는다. 그래서 둘 중 한 명이 루디아가 아니냐는 추측이 있었다. 루디아는 출신지 이름이고 유오디아나 순두게 중 한 명이 그녀의 이름이라는 것이다.

루디아와 관련한 추측은 "멍에를 같이한 자"(쉬주고스)의 해석에도 등장한다. "멍에를 같이한다"가 결혼관계를 의미하는 숙어로 자주 쓰인다는 점을 들어(참조. 고후 6:14) 이 말이 바울의 아내를 의미한다는 추측이 있고, 그 아내가 루디아였다는 견해도 있다. 이 주장에는 결혼이 반드시 육체적 결합을 포함하지는 않으며 동역자로서 '영적 결혼'일 거라는 추측이 곁들여진다. 그러나 이러한 견해들은 추측에 지나지 않으며, 이러한 주장까지 나올 정도로 "멍에를 같이한 자"라는 말에 이렇다 할 설명이 불가능하다는 사실만 확인할 수 있을 뿐이다. '쉬주고스'가 사람 이름이라는 주장도 있고, 에바브로디도를 가리킨다는 주장도 있다. 가장 유력한 해석은 빌립보 교회의 익명의 유력한 지도자이거나, 빌립보 교회 전체를 '멍에를 같이한 공동체'로 보고 의인화했다는 견해이다.

"글레멘드와 그 외의 나의 동역자들"은 굳이 빌립보 교회 성도로 생각할 필요가 없고, 다른 지역 사역자들일 수 있다. "그 이름들이 생명책에 있느니라"는 빌립보 시의 시민 명부와 대비되는, 하늘에 그들을 대표하는 정부(폴리튜마)가 있는 이들의 신분을 가리킨다. 1장 27절, 3장 20절의 폴리스의 주제와 이미지가 이어지는 것을 알 수 있다. 그 이름이 생명책에 있는 자들을 이미 죽은 성도로 보는 견해도 있지만, "살아 있는 신자도 그 이름이 이미 생명책에 기록되어" 있는 것으로 묘사된 구약의 구절들을 볼 때(사 4:3; 출 32:32; 시 69:28; 겔 13:9), 적절하지 않다(박수암,《옥중서신》, 324). 이는 구원의 확실성을 말하기 위함이다.

바울은 다시 기뻐하라고 권면하면서 관용을 말한다. 이어서 기도에 대해 권면하며 평안에 이르는 길을 제시한다. 겉으로는 핍박과 가난을 겪고, 내적으로는 불안에 시달리는 이들, 또 바울을 염려하며 흔들리고 있는 이들에게 바울 자신의 삶을 통해 익혀 온 평안의 길을 제시한다.

2. 기쁨과 평안에 이르는 길 (4:4-7)

4주 안에서 항상 기뻐하라 내가 다시 말하노니 기뻐하라 5너희 관용을 모든 사람에게 알게 하라 주께서 가까우시니라

"관용"(에피에이케스)은 그리스의 도덕 담론에서 유명한 단어이다. 명사 에피에이케스의 형용사형인 에피에이케(형용사)는 본래 '올바른', '적절한', '공평한', '훌륭한' 등의 의미로 쓰였다. 정의와 법률 맥락에서는 법의 문자적 적용을 고집하기보다 상황에 따라 법 정신을 살리는 유연한 태도를 말하기도 했다.[1] 아리스토텔레스는 법이 모든 정의를 다 세울 수 없는 경우가 많으므로 법조문에 집착하는 정의는 열등한 정의이며, 법 정신을 살리는 것이 더 훌륭한 태도로 이를 '에피에이케스'라 했다. '좋은' 것이 참으로 무엇인지를 설명해 주는 것이 에피에이케스, 곧 훌륭함이다(《니코마코스 윤리학》, 5.10). 이런 맥락에서 이 단어가 관대함, 관용, 자비 등으로 다양하게 번역된다. 칠십인역에서 '에피에이케스'는 비교적 후대에 속한 문서들에서 발견되는데 시편 86편 5절에서 "주는 선하사 사유하시기를 즐기시며" 할 때 '사유하시기를 즐기시는'의 히브리어 '살라흐'(ready to forgive)의 헬라어 번역으로 쓰였다. 여기서도 "선한"을 설명한다는 점에서, 또 문자적 법의 적용을 넘어서는 성향을 말한다는 점에서 아리스토텔레스의 정의와 가깝다. 구약성경에서는 주로 통치자로서 하나님의 성품과 관련되어 등장한다. 신약에서는 이 "관용"이 감독의 자질 중 하나로서(딤전 3:3), "위로부터 난 지혜"의 특성으로서 나타나기도 한다. 바울은 고린도후서 10장 1절에서 "너희를 대면하면 유순하고 떠나 있으면 너희에 대하여 담대한 나 바울은 이제 그리스도의 온유와 관용으로 친히 너희를 권하고"라고 하며 자신의 목회가 그리스도의 온유와 관용을 모범으로 삼고 있음을 천명한다. 고린도후서에서 바울의 고민은 이러한 관용의 목회가 교인들이 자신을 업신여기고 무시하는 결과를 초래했다는 것이다. 고린도 교인들은 부드럽게 목회하는 바울은 무시하고, 강압적이고 권위적으로 목회하는 이들은 존중했다. "누가 너희를 종으로 삼거나 잡아먹거나 빼앗거나 스스로 높이거나 뺨을 칠지라도 너희가 용납하는도다"(고후 11:20)라는 충격적인 언급에서 단적으로 드러난다.

프라이스커는 바울이 '에피에이케스'라는 단어를 그리스도에게 돌리는 것은 구약에서 나타난 통치자인 하나님의 권위와 성품 인식이 바탕에 있다고 해석한다.[2] 그리스도의 관용은 제왕의 관용이다. 왕이시며 참 권위자이기 때문에 관용을 베풀 수 있는 것이다. 하늘에 속한 "영광"의 지상적인 발현이 "관용"이다. 3장 21절에서 영광을 기다리는 공동체의 종말론적 실존과 관용이라는 종말론적 실천이 상응하는 것이다. "주께서 가까우시기 때문에", 다시 말해서 곧 다가올 왕의 영광을 알기에 관용할 수 있다.

　　"모든 사람에게"는 공동체 외부 사람도 분명히 포함한다. 강력한 종교경험은 대개 타인을 향해 배타적 태도로 드러나는 경우가 많다. 자기 자신의 종교적 감정에 집중하는 기쁨, 혹은 공동체 안의 기쁨에만 만족하는 경향이 생길 수 있다. 이는 종교적 엘리트주의 혹은 사회적 고립주의로 이어지기 쉽다. 죽음까지 가볍게 여기는 바울의 태도, 성도들에 대한 각별한 애정은 현상적으로는 바깥 세상을 향해서 배타적인 태도를 보이는 종교들의 특징과 비슷하다 하겠다. 실제로 지금까지 빌립보서의 권면은 신앙 공동체 내의 관계 내용이 압도적이다. 교회 내에서만 서로 사랑하고 돌보아 주면, 나머지 세상은 어떻게 돌아가든 상관없다는 태도처럼 보일 정도이다. 그런 느낌을 받았다면 빌립보서의 윤리를 제대로 이해한 것이다. 바울이 생각하는 그리스도인의 삶은 당장 나서서 세상을 설득하고, 세상을 변화시키려는 것이 아니라, 교회 내에서 변화되어 삶으로 그 결과를 세상에 나타내 보이는 것이다(2:15).[3] 그러면 예수 믿지 않는 사람들에 대해서는 어떻게 행동해야 하는가 질문이 나온다. 이에 대답은 "너희 관용을 모든 사람에게 알게 하라"라는 것이다. 관용을 가지라거나 배우라가 아니라 알게 하라는 것은 이미 관용의 삶을 전제하는 것이다. 공동체 내에서 그리스도의 마음을 품음으로 나보다 남을 낫게 여기는 삶이(2:3) 몸에 밴 상태이다. 공동체 내에서 복음적 삶을 살면, 세속의 기준인 관용에서도 모범이 되어 산다는 논리가 있다.

　　"그러므로 우리는 기회 있는 대로 모든 이에게 착한 일을 하되 더욱 믿음의 가정들에게 할지니라"(갈 6:10)처럼 모든 이들이 그리스도인의 선행의 대상이지만, 믿음의 가정이 우선되어야 한다는 원칙은 바울의 일관된 생각이다. 히브리서 13장 1절에서 "형제사랑(필-아델피아)하기를 계속하고 손대접(필-크세니아, 낯선 사람 사랑)하기를 잊지 말라"한 것처럼, 형제 사랑을 훈련해 가면서도 팔이 안으로 굽지 않고 밖을 향하는 것이 초대교회의 사랑 실천이었다.

"모든 사람에게"라고 할 때 지구에 존재하는 모든 인류를 떠올릴 필요가 없다. 일차적으로 생활반경에서 만나는, 수십 명 혹은 수 명의 사람들을 떠올리며 내 관용을 비출 필요가 있다. 대체로 정말 관용하기 힘든 어떤 얼굴이 떠오르기 십상이다. 바로 그 사람에게 관용하는 것, 그리스도의 사랑으로 대하는 것이 본 절의 말씀을 구체적으로 적용하는 좋은 방법이다.

이러한 관용의 실천은 쉽지 않다. 도저히 이해가 되지 않는 말과 행동, 내 삶의 반경 안에 이런 사람이 있다는 것이 저주라 느껴질 사람이 있을 수 있다. 성경은 관용에 희생과 인내가 필요하다는 사실을 부인하지 않는다. 그래서 관용의 명령 뒤에 "주께서 가까우시니라"가 붙는다. 로마서 말미에서 바울은 이렇게 말한다. "너희가 선한 데 지혜롭고 악한 데 미련하기를 원하노라 평강의 하나님께서 속히 사탄을 너희 발아래에서 상하게 하시리라"(16:19-20). 세상에서 미련해 보이는 삶의 방식을 주문하면서, 이러한 부조리한 세상이 영원하지 않을 것이며, 하나님께서 속히 모든 악을 심판하시고 세상을 바로잡으실 것이라는 종말론적 인식이 그리스도인 윤리의 기초이다. 바울이 말하는 관용은 세상 시각으로 보면 미련해 보이는 방식이다. 그러나 그것은 다가오는 하나님 나라의 삶의 방식이다. 그 나라의 방식으로 살아가는 사람은 그 나라에 속한 기쁨을 지금 여기서 누리게 될 것이다. 바울의 권면 속에 기쁨과 관용이 밀접하게 연관되어 있는 이유이다. 기쁨과 관용을 담는 그릇은 같은 그릇이다. 큰 관용을 담는 사람일수록, 큰 기쁨을 누릴 것이다.

"주님 안에서 항상 기뻐하십시오. 다시 말합니다. 기뻐하십

256

시오. 여러분의 관용을 모든 사람에게 알리십시오"(빌 4:4-5). 기쁨과 관용을 담는 그릇은 같은 그릇이다. 큰 관용을 담을 수 있는 사람일수록, 큰 기쁨을 누리게 될 것이다. 주님을 예배하면 주께서 채우시는 기쁨이 있다. 주님께서 마음에 주시는 (종교적) 만족을 너그러운 마음을 키우는 (사회적) 삶의 동력으로 삼고 다시 예배의 자리로 나아갈 때 내 기쁨의 그릇이 커져 있다는 것을 알게 된다. 주님으로 인한 기쁨을 누리면 좀 더 너그럽게 사람들을 대할 수 있을 것이며 너그러운 마음을 키우면 기쁨도 커질 것이다.

> 6아무 것도 염려하지 말고 다만 모든 일에 기도와 간구로, 너희 구할 것을 감사함으로 하나님께 아뢰라 7그리하면 모든 지각에 뛰어난 하나님의 평강이 그리스도 예수 안에서 너희 마음과 생각을 지키시리라

기도에 관한 이 교훈은 4절의 "주 안에서 항상 기뻐하라"라는 권면과 이어진 것으로 보아야 한다. 데살로니가전서 마지막 권면부에서 "항상 기뻐하라 쉬지 말고 기도하라 범사에 감사하라"(살전 5:16-18)했던 세 가지 주제가 4-7절에 그대로 나타나며 뼈대를 이루고 있다.

아무것도 염려하지 말라는 권면의 배경에는 염려할 것이 많은 수신자들의 상황이 전제되어 있다. 편지를 쓰는 바울은 감옥에서 심각한 재판을 앞두고 있고, 이 편지를 들고 갈 에바브로디도는 생사를 오가는 투병을 했다. 수신자인 빌립보 교인들도 고난 가운데 있었다. 이러한 상황에서 염려하지 말라는 것은 괜한 허세가 아니다. 아래 11절에서 살펴볼 "자족"도 스스로 충분하다는 말이 아니라 하나님을 철저히 의존한다는 고백이다. 염려하지 말라는 말도 마찬가지이다. 예수님은 염려하지 말라고 하시면서 "너희 중에 누가 염려함으로 그 키를 한 자라도 더할 수 있겠느냐"(마 6:27) 하신다. 사람들은 염려하지 말라고 할 때 "괜찮아. 너는 할 수 있을 거야"라고 한다. 그러나 예수님은 정반대이다. 네가 할 수 없으니 네

가 염려할 일이 아니라고 하신다. 철저한 하나님 의존을 말씀하시는 것이다. 같은 맥락에서 바울은 "염려하지 말고", "하나님께 아뢰라" 한다.

모든 "구할 것"은 "요구사항"을 말한다. 모든 구할 것을 다 아뢴다는 말은 모든 구하는 것이 다 그대로 응답될 것이라는 말은 아니다. 모든 것이 하나님의 주권 아래 있음을 고백하고, 하나님께 의탁하는 것이 기도이다. 하나님이 모든 일의 주관자라는 원론적인 확신과 나를 괴롭히는 구체적인 문제를 생각하며 그것 역시 하나님의 손에 있다는 고백은 별개의 문제일 수 있다. 총론에서 좋은 믿음이 각론에서 힘을 발휘하지 못할 수도 있는 것이다. 나를 염려하게 하고, 좌절하게 하는 문제들, 그것이 무엇이든 하나하나 구체적으로 하나님께 말씀드리고 맡기는 기도가 필요하다는 말이다. 나의 모든 문제들을 하나님의 주권을 믿는 믿음의 시각에서 들여다보는 것이 기도이다.

그럴 때 평안이 주어질 것이다. 이 평안은 기본적으로 종말론적인 평안이다. "주 오셔서 세상을 심판해도 나의 영혼은 늘 편하다"라는 찬송처럼, 주님의 심판이 지금 임한다 하더라도 두려울 것이 없는 신앙, 그래서 그날이 가까울수록 더욱 평안해지는 신앙을 말한다.

물론 아직 완성되지 않은 구원 때문에 탄식할 일이 많은 것은 사실이다. 기도하는 것은 이 세상 고통에 둔감해지는 것, 종교적 황홀경을 추구함으로 순간적으로 염려를 잊어버리는 것이 아니다. 혹은 개인적인 인격 수양으로 자신을 단련하는 스토아 학파의 아파테이아(초연)가 아니다. 성경은 쉽게 초월을 말하지 않으며, 현실의 고통에 둔감하라고 권면하지 않는다. 그런 종교는 '인민의 아편'으로 전락할 위험이 있다.

바울은 근심에 휩싸일 때가 많았으며, 이런 모습을 숨기지 아니한다(고후 7:8). 빌립보서에서도 에바브로디도의 질병 때문에 "근심 위에 근심"(2:27)이 있었다고 했다. 따라서 바울이 말하는 평안은

258

무엇이든 눈 감고 한두 번 기도하기만 하면 절대로 걱정할 일이 없을 것이라는 그런 말은 아닐 것이다. 기도할 때에 "성령이 우리의 연약함을 도우시면서", "말할 수 없는 탄식으로" 함께 간구하신다(롬 8:26). 우리는 기도할 때 피조세계에 남아 있는 고통을 껴안으며(롬 8:23) 거기에 예민한 심령을 갖게 된다.

그러면서 그 기도 가운데에 그리스도께서 이미 이루신 구원에 대한 확신, 마침내 완성하실 구원에 대한 신뢰로 평안을 누리게 되는 것이다. 심지어 "도살할 양같이 여김을 당하는" 순간에도 "하나님이 우리를 위하시면" 우리를 대적할 이가 없으며, "그리스도의 사랑에서 우리를 끊을 자" 없다는 확신에서 오는 평안이다(롬 8:31-39). 당장 눈앞에 있는 고난의 현실에 눈 감음으로써가 아니라, 눈을 크게 뜨고 그 뒤에서 세상을 주관하시는 더 큰 힘을 보기에 누리는 평안이다. 그것이 바로 "모든 지각에 뛰어난 하나님의 평강"이다. 신앙은 세상적인 지식과 판단력을 무시하는 반(反)지성이 아니라, 그것 외의 세계가 있음을 함께 아는 데서 오는 더 높은 지성을 말한다.

"생각"은 '노에마'인데 생각의 내용이나 결과가 아니라 생각하는 기관 혹은 인간의 이성적 작용을 가리킨다. "마음"은 '카르디아'로 감정적 기관을 말한다.

"지키시리라"는 군사 용어이다. 바울은 "아레다 왕의 방백이 다메섹을 지킬 때"(고후 11:32)라고 할 때 이 단어를 쓰고 있다. 독자들은 이 말에서 빌립보의 성벽을 지키는 수비대의 모습을 떠올렸을 것이다. 로마 군대가 지키니 우리는 평안하다. 이것이 '팍스 로마나'(Pax Romana)다. 그들이 지키는 로마의 평화와 그리스도의 평화를 대비시키는 것이다. 빌립보서 전반에, 특히 3장 20절에 포위된 폴리스를 해방하는 장군의 이미지에 이어서 생각해 본다면, "하나님의 평강"을 탁월한 군사 전략가의 이미지로 볼 수 있다. 평안을 파괴하려는 집요한 공격에서 성을 든든하게 방어해 내는, 탁월한 지략을 가진 장군이신 "하나님의 평강"인 것이다.

우리의 마음과 생각은 치열한 전쟁터이다. 스스로 생각을 다잡고 위안거리를 찾음으로써 마음의 평온을 달성할 수 없다. 우리는 자신의 감정이 평온을 누리다가도 얼마나 쉽게 불안에 빠져드는지, 생각이 명료하다가도 얼마나 혼란에 빠져들기 쉬운지 잘 알고 있다. 하나님이 우리 마음과 생각을 보호해 주셔야 평온을 누릴 수 있다.

"모든 지각에 뛰어난"을 해석하면서 칼뱅은 깊은 절망에서 희망을 보고, 극심한 가난에서 부요함을 보고, 극도의 연약함 가운데에서도 포기하지 않는 불굴의 정신은 인간의 마음에서는 불가능하다고 단언한다(290). 하나님의 평강은 이런 인간적인 한계를 초월한 평강이라는 것이다. 객관적으로 보면 전혀 평강을 누릴 수 없는 상황인데 깊은 평안을 누리는 것이다. 풍랑이 일어 금방이라도 뒤집힐 것 같은 배에서 편안히 잠든 예수님의 모습이(막 4:38) 이런 평안을 압축적으로 보여 준다. 사도 바울이 투옥생활 가운데서 누린 평안이 어떤 형태로든 시위대 병사들에게 보였기 때문에, 그 속에서 그리스도의 위엄이 전파된 것이라 추정해 볼 수 있다. 베드로전서는 "너희 마음에 그리스도를 주로 삼아 거룩하게 하고 너희 속에 있는 소망에 관한 이유를 묻는 자에게는 대답할 것을 항상 준비하되 온유와 두려움으로 하고"(벧전 3:15)라고 권면한다. 우리가 그리스도를 주로 삼고 살면 세상 사람들이 궁금히 여길 것이라는 말이다. 저 사람들은 저렇게 절망적인 상황에서도 어떻게 밝게, 담담하게 살 수가 있지? 그것이 바로 모든 지각을 뛰어넘는 평안의 증거다.

이를 빌립보 교회의 분쟁과 연결지어 해석하는 시각도 있다. 빌립보 교인들이 그들의 분쟁을 해결하기 위해 동원하고 있는 "지각"(누스)이 문제해결에 도움이 되지 않으며, 하나님이 주시는 평강에 굴복해야만 일치를 이룰 수 있다는 의미라는 것이다(호손, 348-349). 바울의 의도가 그런지는 명확하지 않지만, 설득력 있는 적용이다. 공동체의 갈등은 외적 의제보다 내적 원인에 있는 경우가 많다.

3. 윤리적 탁월성과 평안 (4:8-9)

8끝으로 형제들아 무엇에든지 참되며 무엇에든지 경건하며 무엇
에든지 옳으며 무엇에든지 정결하며 무엇에든지 사랑 받을 만하
며 무엇에든지 칭찬 받을 만하며 무슨 덕이 있든지 무슨 기림이 있
든지 이것들을 생각하라 9너희는 내게 배우고 받고 듣고 본 바를
행하라 그리하면 평강의 하나님이 너희와 함께 계시리라

8절에서 나열되는 덕들은 그레코-로만 세계가 중요시했던 윤리적
가치다. 경건은 신들에 대한 경외심뿐 아니라 존중할 만한 대상을
존중하는 태도까지 가리키는 단어이다. 부모에 대한 효도, 통치자
에 대한 충성도 이 덕목에 포함되었다. 라틴어로는 'pietas'인데, 로
마 사회의 중심 가치였다. "옳으며"(디카이오스)는 신구약 성경에서 자
주 쓰이는 개념이지만, 그리스 세계의 네 가지 덕 '지혜', '의', '절제',
'용기' 중 대표적인 덕이기도 했다.[4]

　　바울은 이방인들의 도덕적 노력의 가치를 완전히 부정하
지 않는다. 로마서에서도 "율법 없는 이방인이 본성으로 율법의 일
을 행할 때에는 이 사람은 율법이 없어도 자기가 자기에게 율법이
되나니, 이런 이들은 그 양심이 증거가 되어 그 생각들이 서로 혹
은 고발하며 혹은 변명하여 그 마음에 새긴 율법의 행위를 나타내
느니라"(롬 2:14-15) 했다. 그렇지만 로마서 1-2장의 논의 전체는 유대
인과 이방인 모두가 죄인이며, 스스로의 선행으로 하나님의 영광에
이르지 못한다는 결론으로 간다는 것은 고려해야 한다. 바울이 이
세대를 "어그러지고 거스르는 세대"(2:15)라 말한 것도 같은 이유에
서이다.

　　8절에서 말한 덕목들을 하나하나 행하는 노력이 사람을
구원하거나, 하나님 앞에 세우지 못한다는 것은 분명하다. 선한 삶
은 그리스도를 구주로 삼고, 하나님을 아빠 아버지라 부르는 성령
의 은혜를 받은 사람들이(롬 8:15), 성령을 따라 살 때 자연스럽게 맺

게 되는 '성령의 열매'(갈 5:22)로 가능하다. 그리고 그 열매는 세상이 말하는 도덕적 품성을 결과적으로 품고도 남는다는 것이 바울의 생각이다. 성경은 도덕 교과서가 아니지만, 하나님의 말씀을 따라 살면 도덕적 삶이 그 결과로 나타나게 될 것이다.

　　"무슨 덕(아레테, 모든 종류의 탁월성), 무슨 칭송이 있든지"는 이 런 맥락에서 이해되어야 한다. '아레테'는 그리스 도덕 전통에서 핵심 가치이지만, 칠십인역은 이런 맥락에서 이 단어를 잘 사용하지 않는다(피. 419). 바울은 세속 도덕의 중요어휘들을 굳이 피하려 하지 않는다는 점에서, 칠십인역의 태도보다 동시대 문화에 수용적인 면이 있다. 세속적 탁월성이 목표가 아니지만, 성령을 따라 살면 세상 사람들이 열심히 장려하는 덕목들, 일반 윤리적 탁월성도 성취할 것이라는 말이다. 성령을 따라 살 때 맺는 열매는 그레코-로만의 윤리적 덕목을 따라 사는 삶과 비슷한, 사실은 능가하는 결과를 보이리라는 자신감이다. 그들은 이미 "하늘의 시민"이 되었지만, 이 땅에 발을 붙이고 사는 사람들로서 세속 기준으로도 "칭찬 받을 만한" 삶을 살게 될 것이다. 그래서 바울은 '이것들을 행하라' 하지 않고 "생각하라", "숙고하라" 한다. 세속적 덕목 성취는 그리스도인의 주요 목표가 아니다. 바울은 자신의 삶의 목표를 그리스도를 알고, 그의 고난과 부활에 참여하는 것(3:8-11)이라고 했다. 그리스도를 아는 지식 안에서 세상의 긍정적인 가치를 포괄할 수 있는 사고의 폭이 가능해진다는 인식이다.

　　"생각하라"(8절)에 이어서 "행하라"는 말은 9절에서 "내게 배우고, 받고, 듣고, 본 바"이다. 동사의 주의 깊은 배열이다. 세속윤리의 추상적 가치들은 생각할 대상이고, 바울에게서 배우고 본 것은 행할 대상이다. "받고"는 '프로스람바노'로 초대교회의 전승을 말한다. 철학 학파에서 스승이 제자에게 핵심 교리를 전달해 주는 행위를 가리키기도 했다. 바울은 고린도전서 15장에서 그리스도의 부활을 말하면서 "내가 받은 것을 먼저 너희에게 전하였노니"(3절) 하면서 그리스도의 죽음과 부활의 소식이 자신에게서 시작된 것이 아니고, 자신도 선배 그리스도인에게 전해 받은 것임을 분명히 한다. 그 핵심은 그리스도의 이야기이다. "듣고 본 바"는 그리스도의 이야기를 모범으로 삼은 바울 자신의 삶의 이야기이다.

기독교의 복음은 어떤 신적 존재가 추상적 진리를 저 높은 하늘에서 하사해 주는 것이 아니다. "말씀이 육신이 되신"(요 1:14) 성육신의 복음이다. 그렇게 세상에 오신 예수님은 "내가 너희에게 행한 것 같이 너희도 행하게 하려 하여 본을 보였노라"(요 13:15) 하셨다. 그리스도의 모범을 보고 삶으로 산 사람들에게서, 또 다른 사람들이 그리스도를 발견하면서 복음이 이어지는 것이다. 복음은 결코 말로만 전해지지 않는다. 예수 그리스도를 믿고 신앙을 고백하는 것으로 구원을 얻을 수 있지만 그것만으로 온전하게 교회를 이룰 수는 없다. 교회는 천국행 티켓을 소유한 사람들의 클럽 이상이다. 그리스도의 삶이 성도들의 삶을 통해서 나타나고, 그 모범이 코이노니아를 통하여 서로 전해지고 서로의 삶을 세우며 그리스도를 닮게 하는 역동적 사건들이 일어나는 곳이 교회이다.

그리스도를 믿은 이후의 바울은 그리스도의 연합이라는 관점에서 자신의 정체성을 이해했다. 자신이 "그리스도와 함께 십자가에 못 박혔기" 때문에 이제는 자신 안에 사는 이는 그리스도라고 했다(갈 1:20). 그리스도와의 연합은 빌립보서에서 생사의 문제로 고민할 때도 "이는 내게 사는 것이 그리스도니 죽는 것도 유익함이라"(빌 1:21)는 고백이 기준이 되었다. 이는 그리스도와 개인적인 관계에만 국한되지 않았고, 제3자와의 관계에서도 그대로 이어졌다. 그래서 그는 "예수 그리스도의 심장으로 사모"(빌 1:8)한다고 할 수 있었다. 어떤 사람이 진정으로 바울이라는 인간을 만났다면, 바울을 통해서 그리스도를 보았을 것이다.

우리는 하나님의 평강을 기도를 통해 누리기 시작한다. 그 평강은 그리스도를 따르는 실천을 통해서 더욱 생생하게 경험되며 견고해진다. 하나님의 뜻을 행하려면 양보와 헌신, 수고가 요청된다. 바울의 경우 옥에 갇히기도 했다. 쉽지 않다. 그 수고와 희생을 가능하게 하는 것은 말씀에 순종하는 자에게 주시는 하나님의 평강과 기쁨이다. 순종은 윤리적 실천과 내적 기쁨이 만나는 자리이다. 바울은 그것을 삶으로 보여 주었다.

"바울의 매임"은 빌립보 교인들에게 낯설지 않았다. 한밤중에 옥중에서 찬송하던 바울과 실라의 모습은(행 16:25) 빌립보 공동체를 있게 한 원역사를 구성한다. 빌립보 교회는 이 이야기에 의해 형성된 공동체라 해도 지나치지 않을 것이다. 감옥에서도 찬송을 부를 수 있는 평안을 초기 교인들로부터 이야기로 '들었고', 또 지금 빌립보서가 낭독되는 이 순간에 '듣고' 있다. 바울의 사역을 그들은 눈으로 '보았다'. 간수의 집에서 세례를 줄 때, 바울의 행색은 성한 곳이 없는 모습이었을 것이다. 그의 삶이 앞으로도 고난으로 점철될 것을 생생하게 보여 준 장면이 아닐까? 그런데 그 상처투성이 죄수 앞에서 로마권력의 대리자인 간수가 겸손히 무릎 꿇고 세례를 받는 장면은 세상의 권력이 이미 전복되었음을 상징적으로 보여 주는 사건이었다.

감옥이 흔들린다는 것은 정치 체제의 근본적인 토대가 흔들린다는 말이다. 프랑스 혁명의 시작이 바스티유 감옥 문을 여는 것으로 시작한 것이 대표적인 예이다. 빌립보에서 감옥이 열리자 간수는 자살하려고 했다. 갇혀 있는 사람이 아니라 가두는 권력이 죄인이라는 표시이며 나아가서 당시 공권력 전체가—최소한 무지로 인한—범죄를 저지른 것이다. 회개하지 않는다면 언젠가 심판받을 것이다. "주께서 가까우시니라"는 그날이 멀지 않다는 확언이다.

사도행전 16장의 빌립보 감옥 이야기는 바울이 가졌던 세계관을 압축적으로 보여 주는 삽화로서 기능한다. 하나님은 로마권력을 언제든지 흔들 수 있는 힘이 있는 분이고, 그 힘이 드러날 때 권력의 하수인들은 그 앞에 엎드릴 수밖에 없다. 군사력·행정력·감옥으로 지켜내는 평화, 팍스 로마나는 궁극적 평화가 될 수 없다.

굳이 감옥이 물리적으로 흔들리지 않는다 하더라도, 감옥에 가두는 권력, 사형 선고를 내리는 권력이 바울이 가진 평안을 침해하지 못한다면, 이미 바울에게서 그 권력이 힘을 잃은 것이다. 본 절의 "그리하면 평강의 하나님이"에서 평화는 내적 평안뿐 아니라 총체적 평화, 피조세계 전체에서 그리스도께서 주 되신 결과 가져온 포괄적인 평화의 일부이다.

바울신학의 다차원적인 면모는 1장에서 살펴본 대로 세 개 차원에서 포착된다(49쪽 참조). 평화라고 할 때 세상 전체의 평화가 전제가 되고, 8-9절에서 약속한 공동체의 평화, 6-7절에서 두드러지는 우리 마음속의 평화, 이 모두가 같은 근원을 가진 동일한 평화이며 각각 다른 양상으로 현실의 삶에서 경험되는 것이다. 이는 한 우물의 물을 길어서 식수로 사용하고, 목욕물로도 쓰고, 화초에 물을 주기도 하는 것과 같다. 이 우물을 수도관을 이용하여 부엌과 욕실과 마당에 각각 연결했다고 생각해 보자. 각기 다른 수도꼭지에서 나오기 때문에 같은 근원에서 나온 것임을 인식 못할 수도 있다. 남북통일, 인종간의 화해, 경제정의 등의 역사적 과제를 위해 헌신하는 열정, 따사로운 공동체를 세우는 수고, 또 개인의 마음속에서 누리는 평안이 사실은 하나의 근원, 그리스도를 통하여 우리에게 주어지는 것이다.

이는 그리스도께서 열어 놓으신 새창조의 특성으로 종말론적인 평화이다. 이 평화는 세상이 선전하고 약속하는 평화의 거짓됨을 폭로한다. 예수를 주로 고백하고 예배한다는 것은 근본적으로 새로운 세계관 속에서 살아간다는 것이다. 이러한 전우주적인 변화를 도외시하고 마음의 평안으로만 신앙의 의미를 한정하면 빌립보서도, 다른 바울서신도 이해할 수 없다. 1장에서 살펴본 대로 죽음을 앞둔 바울의 고뇌에 찬 사색에서 소크라테스와 세네카의 모습이 포착되는 것은 사실이다. 그러나 바울의 개인적인 죽음만을 액자에 넣어 따로 비교하는 접근으로는 그의 사고의 지평을 제대로 파악할 수 없다. 빌립보 교인들에 대한 강한 책임감이라는 공동체적 차원과, 그들과 자신을 하나의 생명으로 연결해 주는 그리스도 사역의 우주적·종말론적 차원을 보아야 죽음을 앞둔 바울의 평안을 이해할 수 있다. 바울이 빌립보 교인들에게 약속하고 있는 평안 역시 마찬가지이다.

또 4장에서 특이한 점 한 가지는 2-9절에 이르는 소단락들을 다시 살펴보면 모두 강한 종말론적 주제로 마치고 있다는 사실이다.

2-3절 : 그 이름이 생명책에 있느니라
4-5절 : 주께서 가까우시니라
6-7절 : 하나님의 평강이 너희 마음과 생각을 지키시리라
8-9절 : 평강의 하나님이 너희와 함께 계시리라

"주께서 가까우시니라"는 선언은 악의 세력에 대한 하나님의 궁극적 승리를 바라보는 전망을 포함하고 있음을 위에서 보았다. 예수께서 갈릴리 해변에서 선포하신 "하나님의 나라(혹은 통치)가 가까웠다"(막 1:15)는 말씀과 같은 맥락이다. 3절의 "그 이름이 생명책에 있느니라" 역시 종말과 관련된 주제이다. 우리는 하나님 나라를 강조하는 신학과 죽어서 천국 가는 개인 구원을 강조하는 신학을 대립시키는 구도에 익숙하다. 그러나 바울에게서 그런 대립구도는 찾기 힘들다. 우주가 그리스도의 통치에 복종할 날을 그리는 전망과, 개인적으로 이 세상을 떠나서 주와 함께 거할 것(빌 1:23)을 사모하는 마음이 분리되어 있지 않다.

묵상과 나눔을 위한 질문

1. 바울의 말을 보면 관용과 기쁨이 밀접한 관련을 맺고 있습니다(4:5). 어떤 점에서 그런 것 같습니까?

2. 본문에는 많은 윤리적 덕목들이 등장합니다. 그중 대부분은 세속적인 윤리 덕목이기도 합니다. 그리스도인으로서 성령을 따라 사는 삶과 세속이 요구하는 윤리는 어떤 관계가 있습니까?

3. 위의 주해에서 말한 평화의 세 가지 차원은 각각 무엇입니까? 한 우물의 물을 길어서 식수로, 목욕물로, 화초에 주는 용도로 사용하는 것과 같다는 표현을 어떻게 이해했습니까? 그리스도의 평화가 개인 삶의 각 영역에, 공동체에, 또 민족과 세계에 임하도록 기도합시다. 평화를 위해 일하는 나 자신이 먼저 마음의 평화를 누리는 삶을 살 수 있도록 노력하고, 주님의 은혜를 구합시다.

4. "하나님의 평강이 그리스도 예수 안에서 너희 마음과 생각을 지키시리라"(4:7)에서 '지킨다'는 말은 군사용어입니다. 로마 군대가 지키는 빌립보 성곽의 평화와 그리스도의 평화가 지키는 우리의 삶을 비교해 볼 수 있습니다. 이러한 평화를 선물로 얻는 사람은 기도하는 사람입니다. 본문이 말하는 기도의 의미에 대해 묵상하고, 나누어 봅시다.

5. "모든 사람에게" 관용하라는 말은 모든 인류보다는 내 주위 사람 중 어느 누구도 관용의 대상에서 빼놓지 말라는 말입니다.
어느 쪽이 더 어려워 보입니까? 혹 이런 말을 들을 때 떠오르는 사람이 있다면 그 사람에게 어떻게 관용할 수 있을까 기도하면서
하나님의 도우심을 구하세요.

8

관계의 회복을 기뻐함
―선물에 대한 감사

빌 4:10-20

10 내가 주 안에서 크게 기뻐함은 너희가 나를 생각하던 것이 이제 다시 싹이 남이니 너희가 또한 이를 위하여 생각은 하였으나 기회가 없었느니라 11 내가 궁핍하므로 말하는 것이 아니니라 어떠한 형편에든지 나는 자족하기를 배웠노니 12 나는 비천에 처할 줄도 알고 풍부에 처할 줄도 알아 모든 일 곧 배부름과 배고픔과 풍부와 궁핍에도 처할 줄 아는 일체의 비결을 배웠노라 13 내게 능력 주시는 자 안에서 내가 모든 것을 할 수 있느니라 14 그러나 너희가 내 괴로움에 함께 참여하였으니 잘하였도다 15 빌립보 사람들아 너희도 알거니와 복음의 시초에 내가 마게도냐를 떠날 때에 주고 받는 내 일에 참여한 교회가 너희 외에 아무도 없었느니라 16 데살로니가에 있을 때에도 너희가 한 번뿐 아니라 두 번이나 나의 쓸 것을 보내었도다 17 내가 선물을 구함이 아니요 오직 너희에게 유익하도록 풍성한 열매를 구함이라 18 내게는 모든 것이 있고 또 풍부한지라 에바브로디도 편에 너희가 준 것을 받으므로 내가 풍족하니 이는 받으실 만한 향기로운 제물이요 하나님을 기쁘시게 한 것이라

268

19나의 하나님이 그리스도 예수 안에서 영광 가운데 그 풍성한 대로 너희 모든 쓸 것을 채우시리라 20하나님 곧 우리 아버지께 세세무궁하도록 영광을 돌릴지어다 아멘

드디어 선물에 감사한다는 표현이 나온다. 빌립보서 집필의 주목적이 빌립보 교인들의 선물에 대한 감사와 기쁨의 표시라고 말하는 경우가 많은데, 그렇다고 보기에는 감사의 표시가 너무 늦게 나타난다. 10-20절 사이에 나타나는 감사의 표현을 읽어 보면 직접적으로 감사하다는 말을 하지도 않는다. 이런 분위기를 "감사 없는 감사"(thankless thank)라고 명명하는 학자들이 있을 정도로 감사의 표현이 미약한 것은 사실이다. 바울이 강하게 직접적으로 감사를 표현하지 않고, 선물 이야기를 뒤늦게 꺼낸 것은 빌립보서의 해석과 바울의 사역 원리를 규명하는 데 있어서 중요하다. 무엇보다 빌립보서를 단순히 선물에 대한 감사의 서신이며, 이것 때문에 기쁨을 표현한 서신이라고 보는 것은 단견이다. 앞에서 "십자가의 원수로 행하는 이들"의 위협, 또 에바브로디도를 급히 보내야 했던 이유 등을 살펴보면서, 빌립보서 집필 동기가 현실적이고 급박한 목회적 필요에 있었음을 확인했다.

그러나 감사 없는 감사라는 표현은 지나치다. "잘 하였도다"(14절)는 감사의 뜻을 전하는 파피루스의 정형구로 자주 등장한다. 영어로 옮긴다면 'It's nice of you to do'와 같은 표현이며, 'Thank you'와 거의 같다. '사려 깊은 감사'라고 표현할 수 있겠다. 선물을 받고서 감사 표현이 지나치면 실례라는 것을 생각해 보자. 목회자는 더욱 그렇다. 목회를 하다 보면 이런저런 선물을 받을 때가 있다. 감사 표현은 필요하지만, 너무 지나치면 "또 달란 말인가?" 하는 느낌을 줄 수도 있다. 정중하지만 절도 있는 감사가 좋다. 또 선물을 받는 것과 감사 표현이 제3자에게 어떻게 비칠지도 고려해야 한다. 선물을 하지 못한 제3자는 그런 표현이 부담될 수도 있다. 빌립보 교인들이 교회의 이름으로 바울에게 선물을 보냈기에 이런

고려는 적절치 않을 수도 있다. 그러나 바울의 서신은 회람되기도 했으며, 구두로 다른 교회에 전달되었을 가능성을 염두에 두어야 한다. 특히 마케도니아의 교회들과 고린도 교회는 지리적으로 근접해 있고, 바울에게 제공하는 헌금 문제는 이 교회들 사이에 민감한 문제였다.

선물이나 재정 지원 등 미묘한 인간관계를 바울시대의 사회적 배경에서 생각해 보자. 로마는 우정과 후원관계의 촘촘한 사적 네트워크로 이루어진 사회였다. 우정과 후원관계를 이어 가는 가장 중요한 매개는 '호의'(beneficia)의 교환이었다. 대등한 차원에서 비슷한 호의를 주고받는 관계는 우정이고, 비대칭적 호의 교환은 후원관계로 여겼다. 후원제 문화에 대한 거리두기는 고린도전후서에 분명하게 나타난다. 고린도 교회의 일부 부유한 교인들의 경제적 지원을 바울이 거부했고, 그 거부로 비난과 공격을 받았는데 바울은 원칙을 굽히지 않았다. 고린도전서 9장이 이 문제를 다루고 있는데 바울은 이렇게 포문을 열고 있다. "내가 자유인이 아니냐, 사도가 아니냐"(고전 9:1). 성도들이 주는 돈을 받고 안 받고를 고민할 때, 진정한 자유인으로서의 자신의 정체성, 사도로서의 자신의 행동을 깊이 고려한 것이 분명하다. 받고 안 받고도 자신의 자유와 사도로서의 권리에 속한 것이지만, 그 자유를 무엇을 위해 쓰느냐는 더 높은 차원의 자유이다. "내가 모든 사람에게 자유로우나 스스로 모든 사람에게 종이 된 것은 더 많은 사람을 얻고자 함이라"(고전 9:19). 자신의 자유를 남이 제한하면 속박이 되지만, 개인의 권리행사보다 더 소중한 목표를 위해서 스스로 제한하는 것은 더 높은 자유의 표현이라는 것이다. 이는 스스로 자신을 비워 종이 되신 그리스도의 모습과 일치한다(빌 2:7). 당시 문화에서 종은 무엇보다 자유가 없는 사람을 말하기 때문이다.

스토아학파를 비롯한 헬라 철학은 참자유를 중요한 목적으로 삼고 치열하게 고민한 흔적이 많다. 자유의 주제를 여기서 다 다룰 수는 없겠지만. 빌립보서와 관련된 부분, 바울이 11절에서 말하고 있는 자족(아우타르케스)의 개념을 자유라는 주제와 관련하여 살펴보자.

많은 주석가들이 아우타르케스를 스토아 철학의 개념으로 설명하는데, 사실 견유학파나 에피큐리안 사이에서도 아우타르케스는 중요한 개념이었다. 당시 문화에서 의연한 죽음의 모델이 소크라테스였음을 1장에서 보았는데, 자족의 궁극적 모델 또한 소크라테스였다. 세상에서 가장 부유한 사람이 누구인가 하는 질문을 받았을 때 소크라테스는 대답했다. "가장 적은 것으로 만족하는 사람이다. 왜냐하면 자족은 자연이 준 부이기 때문이다"(Gnomologium Vaticanum 476).[1] 견유학파는 자족을 자유에 이르는 중요한 방편으로 보고, 물질적 소유를 거부하고 철저히 실천했다. 자발적인 가난을 통한 자족의 연습을 자유에 이르는 길로 보았다. 마태복음 10장에 나타나는 예수님의 제자 파송에서 "여행을 위하여 두 벌 옷이나 신이나 지팡이를 가지지 말라"(마10:11)는 명령에서 견유학파의 자족의 모티프를 읽어 내는 학자들이 있다. 스토아학파는 굳이 소유를 피하거나, 고행을 하지는 않고 외적인 조건에 의존하는 마음의 경향성을 중요시했다. 에피큐리안들은 소크라테스의 말 중에서 '자연'에 깊은 관심을 갖고 '자연스럽고 필수적인 욕구'와 '부자연스럽고 필수적이지 아닌 욕구'로 구별하여 전자를 즐기고 후자를 탐하지 않는 것을 자족에 이르는 길이라고 보고 그렇게 실천했다. 이렇듯 자족은 헬라철학 전반에 걸쳐 나타난 강력한 주제였다. 표현은 다르지만 많은 문화권과 많은 종교에서 발견되는 보편적인 자기수양의 목표이기도 하다. 법정 스님은 수필《무소유》에서 이런 고백을 한다. 방에 난을 하나 들여놓고 기뻐했는데, 어디 외출해서도 난을 걱정하고 있는 자신을 발견했다는 것이다. 그 소유가 괴로움의 근원이 되었음을 깨닫고 난을 다른 사람에게 주고 나서 비로소 평온을 되찾았다는 지혜를 전한다. 과도한 물욕에 찌든 현대인들에게 생수 같은 청량함을 주었던 글이다. 소크라테스부터 헬라철학자들, 법정 스님까지 비슷한 고민을 부여잡고 씨름했음을 알 수 있다. 아마도 법정 스님은 견유학파와 스토아학파의 중간쯤 위치시킬 수 있을 것이다.

그렇다면 바울의 위치는 어디인가? 바울의 자족은 실제적인 가난을 배워 온 것이었기에 견유학파와 비슷하지만, 그런 가난과 비천의 외적 경험을 내적 자유에 이르는 필수과정으로 생각하지는 않았다는 점에서 스토아학파의 입장에 가까운 면도 있다. 지혜 교사로서 자신의 가르침의 대가로 수업료를 받지 않았던 것은 소크라테스의 이미지로 그레코-로만 세계에 깊이 각인되어 있었다. 경제적인 대가를 바라고 철학을 가르치는 당대의 소피스트들과 소크라테스를 구별하는 중요한 경계이기도 하다. 소크라테스의 후예를 자처하는 바울 시대의 철학자들이 단단히 의식하던 대목이기도 했는데, 바울도 크게 보아서 그 영향권 안에 있는 것으로 보아야 한다. 고린도 교회로부터 돈을 받지 않은 것도 참자유를 위해서이다. 자족은 그 구성 요소로 중요하다.

그런데 이제 빌립보 교인들로부터 돈을 받다니! 그리고 그걸 기뻐하다니! 바울이 변명의 필요를 느낀 것은 분명하다. 감사 없는 감사라 불릴 정도로 미약해 보이는 감사도 이런 점에서 이해해야 한다. 외적인 환경에 구애받지 않는 자유에서 바울이 누리는 평안이 온다. 환난과 궁핍도 그의 평안을 해치지 못한다. 눈앞에 닥친 죽음도 마찬가지이다. 여기까지는 스토아적 아파테이아와 비슷하다.

그러나 바울은 빌립보 교인들의 신앙 상태를 염려하고(1:25-26: 2:27) 할 수만 있으면 다시 그들을 만나기를 간절히 바란다. 본래 초연이란 간절함과 함께하기 힘들다. 그래서 불자들은 도를 닦기 위해서 속세의 모든 연을 끊어야 한다고 하지 않는가? 그리스도를 만난 이후의 바울은 반대의 길을 간다. 성도들을 향한 그리움과 사모함이 깊어진다. 바울이 작은 선물을 받고 기뻐하는 모습을 같은 맥락에서 이해할 수 있다. 바울은 자신의 기쁨의 원인을 분명히 한다. "내가 주 안에서 크게 기뻐함은 너희가 나를 생각하던 것이 이제 다시 싹이 남이니."

　"다시 싹이 남이니"라고 말하면서 빌립보 교인들이 보낸 선물을 보고 기뻐하는 바울의 웃음은 초연하고 냉담한 것을 목표로 사는 스토아 철학자의 얼굴과는 차이가 있다. 인간의 물질적인 필요에 대하여 비웃는 견유학파의 과장과도 차이가 있다. 작은 선물에 감사할 줄 알지만 선물 자체에 얽매이지 않는 태도이다.

　바울의 기쁨은 그들이 다시 바울을 생각하기 시작했다는 데 있었다. 이 "생각"은 "너희 안에 이 마음을 품으라"(2:5) 할 때와 유오디아와 순두게에게 "주 안에서 같은 마음을 품으라"(4:2) 할 때 쓰인, 빌립보서의 핵심어구이다. 바울이 보기에 빌립보 교인들이 같은 생각을 하는 것과 그리스도와 같이 생각하는 것은 그들이 바울을 생각하는 것과 긴밀하게 연결되어 있다. 그리스도를 중심으로 한 코이노니아가 더 깊은 단계로 들어가는 것이다. 이는 그들의 구원이 완성을 향해 한 걸음 더 나아갔음을 의미하기도 한다. 빌립보서에서 바울은 기뻐할 이유가 있었음을 분명히 한다. 돈 때문이 아니었다. 돈 때문이라면 돈이 사라지면 아쉬움, 혹은 원망과 분노가 생겼을 것이다. 자족이 될 수가 없다.

　실지로 바울과 빌립보 교인들 사이에 그런 시기가 있었다. "다시 싹이 남"이라는 표현은 얼어붙었던 땅에서 파릇파릇 새싹이 돋아나는 것을 묘사하는 시적인 표현이다. 빌립보 교인들과 바울 사이에 겨울이 있었음을 전제한다. 바울 편에서 섭섭했을 수도 있었지만, 그는 그 황량한 시절을 담담히 보냈다. 그리고 다시 싹이 날 때, 관계의 봄을 기뻐했다.

　'자족'(아우타르케이아)은 디모데전서 6장 6절에도 나온다. "그러나 자족하는 마음이 있으면 경건은 큰 이익이 되느니라 우리가 세상에 아무 것도 가지고 온 것이 없으매 또한 아무 것도 가지고 가지 못하리니, 우리가 먹을 것과 입을 것이 있은즉 족한 줄로 알 것이니라"(딤전 6:6-8). 빌립보서에서는 신앙의 긴 여정을 통해 도달할 수 있는 목표로 제시되는 자족이 여기서는 구체적인 지침을 따르면 갖출 수 있는 덕목으로 제시된다. 칠십인역 잠언 30장 8절에도 이 말이 나온다. "곧 허탄과 거짓말을 내게서 멀리 하옵시며 나로 가난하게도 마옵시고 부하게도 마옵시고 오직 필요한 양식으로 내게 먹이시옵소서"(히브리어 성경)에서 칠십인역은 "오직 필요한 양식"을 "필수적이고 충분한 것들"(타 아우타르케스)로 번역한다. 번역 당시 헬라세계의 가치가 반영되었음을 추측할 수 있다. 디모데전서와 잠언의 말씀은 스토아 철학의 견해와 더 가까운 것으로, 자족을 현실의 삶에 적용하려 하는 이에게는 좋은 지침이 될 수 있다.

"일체의 비결을 배웠노라"(12절)에서 "배우다"는 '뮈에오마이'로 당시 신비종교 비밀집회에서 입회의식을 치르고 가입하는 행위를 묘사하는 전문용어였다. 바울이 그리스도 신앙을 밀의 종교로 이해한 것은 아니지만, '배우다'가 아닌(예를 들면 '만싸노', 9절에도 나온다) 굳이 다른 단어를 선택한 이유가 있다. 여기서 배우는 것은 한두 지식을 더하는 것이 아니라, 완전히 다른 세계에 들어가 그 삶을 따라 익힌다는 점에서 밀의 종교가 쓰던 용법과 비슷한 면이 있다. 어떤 내용을 전해 받아 알게 되는 부분이 있고, 말씀대로 살면서 겪는 풍상과 굴곡을 통해 배우는 부분이 있다. 제자훈련이나 성경공부 프로그램이 전자를 위한 노력이겠다. 신앙의 기본 내용은 배워야 한다. 그러나 그것만으로 신앙이 성장하지 않는다. 삶의 굴곡을 경험하면서 그 속에서 하나님의 뜻을 헤아려 보려고 씨름하는 과정에서, 때로 넘어지고 또 일어서는 과정에서 신앙인답게 사는 비결을 배우게 된다. 교회가 전자의 교육을 제공할 뿐 아니라, 온갖 풍상을 하나님 안에서 함께 헤쳐 가는, 서로 격려하고 모범이 되는 나눔의 공동체를 만들어야 할 이유이다.

비천은 그리스도께서 "자신을 낮추시고"(2:8)의 동사 '타페이노오'의 수동형이다. 자세한 내용은 2장 3절과 8절의 주해를 참조하라. 바울은 그리스도 찬가의 핵심적인 어휘를 자신의 삶에 적용한다. 바울의 비천은 단순한 경제적인 곤란에 대한 묘사만이 아니라, 그리스도를 본받는 삶의 모양으로 해석하고 있다(참조. 고후 8:9).

디모데는 그리스도를 본받아 종처럼 섬겼고(2:22), 에바브로디도는 죽기까지 이르렀어도 하나님의 일을 구했으며(2:30), 바울은 그리스도처럼 낮아지는 것을 배웠다(4:12). 이렇게 그리스도 찬가는 빌립보서에 등장하는 세 주요인물과 연결된다.

13 내게 능력 주시는 자 안에서 내가 모든 것을 할 수 있느니라

이 절은 많은 그리스도인의 사랑을 받은 말씀이지만 건전하지 못한 해석도 있다. 예수를 믿으면 무엇이든 원하는 것을 손에 넣는다는 해석으로, 돈, 권력, 성공을 구하는 이른바 '긍정적 사고'의 주술로 사용된 것이 사실이다. 위에서 헬라철학이 말하는 '자족'만 적절히 고찰해도 이런 오용은 하지 않을 것이다. 헬라철학은 외적 조건, 경제적 여건에 관계없이 내적 평안을 잃지 않는 방법을 구했다. 일종의 자기 수양이다. 그 노력의 목표가 자족(아우타르케스, self-sufficiency)으로 요약될 수 있다. 환경이 아니라 인간이 가진 내적 자질로 충족한 삶을 산다는 말이다. 헬라철학과 바울의 아우타르케스의 관계는 위에서 설명했다.

바울의 자족은 외적 환경에 좌우되지 않는다는 면에서 비슷하지만, 스스로 만족하는 것이 아니라 그 만족이 하나님께 달려 있다는 점에서 다르다. 자급자족(self-sufficiency)이 아니라 하나님 의존(God-dependency)이라고 할 수 있다. 신앙의 기반을 내적 강인함 같은 인격적 자질에 두는 것은 성경의 신앙이 아니다. 우리 스스로는 끝까지 나약하고, 하나님의 도움이 없이 넘어질 수 없는 존재들임을 깨달아야 한다. 바울이 3장에서 거듭 "온전히 이루었다 함도 아니다" 하면서 경계하고 있는 완전주의자들, 승리주의자들과 비슷한 태도일 수 있다. 그런 점에서 "내게 능력 주시는 자 안에서"라는 말에 강조점이 있다. 하나님 없이는 아무것도 할 수 없다는 고백이 있어야만 하나님 주시는 능력으로 살 수 있다. "~안에서"는 3장 9절의 "그 안에서 발견되려 함이니"라는 고백과 연결해서 생각해 볼 필요가 있다. 그리스도 안에 있는 것 자체가 목표이다. 능력 주시는 것은 부수적 결과일 뿐이다. 능력이 필요해서 그리스도를 찾는 것이 아니라, 그리스도를 사랑하여 그를 구하다 보니 "그 안에서" 발견되고, 그 안에서 발견된 자신이 이미 거침없이 담대해졌음을 고백하는 것이다.

"할 수 있느니라"라는 자신감 넘치는 단어는 신약성서에 많이 나오지만, 바울은 딱 두 번 사용할 뿐이다. 다른 한 번은 갈라디아서 6장 5절에서 "그리스도 예수 안에서는 할례나 무할례나 효력이 없으되"라고 할 때 등장하여 "할 수 없다"는 부정적인 의미로만 쓰인다. "할 수 있다"고 외치는 것을 믿음이라고 배워 온 이들이 많을 것이다. 성경에 나타난 바울의 이미지는 이와는 다르다. 바울은 거듭 생각하고, 고민하고, 숙고하라고 주문하는 사람이다. 앞뒤 가리지 않고 자신감 충만을 주술적으로 외치는 신앙과는 거리가 멀다.

"모든 것을 할 수 있다" 할 때 바울이 다가오는 죽음을 믿음으로 맞이한다는 말임에 틀림없다. 바울이 모든 것을 할 수 있다는 말은 순교도 기쁨으로 할 수 있다는 말이었다. 그러므로 본 절은 고민과 각오 없이 쉽게 인용할 수 없는 말씀이다. 이런 강조점은 이어지는 14절에서 빌립보 교인들이 선물을 보내 온 것을 "나의 고난에 동참"했다고 말하는 대목에서 분명히 드러난다.

14그러나 너희가 내 괴로움에 함께 참여하였으니 잘하였도다

"함께 참여"라는 말은 코이노니아 앞에 접두어 '쉰'(함께)을 붙인 '쉰코이노네오'이다. 1장 4-5절에서 바울은 빌립보 교인들을 생각하면서 기뻐하고 감사하는 이유로 "첫날부터 너희가 복음 안에서 참여함(코이노니아)"이라고 말했다. 편지 서두에서의 주제와 말미에서의 주제가 여러모로 겹치고 있다.

고린도후서 8장 2절에서 바울은 예루살렘 교회를 위한 마

케도니아 교회의 헌금을 칭찬하면서 이렇게 언급한다. "환난의 많은 시련 가운데서 저희 넘치는 기쁨과 극한 가난이 저희로 풍성한 연보를 넘치도록 하게 하였느니라." 이어 4절에서는 이 헌금을 "성도 섬기는 일에 참여(코이노니아)"한 것으로 표현한다. 빌립보서에서 말하는 빌립보 교인들의 고난이 무엇이었는지 정확하게 알기는 힘들지만, 경제적인 압박과 사회적인 소외가 중요한 부분을 차지하고 있었음은 틀림없다. 그러는 가운데 바울을 위해 헌금하는 것은 그들의 생계에 상당한 부담이 되었을 것이며, 이를 바울은 자신의 괴로움에 함께 참여한 것으로 이해했다. 이러한 고난에의 동참은 바울로 하여금 자신의 순교를 빌립보 교인들의 헌신과 나란히 놓을 수 있게 하는 근거를 제공해 주었다(위 2:17-18: 3:30 해설 참조). 빌립보 교인들의 "믿음의 재물과 섬김 위에" 바울이 자신을 "전제로 드린다(2:17)"는 말을 한 것도 이런 맥락에서 이해할 수 있다.

> 15 빌립보 사람들아 너희도 알거니와 복음의 시초에 내가 마게도냐를 떠날 때에 주고 받는 내 일에 참여한 교회가 너희 외에 아무도 없었느니라 16 데살로니가에 있을 때에도 너희가 한 번뿐 아니라 두 번이나 나의 쓸 것을 보내었도다

"주고받는 일"은 회계 장부의 용어로 파피루스에서 자주 발견된다. 장부에서의 수입과 지출을 말한다. 바울은 목회에 있어서 칭찬을 적극 활용한 사역자였다(살전 1:7-8; 살후 1:3-4). 때로 그 칭찬이 성급하기도 했고 과도하기도 했다. 어느 정도 좋은 조짐이 보이면 성급하게 칭찬해 놓고, 혹 열심이 식으면 성도들을 향해서 나의 자랑이 부끄러움이 되지 않도록 분발해 달라는 당부를 하기도 했다. "이는 내가 너희의 원함을 앎이라 내가 너희를 위하여 마게도냐인들에게 아가야에서는 일 년 전부터 준비하였다는 것을 자랑하였는데 과연 너희의 열심이 퍽 많은 사람들을 분발하게 하였느니라 그런데 이 형제들을 보낸 것은 이 일에 너희를 위한 우리의 자랑이 헛되지 않

277

고 내가 말한 것 같이 준비하게 하려 함이라 혹 마게도냐인들이 나와 함께 가서 너희가 준비하지 아니한 것을 보면 너희는 고사하고 우리가 이 믿던 것에 부끄러움을 당할까 두려워하노라"(고후 9:2-4). 따라서 빌립보 교회에 대한 칭찬도 바울의 과장된 칭찬 스타일을 어느 정도 감안하고 보아야 한다.

　　"복음의 시초"는 교회 전체의 시작이나, 바울의 사역 시작이 아닌, 빌립보 교인들이 복음을 듣고 그리스도인이 된 직후의 시기를 말한다. 15절은 마게도냐를 떠날 때를 말하고, 16절은 데살로니가에 있을 때를 말하고 있는데, 이를 시대순으로 읽으면 바울의 연대기와 조화시키기가 힘들다. 바울은 시간 순이 아니라, 서로의 기억을 자유롭게 얘기하는 대화체의 문체로 본문을 이끌어 가고 있다. 함께했던 삶의 기억을 담담하게 공유하는 것은 감사를 표현하고, 관계를 공고히 하는 좋은 방법이다. 돈이 요긴할 때 주어져서 잘 썼다는 뜻이라기보다는, 외롭고 격려가 필요할 때 지지와 격려의 마음을 담아 보낸 것에 대한 감사가 함께 묻어 있는 표현이다.

> 17 내가 선물을 구함이 아니요 오직 너희에게 유익하도록 풍성한 열매를 구함이라 18 내게는 모든 것이 있고 또 풍부한지라 에바브로디도 편에 너희가 준 것을 받으므로 내가 풍족하니 이는 받으실 만한 향기로운 제물이요 하나님을 기쁘시게 한 것이라 19 나의 하나님이 그리스도 예수 안에서 영광 가운데 그 풍성한 대로 너희 모든 쓸 것을 채우시리라 20 하나님 곧 우리 아버지께 세세 무궁하도록 영광을 돌릴지어다 아멘

고린도후서 12장 14절에서 바울은 "내가 구하는 것은 너희의 재물이 아니요 오직 너희니라 어린 아이가 부모를 위하여 재물을 저축하는 것이 아니요 부모가 어린 아이를 위하여 하느니라"라고 말한다. 선물이 목적이 아니라, 성도들의 유익이 목적이다. 고린도교회의 헌금을 받지 않은 것도, 빌립보 교인들의 헌금을 받고 기뻐한 것

도 똑같은 이유에서이다.

"열매"(카르폰)는 본래 나무 열매를 가리키지만, 여기서는 명백히 재정적인 의미로 쓰였다. 새번역은 "나는 여러분의 장부에 유익한 열매가 늘어나기를 바랍니다"라고 옮기고 있다. "나는 여러분의 계좌에 유익한 잔고가 풍성히 쌓이는 것을 구합니다"로 직역할 수 있다. 열매/잔고라는 재정적인 단어로 바울이 실제로 말하고자 했던 것은 무엇일까? 주석가들은 대개 영적인 성장이나, 물질적인 축복으로 생각한다. 헌금을 물질적인 복을 받기 위한 투자로 이해하는 생각이 개입할 여지가 있는 것이 사실이다. 고린도후서 9장 8절이 이 질문에 도움을 준다. "하나님이 능히 모든 은혜를 너희에게 넘치게 하시나니 이는 너희로 모든 일에 항상 모든 것이 넉넉하여 모든 착한 일을 넘치게 하게 하려 하심이라." 선행을 하는 이들에게 주시는 하나님의 은혜는 포괄적이다. 신앙의 성숙이 그 중심을 차지하지만, 물질적 축복도 배제할 수 없다. 중요한 것은 이러한 물질적 복으로 "모든 착한 일을 넘치게 하는" 것, 더 많은 선한 일의 자원으로 사용되는 것이 선행에 대해 물질적 보응을 주시는 하나님의 의도라는 것이다.

"내게는 모든 것이 있고"에서 "있고"는 '아페코'이다. 바울 당시 파피루스에 자주 발견되는 상업 용어이다. 공식적인 영수증을 발행할 때, 영수했다는 뜻이었다. "Here, then, is my receipt for everything"(GNB)으로 번역할 수 있다. 이를 강조하여 재정 지원을 받은 것에 대해 영수증을 발행하면서 감사의 뜻을 표현하는 것을 빌립보서의 주된 목적으로 보는 견해들이 있다. 그렇게 볼 때 기쁨이라는 주제가 강조되고, 신학적인 진술과 권면의 중요성은 주변으로 밀려난다. 본 서의 목적은 좀더 포괄적인 관점에서 보아야 한다.

빌립보 교인들의 신앙의 문제를 염려하며, 그리스도의 마음을 갖는 것을 그 해답으로 제시하며, 그 예로 바울 자신과 에바브로디도를 제시하는 구도를 중심에 놓고 보아야 한다. 여기서 굳이 에바브로디도의 이름을 언급하고 있는 것에는 그 중심 주제를 다시 환기시키려는 의도가 있다.

"이는 받으실만한 향기로운 제물이요 하나님을 기쁘시게 한 것이라" 하면서 바울은 여태껏 사용하던 상업적 거래 관계의 언어를 제사의 언어로 전환한다. 2장 21절 이하를 주석하면서 자세히 살펴본 대로, 바울은 빌립보 교인의 헌금을 제사로, 에바브로디도를 그 제사를 수행하는 제사장, 혹은 레위인의 역할을 감당하는 이로 해석한 바 있다. 똑같은 동기가 여기서 이어지고 있는 것이다.

로마서 12장 1절에서 "너희 몸을 하나님이 기뻐하시는 거룩한 산 제물로 드리라"라고 말할 때 바울은 단순히 우리의 헌신을 표현하기 위한 은유를 차용하고 있는 것이 아니다. 바울 당시의 유대 신앙, 그리고 그레코-로만의 종교 세계 전체가 이런 제의문화 속에 있었다. 바울은 제의종교의 세계에 살면서, 제의 없는 종교로 옮겨 가는 종교의 근본적인 전환이라는 위치에 서 있는 것이다. 제임스 던은 바울 교회의 중요한 특징으로 "제의 없는 공동체"(community without cult)라고 하면서 이의 독특성을 아래와 같이 묘사한다.

> 그들의 회합에서는 제사장을 선출하지 않았고, 제의적 헌주 같은 제사장적 행위를 수행할 필요도 없었다. 그들 대다수의 동시대인들에게는 제의 중심지도 없고 제사장도 없고 희생제사도 없는 종교 결사는 정의상 명백한 모순이요, 부조리한 것으로 여겨졌을 것임에 틀림없다.[2]

유대교뿐 아니라, 당시의 모든 종교들은 기본적으로 제사 종교였다. 조그마한 방에서 신들의 이름으로 모이던 조합들의 집회도 그 신이 어딘가의 성전에서 제사로 섬김을 받는다는 의식 가운데서 기능했다. 그런 점에서 제의 없는 종교라는 것은 당시 사람들이 보기에는 혁명적인 발상이었다. 물론 성전제사 없는 종교의 시작은 성전을 다시 짓겠다고 하신 예수님의 말씀 전승에 이미 담겨 있었다(막 15:48). 그러나 사도행전이 보도하는 바에 따르면, 초대 예루살렘 공동체는 성전에 정기적으로 기도하러 가고(행 3:1), 성전과 집에서(2:46) 모이는 등 성전과의 유대 관계에 상당한 의미를 부여했던 것 같다. 시간이 갈수록 예루살렘 성전과의 연결은 희미해져 갔지만, 어떤 형태로든 초기 기독교가 물리적 건물인 성전과 자신들의 공동체를 연결시켜서 생각하는 관성은 남아 있었다. 성전 중심주의는 유대교 전통의 영향이기도 했지만, 당시 종교의 일반적 현상이기도 했다. 예루살렘 성전의 파괴는 유대적 기독교에 큰 충격으로 다가올 수밖에 없었는데, 성전 파괴 이후의 기독교를 지탱해 갈 신학을 바울은 이미 직조해 내고 있었던 것이다. 바울이 그리스도인의 헌신과 일상적인 삶을 제의적 언어로 표현해 내면서, 물리적인 성전이라는 공간과 제사 행위를 초월하게 한 것은 종교사적으로 중요한 의미를 갖는 걸음이었다.

사회사적으로는 바울의 선교지가 주로 도시였던 것과도 관련이 깊다. 희생제사 종교는 농업 목축 지역의 종교로서 발달되었다. 국가 종교들의 중심지가 도시였지만, 이 도시들은 경제적으로 배후지와 긴밀하게 연결된 도시였고, 그 종교들은 배후의 농경지가 생산하는 부에 경제적으로 기생하는 도시 거주 부재지주들의 경제적 능력에 기반을 둔 종교였다. 그러나 바울이 신학적 기초를 놓은 제의 없는 종교는 배후의 농경지와의 경제적 연결이 요청되지 않는 새로운 형태의 도시 종교의 면모를 갖추었다.

19절의 "나의 하나님 … 너희 모든 쓸 것을 채우시리라"는 말은 당시의 "주고받는 관계" 문화에서 이해할 수 있다. 로마사회에서는 선물을 받으면 반드시 갚아 주어야 하며, 받고도 되갚지 못하는 것을 큰 수치로 여기는 문화가 강력했다. 이런 문화에서 무언가를 받았다고 감사의 편지를 보낼 때는 어떻게 갚을 것인가와 관련된 말을 쓰는 것이 상례이다. 이러한 기대 속에서 바울은 "나의 하나님"이 자신의 편에 서서 갚으시리라고 말한다. 마치 친구에게 신세를 졌는데, "내 아버지가 혹은 다른 후견인(patron)이 갚아 주실 거야"라고 말하는 식이다. 여기서 특이하게 "나의" 하나님이 쓰이는 이유이다.

곧이어 20절에 "우리 하나님"이 나오는 것과 대조된다. 결국 바울의 하나님이 그들의 하나님이기도 하다. 그런데 19절에서 굳이 "나의"를 쓴 것은 받으면 갚아야 하는 금전 거래의 세상문화 개념을 수용하는 입장을 취하면서, 결국 그 하나님이 우리 모두의 하나님임을 밝힘으로 물질을 주고받는 관계에 관련된 관행을 넘어서는 수사학적 전략이다. 이로써 바울은 선물과 관계된 사회적 긴장을 깨트리는 시도를 하는 것 같다. "영적인 것"을 주고 그 대가로 "육적인 것"을 받는다는 표현들에서(롬 15:27; 고전 9:11), 이 표현 저변에 있는 바울의 사고를 엿볼 수 있다.

"영광 가운데"는 '엔 독세'이다. "영광스러운 방식으로"로도 해석할 수 있다. 물질적으로 공급하고 도와주면서 자존심을 상하게 하는 일이 인간사에 자주 있다. 받는 이의 명예를 존중하고 높여 주는 방식으로 공급하실 것이라는 뜻이 된다. 또 "영광스러운 날에" 곧 다가올 그리스도의 재림 시에 채우실 것이라는 말로도 해석이 가능하다. 우리가 계속해서 보아 온 대로, 위의 4-7절에서 평화에 대해서 논하면서 확인한 대로, 바울은 하나님의 은총을 "이미와 아직 아니"의 시간적 구도에서 이해하고 있다. 궁극적으로 종말에 완성될 영광이지만, 이 영광의 한 부분을 현실에서 누리는 것이 배제되지 않는다.

이렇게 볼 때 "필요"(크레이안)는 물질적 필요뿐 아니라, 우리의 신앙이 성장하기 위해 필요한 모든 것을 포괄한다고 볼 수 있다. 1장 6절에서 바울이 밝힌 하나님의 큰 계획, "너희 안에서 착한 일을 시작하신 이가 그리스도 예수의 날까지 이루실 줄을 우리는 확신하노라"(1:6) 하신 약속을 이루어 가시는 데 필요한 모든 것, 지혜와 용기, 인내, 동역자들을 통해서 주시는 기쁨과 평화 모두를 포함한다. 비록 감옥에 갇힌 바울이지만 지금 그가 누리고 경험하고 있는 것들이다.

묵상과 나눔을 위한 질문

1. "자족"의 의미에 대해서 살펴보세요. 그레코-로만의 철학자들, 《무소유》의 법정, 그리고 바울이 말한 자족은 각각 어떤 점이 비슷하며, 어떤 점이 다릅니까?

2. 세상의 인연들을 끊고 그것에 초연해지는 것, 혹은 일상적인 삶과 관계가 주는 기쁨을 다 의미 없이 생각한다는 초월은 바울의 태도와 거리가 멉니다. 바울은 자신의 고통에 힘들어했고, 빌립보 교인들이 보낸 선물에 크게 기뻐했습니다. 바울의 기쁨의 이유에 대해 묵상해 보세요. 바울의 인생관이 우리에게 주는 도전과 통찰은 무엇입니까?

3. "일체의 비결을 배웠다"는 말은 책을 읽어 습득되는 지식의 내용이 아니라, 삶의 굴곡을 통하여 체득했다는 말입니다. 설교를 듣고 성경을 공부하는 것 자체로 신앙이 자라나는 것이 아니라, 말씀대로 살려고 현실에서 애쓰고, 장애에 부닥치기도 하고, 좌절을 경험하기도 하면서 서서히 자라나는 것입니다. 내 삶에 일어나는 일을 신앙의 눈으로 볼 수 있는 지혜를 위하여 기도합시다.

4. "내게 능력 주시는 자 안에서 내가 모든 것을 할 수 있느니라(4:13)"는 말씀은 흔히 어떻게 오해되고 있습니까? 바울이 이 말을 한 맥락을 어떻게 이해할 수 있습니까?

5. 당시의 모든 종교는 기본적으로 제사를 중심으로 하는 종교였습니다. 그런 점에서 기독교는 예외적인 종교였습니다. 이런 사실이 큰 도시들을 중심으로 복음을 전한 바울의 전략과 어떤 관계에 있습니까?

9
마지막 인사와 축도

빌 4:21-23

21 그리스도 예수 안에 있는 성도에게 각각 문안하라 나와 함께 있는 형제들이 너희에게 문안하고 22 모든 성도들이 너희에게 문안하되 특히 가이사의 집 사람들 중 몇이니라 23 주 예수 그리스도의 은혜가 너희 심령에 있을지어다

"문안하라"는 2인칭 명령은 각 사람에게 서로 문안하라는 말로 사실상 바울이 "내가 문안합니다"라고 하는 말의 의미이다. 편지를 받는 공동체 구성원 중에서 특별히 누군가를 따로 언급하는 것은 그들의 비중을 인정하는 것이다.

주일예배에서 담임목사가 특별히 누군가를 거명하여 수고했다고 말하는 장면을 상상해 볼 수 있다. 목회자의 마음에 특별히 수고한 사람들을 따로 언급하고 싶은 생각이 들어도, 사정이 허락하지 않을 때가 있다. 공동체 안에 타인이 인정받는 것을 받아들일 여유가 없을 때이다. 바울이 여기서 누구의 이름도 거명하지 않는 이유는, "유오디아와 순두게"(4:2)의 이름이 등장하는 대목에서 살펴

본 바대로, 공동체 내에 상당한 긴장이 있었기 때문이라고 보는 학자들이 다수다. 빌립보서에는 한편으로 이런 긴장이 있으면서도, 바울의 인사말에서 나타난 따뜻한 우애와 격식을 갖춘 존중은 어떤 편지에 못지않다.

"나와 함께 있는 형제들"은 바울의 투옥지, 본서의 입장에서는 로마에 있는 성도들(중의 일부)을 말한다. 바울에게 형제라면 빌립보 교인에게도 형제다. 서로를 형제라 부르는 관습이 기독교에만 있었던 것은 아니었지만, 기독교인들은 유독 서로의 형제 됨에 큰 의미를 부여했으며 실제로 형제 같은, 혹은 그 이상의 관계를 맺으며 살았다. 이와 같이 멀리 떨어진 도시에 사는, 일면식도 없는 사람들 사이에 형제자매의 유대를 갖는 것은 기독교 운동의 독특한 점이었다. 각 도시의 그리스도인 공동체가 멀리서 온 이들을 단지 신앙이 같다는 이유만으로 집 안으로 맞아들이며 환대를 베푼 관행은 초기 기독교 선교에 결정적인 모판이 되었다. 이러한 관행은 기독교 내에 있었던 초지역적 유대감 때문에 가능했는데 바울의 목회 방식과 신학이 기여한 공헌이 크다. 서신 발송이 바울 목회의 중요한 도구였는데, 바울의 서신은 본질적으로 한 도시에 머물면서 다른 한 도시에 쓰는, 그러면서 자신과 독자들만 연결시킬 뿐 아니라, 발신지의 성도들과 수신지의 성도들을 하나로 묶는 역할을 했다. 서로의 소식을 전하고, 칭찬하고, 한 도시의 선행을 다른 도시가 본받아야 할 모범으로 제시하는 등, 바울의 서신들은 초지역적 신앙 공동체를 건설해 나가는 훌륭한 도구였다.

"가이사의 집 사람들"은 황제의 핵가족뿐 아니라, 친족들, 그 집에 속한 노예들, 그리고 노예였다가 해방된 해방노예들을 포괄한다. 최상층부 황족, 황제와 인척 관계의 원로원급 귀족과 고위 관료는 물론 황제가에 속한 노예까지 포함하는 방대한 그룹으로 보면 된다. 바울 시대에 복음이 사회 최상층부까지 도달한 것으로는 보이지 않으므로 이는 황제 가문에 속한 해방 노예 혹은 그중의 일부, 정부 하급직원 등에서 그리스도인이 된 사람으로 보인다. 빌립보서의 저작 장소를 로마 외의 다른 도시로 보는 학자들은 가이사의 집 사람들이 로마 외의 다른 도시에도 있었다고 주장한다. 그러나 가이사의 집 사람들이라는 언급이 저울의 추를 로마 저작설 쪽으로 더 기울게 하는 것은 사실이다. 1장 13장에 언급된 "시위대"도 마찬가지이다. 로마 바깥에서도 브라이도리온이라 명명되던 그룹을 발견할 수는 있겠지만, 로마에 위치시키는 것이 가장 자연스럽다.

편지의 초반에, 그리스도의 주권이 시위대 안에 나타났음을 강조한 바울이(1:13), 다른 이들을 거명하여 안부 묻는 것을 자제하고 있는 이 편지의 말미에 가이사의 집을 굳이 말하는 이유를 생각해 볼 필요가 있다. 황제의 신변을 지키는 제국 권력의 핵심이요 최후의 보루인 시위대 안에서도 그리스도의 권세가 나타났다(1:13). 또 가이사의 집 사람들은 온 세상에 번영을 가져왔다고 선전하는 로마제국의 최대의 수혜자로 여겨지는 이들이었고, 제국의 백성으로서 황제를 퀴리오스라 불렀을 뿐 아니라, 그들의 집안의 가장 혹은 주인으로서 황제를 퀴리오스로 부르는 이들이었다. 이들 가운데 예수 그리스도를 퀴리오스(주님)로 고백하는 이들이 나타났다는 사실은, 바울이 말하는 바 "모든 무릎을 그리스도 앞에 꿇게 되게 하시고 모든 입으로 예수 그리스도를 주(퀴리오스)라 시인"하는 일이 이미 이 세계 속에서, 제국 권력의 중심에 균열을 내며 드러나기 시작했다는 의도로 볼 수 있지 않을까?

묵상과 나눔을 위한 질문

1. 바울이 인사를 전하면서 다른 성도들의 안부를 전한 것은 어떤 의미가 있습니까? 당시의 대부분의 사회적 조합들은 한 도시 내에서만 기능하는 조직이었습니다. 바울은 한 도시를 넘어 세계적인 네트워크를 구축하는 일에 힘을 쏟았습니다. 이런 사역에 편지가 담당했던 기능에 대해서 생각해 봅시다.

2. 바울이 1장에서 "시위대"를 언급하고, 마지막에서 "가이사의 집 사람들"을 언급한 것에 의도가 있다면 어떤 것이겠습니까? 이를 빌립보서의 중심인 2장의 그리스도 찬가에서 그리스도께서 모든 이름 위에 뛰어난 이름, 퀴리오스(주님)라는 칭호를 얻었다는 말과 어떤 관련이 있습니까?

에필로그
빌립보서를 �쓴 이후의 바울

빌립보서를 쓸 당시 로마에 있던 바울은 재판을 앞두고 있었다. 재판에서 사형 판결을 받은 바울은 네로 집권 말기 로마에서 순교했다고 보는 설이 유력하다. 주후 62년경으로 추정된다. 로마 감옥에 2년 정도 투옥되었다가, 그 사이 에바브로디도가 오고, 그의 와병 소식이 전해지고, 다시 빌립보 교인들의 반응이 로마로 전해지는 의사소통 기간을 감안하면 빌립보서의 집필은 로마 투옥 후반부에 이루어졌으리라 추정된다. 그렇다면 빌립보 교인들은 에바브로디도가 가져온 편지를 받은 후 몇 달 후, 어쩌면 몇 주 후에 바울의 순교 소식을 전해 들었을 것이다. 어쩌면 "내 일이 어떻게 될지를 보아서"(2:23) 보내겠다고 약속했던 디모데가 바울의 순교 현장을 목도하고 빌립보로 향했을지도 모른다. 바울의 순교 소식을 들은 빌립보 교인들은 비통한 마음으로, 그들의 간절한 기도를 들어주지 않으신, 빌립보 교인들과의 재회를 그토록 간절히 바라던 바울의 소원을 거절하신 하나님 앞에 원망이 생겼을 것 같다. 그리고 바울의 빌립보서를 다시 읽었을 것이다. 그 글에서 빌립보 교인들은 바울이 삶과 죽음의 기로 앞에서 신앙적으로 씨름하는 모습을 다른 시각에서 들여다볼 수 있었을 것이다. 바울이 살아 돌아오기를 간절히 바라는 마음이 앞섰을 때에는 읽어 내지 못했던 바울의 고백 속 미묘함을 감지했을 것이다.

　　바울이 개인적으로 원하는 바는 지금 당장 하나님이 데려 가신다면 훨씬 더 행복할 것이라는 고백에 있었다(1:23). 만약 다시 살아서 힘든 삶의 여정을 또 이어 가야 했다면, 자신들을 사랑했기 때문이다. 이는 곧 자신들의 믿음에 부족한 면이 있었기 때문이리라는 말이기도 하다(2:30). 하나님이 바울을 데려가신 것은 바울에게 최선의 배려를 하신 것이고 빌립보 교인들에게는 숙제를 주신 것이다. 이는 바울이 없어도 한마음 되어서 믿음의 삶을 이어 갈 수 있으리라 인정해 주신 것이기도 하다. "내가 풀려나 너희들과 함

께 있게 되든지, 아니면 여기서 삶을 마치든지(나 있을 때뿐 아니라 더욱
지금 나 없을 때에도) 항상 복종하여 두렵고 떨림으로 너희 구원을 이
루라"(2:12)는 권면은 바울의 죽음과 관계없이 그들에게 여전히 적
실하다. 결국 바울의 뜻은 "자신이 일이 어떻게 될지"(2:23)와 관계
없이 빌립보 교인들이 그들의 구원을 잘 이루어 가는 것에 있었다.
이런 흐름을 따라 빌립보서를 읽다 보면 하나님께서 바울에게 최선
의 응답을 해주셨을 수도 있다는 결론에 이를 것이다. 빌립보 교인
들이 한마음으로 그리스도를 본받기만 한다면! 살아서 다시 방문
할 바울의 사역보다 죽은 바울의 당부가 더 큰 영향을 끼쳤을 가능
성이 크다.

　　이런 가능성은 바울의 인생 전체와 그가 남긴 신앙과 신학
의 유산이 초기 그리스도인들에게 어떻게 수용되었느냐와 관련 있
다. 바울은 살아서 여러 가지 핍박과 음해에 시달렸다. 불신자들로
부터 핍박받았을 뿐 아니라, 그리스도인들 가운데서도 바울을 오해
하고 공격하는 이들이 많았다. 로마서를 쓸 때 바울은 자신에 대한
악소문이 로마에까지 닿았을 것이라고 생각했고(롬 3:8), 자신이 예
루살렘에 방문하면 유대인들 때문에 위험에 처할 수도 있고, 예루
살렘 그리스도인들에 의해 거부당할 수도 있다고 생각했다(롬 15:31).
그는 예루살렘 교회의 호의를 얻은 후에 로마를 방문하여 로마 성
도들의 도움으로 스페인으로 가기를 원했다. 그러나 지금까지 주석
한 바에 의하면 이런 의도가 실패로 돌아갔다는 결론에 이른다. 로
마 그리스도인들 사이에서도 바울은 전폭적 지지를 받지 못한 것
이 사실이었고, 스페인 선교는 가고 싶어도 갈 수 없는 상황이 되었
다. 로마 감옥에서 바울이 지독히 외로운 상태였다는 것은 분명하
다(빌 2:20-21). 디모데후서 4장 16절에서는 "내가 처음 변명할 때에
나와 함께한 자가 하나도 없고 다 나를 버렸"다고 말한다. 그러한
가운데 자신이 개척한 교회들의 상황도 썩 좋지 못하다는 것을 알
고 "근심 위에 근심"(빌 2:27)을 하게 되었으며, 할 수만 있으면 살아
서 빌립보로 돌아가 동쪽 지역의 교회들을 든든히 세우고 싶은 소

원을 갖게 되었다. 서쪽으로 가서 스페인까지 복음을 전하고자 했던 본래 계획에 비하면 비참하리만치 축소된 바람이었으나 그마저도 이루어지지 않았고, 로마에서 생을 마쳐야 했다. 바울은 외롭게 살았고, 외롭게 죽었다. 기독 교회 내에서도 폭넓은 환영과 지지를 받지 못하였다.

그리고 그 후, 1세기 말에서 2세기 초에 이르면 극적 변화가 감지된다. 안디옥의 교부 이그나티우스의 글에는 바울의 발자취를 따르는 것이야말로, 그리스도를 따르는 길이라는 강한 확신이 나온다. 2세기 초에 이미 바울은 1세대 기독인 중 가장 비중 있는 스승으로 자리매김되어 있다. 살아서 바울은 사도 중의 한 사람임을 인정받기 위해 많은 애를 써야 했다(고전 9:1-2). 그러나 이 시기에 이르면 바울이야말로 사도 중의 사도로 추앙받고 있음이 분명해진다. 대체 무슨 일이 일어난 걸까? 가장 큰 이유는 바울이 남긴 편지가 기독교 그룹 내에서 사랑받기 시작했다는 데서 찾을 수 있다. 그의 편지가 2-3세대 그리스도인들 사이에서 큰 반향을 불러일으켰다는 것 외에는, 살아서 오해와 질시에 시달렸던 바울이 죽은 지 수십년 만에 대표적 사도로 자리매김되었다는 사실을 설명하기 힘들다.

무엇보다 그의 편지가 전하는 그리스도의 모습과 그리스도 중심 신학이 기독인들 사이에서 폭넓게 받아들여졌을 것이라는 사실에 기인한다. 편지를 통해서 만나는 바울의 삶과 인격 또한 후대의 그리스도인들에 큰 감흥을 끼쳤던 것으로 보인다. 바울 이후의 바울, 곧 죽은 후에 편지를 통해 기억되는 바울이 훨씬 효과적 사역을 한 것이다. 살아 있는 바울과 죽어 있는 바울 사이의 극적인 전환이 이루어진 것이 확실하다. 필자는 그 전환이 시작되는 결정적인 시점이 빌립보 교인들이 이 편지를 살아 있는 바울의 편지로 읽던 때와 이미 순교한 이의 편지로 읽던 시점 사이에 있다고 본다. 그렇게 본다면 빌립보서의 독자들은 기독교 전체 역사의 가장 중요한 순간을 보내고 있는 것이다.

빌립보서의 영향은 넓고 깊다. 순교자를 기념하고 추앙하는 기독교 문헌들은 많다. 대부분 불굴의 의지로 조금도 흔들림 없이, 당당하게 순교를 향해 나아가는, 그래서 보는 이들을 압도하는 영웅적 순교기이다. 확신에 찬 순교자의 표정, 비타협적 행동의 위용을 묘사하는 이런 순교기와 빌립보서와는 거리가 멀다. 빌립보서에서 보는 바울의 면모는 오히려 그레코-로만의 철학자들이 자신의 죽음 앞에서 두려움을 극복하고 평정을 찾아가는 모습과 비슷한 면이 많다. 소크라테스의 죽음을 모델로 하는 세네카의 철학적 투쟁이 대표적인 예이다. 그 투쟁의 진지함과 죽음의 두려움으로부터의 자유라는 점에서 빌립보서의 바울은 철학자 세네카와 많은 점을 공유한다. 그러면서도 이들과 다른 점은 바울은 모든 세속사를 하찮은 것으로 여기고 초월하려는 것이 아니라 뒤에 남을 공동체의 안위를 진정으로 염려하고 있다는 점이다. 스토아 철학에 의하면 이런 애착은 세상사 초월에 큰 장애가 되는 정념이다.

이는 그리스도로 인한 세계 전체의 변혁이라는 큰 틀에서 의미를 발견할 수 있는 정념이다. 결국 바울은 나의 죽음이라는 좁은 액자 안에서 자신의 죽음 문제를 다루지 않고, 세계 전체의 운명과 공동체의 앞날이라는 맥락에서 자신의 위치를 파악하고 거기에 따라 생사의 문제를 고민한다는 차이점이 있다. 자신에게 당도한 빌립보 교인들의 선물로 인해서 뛸 듯이 기뻐하는 바울의 모습을 이러한 맥락에서라야 제대로 이해할 수 있다. 그렇지 않다면 죽음까지 각오할 정도로 스스로를 냉담하게 냉각시킨 이가 어찌 그런 선물 따위로 기뻐할 수 있겠는가?

꼭 죽음을 앞둔 경우가 아니라도, 두려움과 불안의 극복, 평정심 등은 헬라 철학자들의 공통적인 과제였다. 헬라 철학의 가장 중요한 과제는 '자아의 기술'(technology of self)이라 정의할 수 있다.[1] 우리가 '마음 다스림'이라 부르는 것과 비슷한 지향이다. 바울에게 마음 다스림은 그 자체로 목표가 될 수 없었다. 그리스도로 인해 결정적으로 변화된 세계 현실 속에서, 그 복음을 선포하며 그 복음을 살아내는 공동체를 만드는 일에 그는 전적으로 헌신했다. 그랬기 때문에, 당대 철학자들이 보기에는 어리석은 집착으로 보일 만한 정념을 가질 수밖에 없었다. 자신을 초월해서 당당한 삶과 품위 있는 죽음을 맞이하고 싶은 철학자들의 방향과는 반대로 가는 길이었다. 그러나 죽음과 개인 삶의 고난을 다루는 바울의 태도가 기술적인 면에서도 결국 "더 나은 기술"을 제시했기 때문에 바울이 전한 메시지가 그레코-로만 세계의 사람들, 특히 지성인들을 설득하는 결과를 낳은 것이다. 그만큼 바울의 영향은 넓고 깊으며, 빌립보서는 그 영향에 있어서 중요한 위치를 차지한다.

바클레이는 《바울의 마지막 날들》 서문에서 "그 누구도 죽기 전에는 행복한 사람이라 말하지 말라"(Call no one happy before he dies)라는 그리스 속담을 인용한다.[2] 세상 사람들이 유복하다고 하는 의미에서는 아니겠지만, 빌립보서를 읽는 사람들은 그가 행복하게 죽어 갔음을 알았을 것이다. 바울은 그런 사람이었다. 닥치는 일이 무엇이든 그것으로 인해서 그리스도가 전파된다면, "이로써 내가 기뻐하고 또한 기뻐하리라" 고백했다. 빌립보서를 쓴 이후 바울은 순교했지만, 그 편지와 순교로 인해서 그리스도가 전파되는 것을 크게 기뻐하고 감사했을 것이다. 이렇게 놀라운 편지를 쓰는 그 순간에도 바울은 "아직 이루었다 함도 아니요"라고 말하면서 자신도 여전히 푯대를 향해 달려가는 사람임을 고백했다. 바울의 순교 후에 빌립보서를 읽는 빌립보의 교인들은 그가 이미 관제로 드려졌음을 알게 되었다. 이제 바울은 그 모든 경주를 마치고 주와 함께 거하는 기쁨을 누리고 있을 것이다. 그러나 그 독자들은 자신들이 아직 그 경주 가운데 있음을 발견하게 될 것이다. 바울의 글을 읽고 그 글을 통해 그리스도의 마음과 삶을 묵상하는 것은 그 독자들이 어떻게 그 경주의 삶을 살아가야 할지에 대한 도전이기도 하고, 그 경주를 해나갈 수 있도록 힘을 주는 통로이기도 하다. 오늘 빌립보서를 읽는 우리에게도 그러하다!

참고도서

국내도서

김덕기, 《빌립보서 — 한국장로교총회창립 100주년기념 표준주석》(서울: 한국 장로교출판사, 2016)

김세윤, 《빌립보서 강해》(서울: 도서출판 두란노, 2011)

박수암, 《옥중서신》(서울: 대한기독교서회, 1997)

해외도서

Barth, Karl. *The Epistle to the Philippians*. Louisville, KY: Westminster John Knox Press, 1962.

Bockmuehl, Markus N. A. *A Commentary on the Epistle to the Philippians*. London: A & C Black, 1997.

Bruce, F. F. *Philippians*. Peabody, Mass: Hendrickson Publishers, 1989

Calvin, Jean, T. H. L. Parker, David W. Torrance, and Thomas F. Torrance. *The Epistles of Paul the Apostle to the Galatians, Ephesians, Philippians and Colossians*. Grand Rapids, Mich: Eerdmans, 1965.

Hawthorne, Gerald F. *Word Biblical Commentary Vol. 43, Philippians* / 《빌립보서 — WBC 성경 주석》(채천석 옮김, 서울: 솔로몬, 1999)

Hansen, G. W. *The Letter to the Philippians*. Grand Rapids, Mich: Eerdmans, 2009.

Martin, Ralph P. *The Epistle of Paul to the Philippians: An Introduction and Commentary*. Grand Rapids, Mich: Eerdmans, 1959

O'Brien, Peter T. *The Epistle to the Philippians: A Commentary on the Greek Text*. Grand Rapids, Mich: Eerdmans, 1991.

Reumann, John. *Philippians: A New Translation with Introduction and Commentary*. New Haven: Yale University Press, 2008.

Silva, Moisés. *Philippians*. Grand Rapids, Mich: Baker Academic, 2007.

Still, Todd D. *Philippians & Philemon*. Macon, Ga: Smyth & Helwys Pub, 2011.

Witherington, Ben. *Paul's Letter to the Philippians: A Socio-Rhetorical Commentary*. Grand Rapids, Mich: Eerdmans, 2011

주

서론

1. Benjamin Fiore, *The Function of Personal Example in the Socratic and Pastoral Epistles* (Rome: Biblical Institute Press, 1986), 87-100; Stanley K. Stowers, *Letter Writing in Greco-Roman Antiquity* (Philadelphia: Westminster Press, 1986), 103-4.1.

2. 사도행전이 바울의 행로를 중심으로 세계 선교의 동선을 그리고 있기 때문에, 다른 지역에 먼저 교회가 세워졌을 가능성도 있다. 이 시점에 로마에 교회가 세워져 있었다는 것 또한 분명하다. 그러나 사도행전의 기록을 따른 유럽 지역 첫 선교지 빌립보의 중요성을 간과할 수 없다.

3. Ramsay MacMullen, *Romanization in the Time of Augustus* (New Haven: Yale University Press, 2000).

4. 여기서 충돌은 '로마적 삶의 양식' 혹은 '빌립보 시민들이 이해한 로마적 가치'이지 로마의 행정권력과 기독교의 충돌이 아님을 유념할 필요가 있다. 본문에서 자세히 다룰 것이다.

5. 폴리튜마를 시민권으로 번역하는 것에는 이론이 많이 있다. 상세한 내용은 본문을 주해하면서 다룰 것이다. 여기서는 편의상 일단 이런 의미를 수용하고 논의를 진행한다.

1 편지의 서문

1. Young-Ho Park, *Paul's Ekklesia as a Civic Assembly* (Tübingen: Mohr Siebeck, 2015), 138-150.

2. Edwin Hatch, *The Organization of the Early Christian Churches: Eight Lectures Delivered before the University of Oxford* (London: Rivingtons, 1881), 1-55.

2 감사와 기도

1. 엄밀히 말해서 독자라는 말이 정확하다. 그러나 전술한 바와 같이 바울이 글로 쓰면서 실제로 낭독될 상황을 염두에 두고 쓰고 있다는 점을 감안하면 "청중"이라는 말 또한 본문을 중심으로 한 쓰는 이와 읽는 이의 관계를 잘 드러내는 측면이 있다.

2. 빌립보서를 수사적으로 읽고 있는 대표적인 주석으로 이 책을 들 수 있다. Ben Witherington, *Paul's Letter to the Philippians: A Socio-Rhetorical Commentary* (Grand Rapids, Mich: Eerdmans, 2011).

3. 앞에서 설명한 대로, "그 날"은 "그리스도의 날"의 축약어로 기능하고 있는 것이다.

4. Larry Crabb, *Connecting: Healing Ourselves and Our Relationships* (Nashville, Tenn: W Publishing Group, 2005).

5. A N. Sherwin-White, *Early Persecutions and Roman Law Again* (London: Geoffrey Cumberlege, 1952), 210-11; 이에 대한 반론과 토론상황은 다음을 참조하라. Wayne C. Kannaday, *Apologetic Discourse and the Scribal Tradition: Evidence of the Influence of Apologetic Interests on the Text of the Canonical Gospels* (Atlanta: Society of Biblical Literature, 2004), 200-6.

6. P. L. Berger and T. Luckmann. *The Social Construction of Reality: A Treatise in the Sociology of Knowledge* (Garden City, NY: Doubleday, 1966). 이 이론을 성서학에 효과적으로 적용한 예로 다음을 참조하라. W. Meeks, *The First Urban Christians: The Social World of the Apostle Paul* (New Haven: Yale University Press, 1983).

7. 폴리스에의 참여(코이노에인)는 아리스토텔레스 정치철학의 가장 중요한 주제이다.

8. 바울은 초기 서신에서 그노시스를, 후기서신에서는 에피그노시스를 많이 쓰고 있다. 에피그노시스는 '참된 지식' 정도의 강조일 뿐 그노시스와 비슷한 말이다. 시기에 따라 바울이 선호하는 단어가 달랐음을 보여 주는 재미있는 예이다(Silva, 57).

9. 쉼페론을 중심으로 많은 유의어들이 같은 기능으로 사용되었다. Mitchell, *Paul and the Rhetoric*, 156n543.

3 로마에서의 상황을 전함—복음의 진보

1. 이런 점에서 로마제국은 '명예의 제국'이었다 할 수 있다. J. E. Lendon, *Empire of Honour: The Art of Government in the Roman World* (Oxford: Clarendon, 1997)를 참조하라.

2. R. Jewett, "Conflicting Movements in the Early Church as Reflected in Philippians," NovT 12 (1970): 362-390.

3. Paul Barnett, *The Second Epistle to the Corinthians* (Grand Rapids, Mich: W.B. Eerdmans Pub, 1997): D. A. Carson, *From Triumphalism to Maturity: An Exposition of 2 Corinthians 10-13* (Grand Rapids, Mich: Baker Book House, 1984).

4. 임영수, "곡식과 가라지—마태복음 13장 24-30절"《그 말씀》2013년 5월호, 113-114.

5. A. J. Droge, "Mori Lucrum: Paul and Ancient Theories of Suicide" NovT 30(1988), 262-286.

6. 앤토니 C. 티슬턴/윤성현 옮김,《살아 있는 바울》(서울: CLC, 2011), 225.

4 복음의 시민으로 살라

1. Bruce Winter, *Seek the Welfare of the City: Christians as Benefactors and Citizens.* (First-Century Christians in the Graeco-Roman World) (Grand Rapids, MI: Eerdmans, 1994), 85.

2. R. R. Brewer, "The Meaning of Politeuesthe in Philippians 1:27," JBL 73:76-83.

3. Peter Oakes, *Philippians: From People to Letter.* Society for New Testament Studies Monograph Series. Cambridge. New York: Cambridge University Press, 2001.

4. C. S. Lewis, *Mere Christianity* (San Fransico: HarperOne, 2015), 204.

5. J. P. Dickson, *Humilitas: A Lost Key to Life, Love, and Leadership.* Grand Rapids, MI: Zondervan, 2011.

6. Martin, NCB, 90. 참조 Hansen, 117; 반론은 O'brien, 184-185

7. N. T. 라이트, 《바울과 하나님의 신실하심 — 하》127.

8. 존 폴킹혼 엮음, 박동식 옮김, 《케노시스 창조이론》 (서울: 새물결플러스, 2015). 이 책은 케노시스 기독론을 창조 신학에 적용한 좋은 예이다.

9. J. D. G. 던, 《바울신학》 (서울: 크리스천 다이제스트, 1998), 402-411.

10. 바울신학의 중심 내러티브로서 빌립보서 2장 6-11절의 중심성에 관해 G. N. Stanton, "I Think, when I Read That Sweet Story of Old-A response to Douglas Campbell" p. 127 in B. W. Longenecker, ed. *Narrative Dynamics in Paul-A Critical Assessment* (Louisville: Westminster-John Knox, 2002).

11. Schneider, TDNT 7. 954-956

12. 마르바 던 지음, 김병국 옮김, 《나는 언제까지 외롭습니까?》 (서울: 이레서원, 2001).

13. Joseph H. Hellerman, *Reconstructing Honor in Roman Philippi: Carmen Christi As Cursus Pudorum* (New York: Cambridge University Press, 2005).

14. Peter Oakes, "Remapping the Universe: Paul and the Emperor in 1 Thessalonians and Philippians" Journal for the Study of the New Testament. 2005: 27(3): 301-322.

5 디모데와 에바브로디도의 모범

1. 이 부분에 대한 상세한 논의는 다음을 참조하라. 박영호, "다시 돌아보는 빌립보서의 집필동기"〈피어선 신학 논단〉, 5.2(2016): 24-47.

2. R. A. Culpepper, "'Co-Workers in Suffering,' Philippians 2:19-30", RevExp 77 (1980): 349-358.

3. H. D. Betz, *Galatians: A Commentary on Paul's Letter to the Churches in Galatia.* (Hermeneia - A Critical and Historical Commentary on the Bible) (Philadelphia: Fortress Press, 1979), 228.

4. 바울의 논리대로라면 단순한 목숨의 연장이 어떻게 긍휼이 될 수 있느냐며 칼뱅은 예리한 질문을 던진다(Calvin, 264).

5. H. Strathmann, "λειτουργέω" TDNT 4.227; BDAG, "λειτουργία" 591.

6. 참조. G. Schrenk, "ἱερουργέω" TDNT 3. 251-252.

6 대적자들에 대한 경고

1. James Dunn, "The new perspective on Paul, " pages 99-120 in *The New Perspective on Paul* (Grand Rapid, Mich: W.B. Eerdmans Pub. Co, 2008).

2. 아리스토텔레스가 분류한 수사학의 3대 장르 중 하나인 에피데익틱 수사이다. 제의(祭儀) 상황에 자주 쓰여 '제의적'이라고 번역하는 경우가 많지만 '과시적'(誇示的)이 더 정확하다.

3. Krister Stendahl, "The Apostle Paul and the Introspective Conscience of the West," The Harvard Theological Review 56.3 (1963): 199-215

4. N. T. Wright, 《바울과 하나님의 신실하심—하》 566; 던은 이 주제에 관한 한 새 관점과 옛 관점 사이의 중도적 입장을 취한다. "Philippians 3:2-14 and the New Perspective on Paul," pages 469-590 in The New Perspective on Paul.

5. Wright, 《바울과 하나님의 신실하심—하》

6. W. J. Cotter, "Our Politeuma Is in Heaven: The Meaning of Philippians 3:17-21" Pages 92-104 in Oringins and Method. ed. B. H. MeLean, (Sheffield: JSOT Press, 1993).

7. 앤토니 C. 티슬턴/윤성현 옮김, 《살아 있는 바울》 (서울: CLC, 2011), 223.

7 마지막 권면

1. Preiske, "ἐπιείκεια, ἐπιεικής" TDNT 2. 588-560.

2. 위의 글.

3. 제임스 헌터/배덕만 옮김, 《기독는 어떻게 세상을 변화시키는가》 (서울: 새물결플러스, 2014)

4. Republic, IV. 426-435

8 관계의 회복을 기뻐함—선물에 대한 감사

1. Luschnat, Otto, and Leo Sternbach. Gnomologium Vaticanum: E Codice Vaticano Graeco 743 (Berlin: de Gruyter, 1963), 176.

2. 제임스 던, 《바울신학》, 732.

에필로그

1. Stowers, "Does Pauline Christianity Resemble a Hellenistic Philosophy?" p. 92 in T. Engberg-Pedersen Ed. *Paul beyond the Judaism/Hellenism Divide* (Louisville: Westminster John Knox Press, 2001); 미셸 푸코 지음, 심세광 옮김, 《주체의 해석학》 (서울: 동문선, 2007).

2. Aeschylus Ag. 928-29; Sophocles Oed. tyr. 1528-50; 참조 Ben Sira 11:28; John M. G. Barclay, "Introduction-The Last Years of Paul's Life: What are the issues?" Pages 1-14 in Armand Puig i Tàrrech et. al. ed., *The Last Years of Paul* (Tübingen, Germany: Mohr Siebeck, 2015).

그리스도인을 위한 통독 주석 시리즈

빌립보서

Philippians

Commentary Series for Christian to Read through

지은이 박영호
펴낸곳 주식회사 홍성사
펴낸이 정애주
국효숙 김의연 박혜란 송민규 오민택 임영주 차길환

2017. 12. 26. 초판 발행 2025. 3. 20. 3쇄 발행

등록번호 제1-499호 1977. 8. 1.
주소 (04084) 서울시 마포구 양화진4길 3
전화 02) 333-5161 팩스 02) 333-5165
홈페이지 hongsungsa.com 이메일 hsbooks@hongsungsa.com
페이스북 facebook.com/hongsungsa
양화진책방 02) 333-5161

ⓒ 박영호, 2017

ISBN 978-89-365-1270-5 (03230)